Qatar

Les secrets du coffre-fort

CHRISTIAN
CHESNOT
GEORGES
MALBRUNOT

Qatar

Les secrets du coffre-fort

DOCUMENT

J'AI LU

Si ta maison est en verre,
ne lance pas de pierres !

Proverbe arabe

Introduction

Il y a quelques années, un intellectuel arabe, attaché aux droits de l'homme et volontiers critique à l'égard du Qatar, est interpellé par un responsable de l'émirat, avant d'être interrogé sur la chaîne de télévision Al-Jazeera à Doha.

— Vous savez, lui déclare le responsable qatarien, un intellectuel comme vous doit avoir les moyens de se déplacer, il doit avoir une vie décente…

L'universitaire se demande où il veut en venir.

— Tenez, ajoute son interlocuteur, prenez cette carte Visa, et si vous la perdez, vous appellerez ce numéro.

Le vieux militant des droits de l'homme a refusé.

Le Qatar achète-t-il la France, comme l'assure la presse, ou plutôt les âmes et les consciences ? Depuis que les Français ont découvert la boulimie d'investissements de l'émirat dans notre pays, les reportages se multiplient sur ce minuscule et richissime pays du golfe Persique, coincé entre l'Arabie Saoudite et l'Iran.

Dans leur sillage, les interrogations, mais aussi les fantasmes, se sont répandus. Le Qatar cherchet-il à islamiser nos banlieues ? Veut-il prendre le contrôle de sociétés stratégiques en entrant dans leur capital ? Ses liaisons dangereuses avec les islamistes aux quatre coins du monde arabe sont-elles un péril pour ses partenaires occidentaux ?

Depuis un an, nous avons enquêté sur les ambitions du Qatar, et de ses dirigeants regroupés au sein d'une turbulente famille, les al-Thani. Nous avons rencontré des capitaines d'industrie française, la plupart des anciens ambassadeurs de France à Doha, mais aussi des militaires, des diplomates russes, israéliens et arabes en Égypte, en Syrie, à Londres, et bien sûr des Qatariens à Doha, où nous nous rendons régulièrement depuis une dizaine d'années. C'est d'aillleurs au cours de l'un de ces reportages que nous avons découvert le rôle d'Al-Jazeera dans notre libération fin 2004, après quatre mois de captivité en Irak.

Sans démagogie, ni complaisance, nous avons cherché à dessiner un tableau réaliste de ce « confetti qui s'imagine être un empire », selon ses détracteurs. Nous avons voulu comprendre les ressorts de cette ambition, qui coûte aujourd'hui à Doha de solides inimitiés un peu partout dans le monde arabe. Comme si la grenouille de la fable s'était prise pour le bœuf.

Les personnages clés du diwan royal[1]

– Khalifa bin Hamad al-Thani[2] : émir du Qatar de 1972 à 1995. Déposé par son fils Hamad, l'actuel émir.

– L'émir Hamad bin Khalifa al-Thani : né en 1952, septième émir du Qatar. Au pouvoir depuis le 27 juin 1995.

– Cheikha Moza bint Nasser al-Misnad : née en 1959, deuxième épouse et favorite de l'émir. Dirige la puissante Qatar Foundation.

– Hamad Bin Jassem al-Thani, dit HBJ : né en 1959, ministre des Affaires étrangères depuis 1992 et Premier ministre depuis 2007.

– Tamim : né en 1980, prince héritier depuis 2003. Deuxième fils de l'émir et de sa seconde épouse Cheikha Moza.

– Jassem : né en 1978, prince héritier de 1996 à 2003. Il préside l'académie sportive ASPIRE.

– Mishaal : né en 1972, fils aîné de l'émir. Il préside la Fédération arabe d'équitation.

– Mohammed : né en 1988, sixième fils de l'émir

1. Bureau de l'émir au palais.
2. Dans les noms cités, « bin » (féminin « bint ») signifie « fils de », tandis que le préfixe « al- » renvoie à la tribu.

et de Cheikha Moza. Président de la candidature du Qatar à la Coupe du monde de football de 2022.

– Mayassa : née en 1983, elle préside la Qatar Museum Authority et le Doha Film Institute.

– Hind : née en 1984, elle est la directrice de cabinet de son père, l'émir al-Thani.

1

Hamad al-Thani : le coup d'État de la modernité

Lorsque, ce lundi 26 juin 1995, le téléphone sonne dans le bureau de Henri Deniaud, l'ambassadeur de France au Qatar reste coi. « Venez rapidement au diwan, nous avons un important message à vous transmettre », lui intime son interlocuteur.

Quelques heures plus tard, le représentant de la France se retrouve aux côtés de ses homologues américain et britannique pour un entretien séparé avec le ministre des Affaires étrangères, Hamad Bin Jassem.

— Je vous annonce que le fils de l'émir, le prince héritier, Hamad al-Thani, va prendre le pouvoir demain. Les choses devraient bien se dérouler. Informez-en vos autorités, recommande le cousin du futur leader du Qatar.

À son retour à l'ambassade, Henri Deniaud rédige un télégramme pour avertir Paris du coup d'État : le pouvoir va passer de Cheikh Khalifa à son très ambitieux fils, Cheikh Hamad, âgé de quarante-trois ans.

À des milliers de kilomètres de là, l'émir en place, Cheikh Khalifa, soixante-neuf ans, ne se doute de rien. Après une visite officielle au Maghreb, il est allé faire des examens médicaux de routine à Zurich, avant de s'offrir quelques jours de villégiature à l'hôtel du Rhône à Genève, entouré de sa cohorte d'agents de sécurité dirigée par les hommes du capitaine Paul Barril, l'ancien patron du GIGN, reconverti dans de juteuses affaires. L'émir musarde dans sa suite, lorsque la nouvelle du coup d'État parvient à son entourage.

— C'était la panique, se souvient Patrice, son barbier français. Personne n'osait aller lui dire qu'il venait d'être renversé par son fils, on connaissait son impulsivité, on avait peur qu'il se rebiffe.

Finalement, c'est Paul Barril qui s'en charge. Khalifa est furieux d'être écarté de la sorte. Songez donc : vingt-trois ans plus tôt, il avait lui-même conquis le pouvoir par la force en renversant son oncle, Cheikh Ahmed.

Le choc passé, Khalifa appelle à la rescousse ses amis rois, princes et présidents de la République : l'Égyptien Hosni Moubarak, Hussein de Jordanie et bien sûr ses voisins et protecteurs saoudiens. Le 31 décembre 1995, au milieu de sept cents princes, il assiste à l'intronisation d'Abdallah comme héritier d'un trône saoudien occupé par le roi Fahd, monarque très affaibli par la maladie. Il compte sur l'appui des uns et des autres. « En vain, la réponse à chaque fois est négative », se souvient un membre de la délégation de l'ex-émir.

Il faut dire que le fils avait très bien préparé son coup. Ses voisins des Émirats arabes unis avaient déjà été mis dans la confidence, et même ses « ennemis » israéliens. Hamad Bin Jassem, le ministre des Affaires étrangères, les avait approchés via un Libanais très bien introduit auprès du lobby juif américain. Ce dernier réussit à convaincre la Maison-Blanche d'approuver le putsch à Doha, mais Bill Clinton posa une condition : que le nouvel émir reconnaisse Israël. Ce qui sera fait avec l'ouverture, quelques mois plus tard, d'un bureau d'intérêt commercial de l'État hébreu à Doha. Mais que va faire le grand frère saoudien qui n'apprécie guère Hamad ? Rien ! Le président Bill Clinton a fait pression sur le roi, et dès le jour du coup d'État, dans la foulée de Washington, l'Arabie Saoudite reconnaît le nouvel émir du Qatar. Pourtant, c'est son demi-frère, Abdelaziz, que Riyad soutenait pour la succession de Khalifa[1].

À l'Élysée, en revanche, on tergiverse. La France entretient d'excellentes relations avec Cheikh Khalifa. D'autre part, un accord de défense signé un an plus tôt nous lie au Qatar. La prudence est de règle. Depuis le 27 avril, Paris était pourtant au courant de ce qui se tramait à Doha. Ce jour-là en effet, Hamad Bin Jassem, le chef de la diplomatie qatarienne, avait rencontré à Paris un haut fonctionnaire du Quai d'Orsay pour lui annoncer qu'« avec le prince héritier Hamad, nous allons déboulonner l'émir ». Le diplomate avait été un peu surpris par ce message, plutôt insolite.

— Nous avons informé les Américains, mais pas les Britanniques, précisait Hamad Bin Jassem, qui ajoutait : Nous aimerions que juste après

1. Entretien avec un capitaine d'industrie français qui connaît bien la famille al-Thani, Paris, le 5 janvier 2012.

le coup d'État, la France fasse une déclaration mettant en garde contre toute intervention extérieure[1].

Les nouvelles autorités qatariennes redoutaient une attaque saoudienne qui remettrait sur le trône leur protégé Khalifa.

Finalement, le jour du putsch, Paris croit s'en tirer par une pirouette. La France « condamne toute atteinte à la souveraineté du Qatar », histoire de se prémunir contre un appel de l'émir père pour que ses amis saoudiens interviennent à Doha. Puis, le lendemain mercredi 28 juin au soir, l'ambassadeur Deniaud reçoit tout de même un câble de félicitations de Paris, qu'il remet en main propre le jeudi à Hamad al-Thani, entouré pour la circonstance de son nouveau Premier ministre, Cheikh Abdallah (son demi-frère) et de Hamad Bin Jassem, qui va rester ministre des Affaires étrangères. Mais il faudra attendre quarante-huit heures pour que la France reconnaisse par une déclaration officielle les nouveaux maîtres du Qatar. L'émir et ses amis s'en souviendront[2], d'autant qu'Américains et Britanniques, eux, se sont empressés d'adouber Hamad !

Pendant ce temps, la télévision officielle diffuse des images des principaux responsables tribaux du pays, reçus au palais de l'émir. Le bon peuple se dit qu'il s'agit d'une preuve d'allégeance au nouvel homme fort de Doha. En fait, la céré-

1. Entretien avec un diplomate en charge du Moyen-Orient à l'époque, Paris, le 19 décembre 2011.
2. — Ils me l'ont répété cinquante fois durant les années qui ont suivi, se souvient un homme d'affaires : « Vous les Français qui avez été si rapides pour nous reconnaître… »

monie avait eu lieu la veille du putsch ! On raconte que c'est sa seconde épouse, Cheikha Moza, qui a soufflé cette idée à son mari…

À Genève, l'émir déchu décide de gagner sa résidence Al-Rayyan, près de Cannes. Mais en France, l'accueil est désormais beaucoup moins chaleureux. Lorsque son avion a décollé pour Nice, déjà, les autorités ont tenu à s'assurer qu'aucune arme n'était cachée à bord. Et à l'atterrissage en France, l'Airbus A-340 est carrément passé au peigne fin, mais les policiers ne trouvent qu'un vieux fusil de chasse que le coiffeur français de l'émir a acheté au souk d'Oman.

Khalifa n'a plus que ses yeux pour pleurer… et une très confortable fortune, évaluée à 4,5 milliards de dollars de l'époque. Mais, en Bédouin madré qu'il est resté, le cheikh, qui se doutait que sa succession pouvait tourner au vinaigre, est parti, cet été-là, avec du cash, beaucoup d'argent liquide. Il a surtout mis à son nom l'essentiel des avoirs du Qatar, pour les placer dans des paradis fiscaux ou des investissements immobiliers. Sans compter son avion personnel, un Airbus A-340 flambant neuf, spécialement aménagé… qu'il refuse maintenant de rendre à son fils. Devant le ballet de financiers qui accourent du monde entier, son entourage réalise alors la colossale fortune que Khalifa a amassée : un immense appartement juste en face de Buckingham Palace à Londres – l'un des plus grands de la capitale britannique –, une gigantesque propriété à Mougins près de Cannes, ainsi que de nombreux immeubles sur toute la planète. Une fois l'inventaire dressé, pas question de céder un pouce à son traître de fils. Tandis qu'Interpol traque tout transfert de fonds suspect en provenance des comptes bancaires de l'ex-émir, de délicates négociations commencent avec son successeur.

À Doha, ce dernier règne en maître, aucun trouble n'est venu perturber le coup d'État, mais les caisses de l'émirat sont vides. Or le nouvel homme fort du pays a un besoin urgent de liquidités pour financer ses projets de développement, et aussi pour payer les fonctionnaires, faute de quoi son aura risque de rapidement s'étioler.

— L'État était exsangue, raconte un membre de la famille régnante. On a dû faire appel aux sociétés publiques comme QTel, la compagnie de téléphone, pour payer les fonctionnaires. Et c'est incroyable qu'on ait pu obtenir le financement du premier projet de développement gazier North-Domb. Les 300 millions de dollars de crédit ont été apportés par la First Boston Bank, alors que l'État était en quasi-faillite[1].

Pas de chance pour le nouvel émir : Shell, à peine débarqué au Qatar, met fin à ses investissements dans le gaz.

— Ce fut comme un coup de poignard dans le dos, se souvient Mohamed Kuwari, ambassadeur du Qatar en France, directeur Europe au ministère des Affaires étrangères à l'époque. Shell ne croyait plus aux potentialités du Qatar, à un moment où les cours du gaz et du pétrole étaient très bas.

Pourtant, le groupe français Total accepte de remplacer la major américaine. Mieux, il procède à une avance de trésorerie de plusieurs millions

1. Sollicitées, plusieurs banques françaises avaient refusé d'aider le Qatar.

de dollars. Et quelques années plus tard, au début des années 2000, lorsqu'une nouvelle fois les cours fléchiront, Total renflouera – avec d'autres cette fois – les caisses de l'émirat. Depuis, le Qatar est particulièrement reconnaissant envers la multinationale française, et surtout envers son P-DG, Christophe de Margerie, patron de la division Moyen-Orient à l'époque de ce très important coup de main...

Pas mécontent des déboires qui affectent son fils, l'ex-émir, dès le coup d'État, rumine sa vengeance depuis son exil doré, partagé entre l'Intercontinental d'Abu Dhabi et ses palaces londonien et cannois. Cette revanche se concrétise huit mois plus tard, la nuit du 13 au 14 février 1996. Khalifa est aidé par son neveu Hamad, l'ancien chef de la police, qui va recruter des mercenaires druzes proches du capitaine Barril, et des hommes de la tribu al-Marri, dispersée de part et d'autre de la frontière entre le Qatar et l'Arabie Saoudite. Tout ce beau monde doit quitter Dubai à bord d'un bateau pour accoster au port de Doha, où ils seront rejoints par des Saoudiens, qui devraient avoir restauré l'ordre, en faveur du vieil émir, bien sûr.

Manque de chance, l'équipée ne parvient qu'à pénétrer de quelques centaines de mètres dans le désert. Quelques jours auparavant, un comploteur issu de la tribu al-Marri avait finalement préféré vendre la mèche à l'émir en place plutôt que de risquer sa tête. Le contre-coup d'État échoue lamentablement, presque sans qu'aucun coup de feu ne soit tiré. Hamad, le neveu de Khalifa, est exilé en Syrie, avant de tomber dans un guet-apens à Beyrouth, où il est kidnappé puis emmené à Doha, jugé puis condamné à mort. Sa peine sera levée en 2001, et en 2003, il sera relâché.

Les conspirateurs n'avaient pourtant pas lésiné sur les pressions psychologiques.

— Un jour, se souvient l'ambassadeur Deniaud, on m'appelle de Paris à 6 h 30 du matin, en me demandant de rassembler tous les Français à l'aéroport pour les protéger, car « nous allons renverser l'émir », me dit mon correspondant[1].

En fait, le chef des rebelles, auquel l'ambassadeur rendra visite plus tard en prison, n'était qu'un pauvre bougre sans envergure.

Conforté au pouvoir, l'émir Hamad en profite pour faire le ménage. Les conseillers égyptiens du père, restés dans les forces armées, sont expulsés. Quant à la tribu al-Marri, elle est scindée en trois. Ceux qui ont participé au putsch sont mis en prison ou assignés à résidence. D'autres s'exilent en Arabie Saoudite. Et d'autres enfin peuvent rester au Qatar[2]. Mais le différend sur les al-Marri toujours assignés à résidence ne sera soldé qu'en 2010. Ils n'ont pu recouvrer la liberté – mais en Arabie – qu'au prix de la démission du ministre des Biens religieux, un al-Marri.

Le déroulement de ce contre-coup d'État ressemble à une partie de poker menteur. Au cours de la nuit où les insurgés avançaient dans le désert, le ministre des Affaires étrangères avait appelé au secours l'ambassadeur de France à Doha. Mais Henri Deniaud n'avait pas bougé,

---

1. Henri Deniaud demanda aux autorités locales de localiser l'appel, mais celles-ci furent incapables d'en trouver l'origine.
2. Ce fut pendant longtemps le seul sujet interne au Qatar qu'Al-Jazeera traita en montrant les comploteurs.

prétextant une « affaire intérieure ». « Un ambassadeur ne se rend pas en audience en pyjama », aurait répondu M. Deniaud.

Britanniques et Américains, eux, accourent auprès de l'émir, qu'il convient de rassurer.

Déjà plombée par l'attentisme de Paris pour reconnaître huit mois plus tôt le nouvel émir, la relation franco-qatarienne subit un nouveau coup de froid. Mais très vite, les autorités françaises cherchent à limiter les dégâts. Onze jours après, Jacques Chirac envoie le diplomate Denis Bauchard, accompagné du chef d'état-major des armées, le général François-Xavier Régnault, auprès de l'émir à qui un message est remis. Objectif : rassurer Hamad. Les Français notent une certaine nervosité chez leurs hôtes. L'émir leur reproche le rôle du capitaine Barril dans la tentative de contre-coup d'État dont il a été l'objet[1]. Puis, il demande que la France envoie trois cents militaires sur le sol qatarien. MM. Bauchard et Régnault restent extrêmement prudents, se contentant de proposer que les deux bâtiments de la Marine nationale mouillant dans le golfe Persique se rapprochent du Qatar… Manifestement, la proposition française n'a pas satisfait Cheikh Hamad. Le 8 juillet suivant, lorsque Jacques Chirac se rend à son tour en visite à Doha, l'émir en remet une couche, redemandant à la France d'envoyer des soldats de manière

1. Barril et ses hommes ont toujours nié avoir été impliqués dans cette reconquête du pouvoir. Les dirigeants qatariens soupçonnent l'ancien patron du GIGN d'avoir joué en fait un double jeu en livrant des informations au nouvel émir au cours des mois qui ont suivi le renversement de son père.

permanente dans l'émirat. « Nous n'avons pas très bien compris pourquoi vous ne nous avez pas donné un coup de main en février », insiste l'émir. Jacques Chirac évoque un « malentendu ». « Nous avons sous-estimé la menace », ajoute le président qui esquive la demande de son hôte en lui promettant d'envoyer des « militaires dans le cadre d'une rotation ». Bref, le « malentendu » persiste. Deux ans plus tard, lorsque Jacques Chirac enverra Bertrand Besancenot le représenter à Doha, il assignera à l'ambassadeur une mission précise : « Réparer la connerie de 1996 », et renouer une relation forte avec Doha[1]. L'ambassadeur s'en acquittera fort bien, devenant un ami personnel de l'émir et de Cheikha Moza[2].

La brouille sera complètement apurée lorsque la France soutiendra le Qatar devant la Cour internationale de justice (CIJ), qui trancha en 2001 un différend territorial avec son voisin, le royaume de Bahreïn, à propos d'îles que les deux États se disputaient. Le forcing de Paris a dû être puissant pour faire changer d'avis la plupart des juges qui, dans un premier temps, avaient rendu un avis défavorable au Qatar. Le président de la République Jacques Chirac, qui s'était personnellement engagé auprès de la CIJ, en sera remercié un an plus tard lorsque Doha passera commande de cinq Airbus pour un montant de 440 millions d'euros[3].

1. Entretien de l'un des auteurs avec Bertrand Besancenot, Paris, novembre 2006.
2. En 1998, la France livra gratuitement dix chars AMX au Qatar.
3. Entretien avec Jean-Paul Soulié, le « père » de la relation franco-qatarienne dans les affaires, Paris, le 16 janvier 2013.

Voilà donc l'ex-émir lâché de toutes parts. Mais retors comme peut l'être un Bédouin blessé et humilié, Khalifa fait traîner les négociations sur le retour de son argent au Qatar. Son frère Khaled, ancien ministre de l'Intérieur et personnage respecté dans la famille al-Thani, aura beau jouer les médiateurs, il faudra attendre neuf longues années pour qu'un accord financier puisse déboucher sur une réconciliation en bonne et due forme entre le père et le fils. Finalement, en octobre 2004, Khalifa est autorisé par l'émir à rentrer au pays pour assister aux funérailles de Moza, sa première épouse, ce qui rassura définitivement les Qatariens sur la stabilité du régime.

Aux termes du compromis qui a abouti à la réconciliation des deux émirs, le père restitua à son fils plus de 75 % de sa fortune. Il lui remit l'Airbus A-340, mais conserva le Boeing 727, qu'il possédait de longue date. Âgé aujourd'hui de quatre-vingt-six ans, Cheikh Khalifa passe le plus clair de son temps à Zurich, où il a été rejoint par Jassem, son plus jeune fils, et par des anciens de son entourage.

Qui était ce père un peu vieux jeu ?

— Un vrai Bédouin un tantinet psychorigide, se rappelle un de ses proches, qui l'a suivi en exil. Il pouvait tout jeter par terre dans sa suite. Il faisait des caprices mémorables. Une fois, nos chambres n'étaient pas au même étage que sa suite. On a dû changer d'hôtel.

Une autre fois, il exigea une rencontre avec le président de la République, François Mitterrand, juste pour le plaisir d'être pris en photo en sortant de l'Élysée.

— Quand je lui ai présenté mes lettres de créance, se souvient Henri Deniaud, au lieu de m'entretenir des affaires du monde, il commença par me parler d'une villa qu'il voulait revendre dans le sud de la France, mais il lui fallait pour cela un permis de construire, car elle avait été bâtie sans le moindre document !

Quand il résidait dans sa villa de Mougins, où de nombreux hommes politiques français ont défilé, ses journées étaient réglées comme du papier à musique. Il descendait sur la Croisette le matin vers 10 heures, pour prendre son capuccino. Puis il faisait les bijouteries. On lui présentait les collections. Il achetait à tout va. Ensuite, retour à sa résidence de Mougins, où il se retirait avec « Mademoiselle » : ainsi nommait-on les jeunes amies tarifées qu'on lui envoyait en fin de matinée. Il avait parmi elles une favorite, marocaine, qu'on appelait « Madame ». Il était encore très vert. Un médecin lui faisait régulièrement des piqûres pour qu'il soit en forme. Un hélicoptère était loué en permanence pour un éventuel transfert à l'hôpital. La femme officielle de Cheikh Khalifa, elle, vivait à Londres[1].

Impossible de manquer la résidence de l'émir Khalifa quand on survole Cannes et ses environs : c'est l'une des plus vastes, sur la route de Vallauris, avec une piscine olympique, autour de laquelle le vieil homme devait marcher, comme le lui avait prescrit son médecin. Pour cela, il avait fait construire un chemin en marbre. La pose des dalles sur la pelouse autour du bassin avait coûté 400 000 francs de l'époque. Une petite fortune.

1. Entretien avec un ancien salarié de Paul Barril, Paris, le 6 juillet 2012.

L'ex-émir ne marchandait jamais. C'était une autre habitude chez lui, et elle faisait le bonheur de son entourage. Il réglait ses notes, généralement, en billets de 500 francs, et après une course, ses aides de camp étaient priés de garder la monnaie. Ils étaient une cinquantaine à subvenir à ses besoins, des Indiens, des Pakistanais, quelques Français, une armée de domestiques venus d'une quinzaine de pays.

*
**

Khalifa n'aimait pas que d'autres brillent autour de lui. Or dès les années 1980, le prince héritier ne cachait guère son impatience. Hamad commençait à s'opposer au gouvernement nommé par son père, et finalement, en 1989, il renvoya le cabinet de l'émir pour former le sien. Entre le père et le fils, le torchon brûlait. Le père n'allait plus au diwan, préférant gérer les affaires de chez lui. Quant au fils, il n'hésita pas à se faire construire un palais à Al-Wajbah, celui qu'il occupe aujourd'hui, engloutissant quelque 1,6 milliard de rials (380 millions d'euros environ), ce qui représentait tout de même l'équivalent de 20 % du budget de l'émirat à l'époque. Vert de colère, l'émir fit stopper les travaux.

Mais au-delà, la vraie dispute portait sur l'avenir du Qatar, en particulier sur le sort de ses énormes réserves de gaz, que Doha partage avec l'Iran dans les eaux du golfe Persique. L'héritier plaidait pour le recours aux compagnies américaines et à la technologie du gaz naturel liquéfié (GNL), qui permettrait au Qatar d'exporter son trésor dans le monde entier et de devancer ainsi l'Iran sur ce juteux marché. « Il faut aller vite pour exploiter le site avant les Iraniens », ne cessait de répéter Hamad.

Conservateur, le père épousait, lui, la mentalité wahhabite traditionnelle de ses lointains cousins saoudiens, de l'autre côté de la frontière dans le désert. Il était résolument contre l'intervention des sociétés américaines.

— C'était un vieux monsieur pour qui les étrangers allaient coloniser son pays. Il trouvait que le Qatar allait très bien comme ça, se souvient un ancien collaborateur.

En poste à Doha, un diplomate français se rappelle le commentaire de Cheikh Khalifa juste après la chute de son « frère » le shah d'Iran en 1979 à Téhéran :

— J'accompagnais mon ambassadeur qui lui rendait visite. Pour une fois, l'émir paraissait en grande forme, alors que c'était quelqu'un qui ne parlait guère. On l'appelait « le notaire de province ». Mais là, il avait envie de discuter, il était en verve. Il a commencé par nous dire : « Vous savez, c'est très triste, ce qui arrive à mon frère le shah d'Iran, mais je l'avais prévenu, je lui avais dit de faire attention, de ne pas casser les structures sociales de son pays, sinon il ne contrôlerait plus rien. » Et il a ajouté, à l'adresse de l'ambassadeur : « Vous savez, les jeunes chez moi, ils sont comme mes fils, ils me demandent : "Mais pourquoi est-ce qu'à Dubai, il y a des autoroutes, des hôtels, et pourquoi chez nous, les rues sont en sable alors qu'on est aussi riches qu'eux ?" Je leur réponds que je veux que les Qatariens aient les pieds dans le sable pour qu'ils sachent d'où ils viennent, parce que, ensuite, ils feront toutes les bêtises de la Terre. »

Un tel credo ne pouvait qu'irriter l'émir Hamad, dont le génie a précisément été de ne pas avoir gardé le gaz enfoui dans les entrailles du Qatar, pour devenir le premier exportateur de GNL au monde.

2

Le trio magique du Qatar

Sitôt le pouvoir arraché à son père, l'émir Hamad affiche deux objectifs, dont il ne déviera pas : donner une identité et une visibilité internationale au Qatar. Chez lui, tout part d'une vieille frustration. Jeune étudiant à l'académie militaire royale de Sandhurst en Grande-Bretagne, Hamad était exaspéré de voir, à chaque présentation de son passeport aux douanes des aéroports européens, les policiers lui demander : « C'est où, le Qatar ? »

Quelques mois après son arrivée au pouvoir, le lancement de la chaîne panarabe d'information continue Al-Jazeera lui permet d'installer son minuscule pays sur la carte du monde. Et quelques années plus tard, en 2003, l'accueil d'une base américaine sur le territoire de l'émirat[1] lui garantira que le monde n'assisterait pas impuissant à l'entrée de chars saoudiens au Qatar. À la suite d'accrochages meurtriers entre soldats des deux pays en 1993, des militaires saoudiens avaient pénétré au Qatar, et coupé pendant

1. En 2003, les États-Unis ont transféré leur base militaire, devenue indésirable en Arabie Saoudite, à Al-Oudeid, au sud-ouest de Doha.

quelques jours la liaison entre l'émirat et Abu Dhabi. Aussi, après l'invasion du minuscule Koweït par son voisin irakien, l'émir a voulu à tout prix éviter pareille mésaventure.

Le voici au pouvoir avec la ferme intention de mettre un terme à l'immobilisme de son père, et de tirer profit des immenses ressources naturelles de son pays. Il lance immédiatement un vaste programme de développement des infrastructures gazières, qui lui offrira une indépendance financière. Ainsi peut-il investir pour les prochaines générations et éviter de revivre les difficultés financières de la fin des années 1990, quand le pétrole était à son plus bas niveau. Al-Jazeera et la base américaine lui permettent d'exister, sans trop de craintes, face à l'Arabie Saoudite et l'Iran, avant de jouer un rôle incontournable dans les conflits régionaux et les révoltes arabes qui surviendront plus tard.

Ce visionnaire anticonformiste entend faire de son petit pays un acteur connu et reconnu sur la scène internationale. Il sera aidé par deux êtres d'exception dans le monde arabe, sa deuxième épouse, la très ambitieuse Cheikha Moza, et son cousin, Hamad Bin Jassem, dont l'audace ne connaît pas de limites. Si le minuscule émirat du Qatar est devenu le pays le plus riche au monde par tête d'habitant, c'est grâce à ce trio magique, unique dans le monde arabe. Dotés d'un sens inné de l'opportunité, ils vont chercher à marier islam et modernité, tradition bédouine et gigantisme économique.

Un émir despote mais éclairé, wahhabite mais moderne

Ce don de l'opportunité, Cheikh Hamad al-Thani l'a peut-être hérité de ses ancêtres, qui réussirent à dérober, l'espace de quelques jours, la Pierre noire de la Kaaba aux Koresh, la tribu du prophète Mahomet.

À cette époque, les al-Thani étaient pauvres. Membres de la tribu des Bani Tamim, ils vivaient dans la province du Nejd en Arabie Saoudite. Mais au début du XIXe siècle, le dénuement les poussa à migrer plus à l'est. En ce temps-là, le Qatar, peuplé seulement de quelques tribus vivant de la pêche aux perles, était sous le contrôle de la famille Khalifa de l'archipel de Bahreïn, à quarante kilomètres à vol d'oiseau, de l'autre côté des eaux du golfe Arabo-Persique. Les Khalifa avaient une fâcheuse tendance à perturber le commerce maritime des Britanniques par des actes de piratage. En représailles, les Anglais confièrent le pouvoir en 1867 aux al-Thani, mais à trois conditions : qu'ils ne tolèrent aucun acte de piratage, qu'ils fédèrent autour d'eux les tribus, et qu'ils recourent à l'arbitrage britannique en cas de problème grave. En 1916, un traité de protectorat est signé avec les Britanniques, qui accorderont finalement l'indépendance au Qatar un demi-siècle plus tard, en 1971.

L'émir Hamad naît en 1952. Sa mère Aisha al-Attiyah meurt à l'accouchement. Le jeune garçon sera élevé par son oncle maternel, Ali al-Attiyah. Il n'aura ni frère ni sœur, et grandira au côté de son cousin germain, Hamad al-Attiyah, qui deviendra chef d'état-major des armées, après l'avoir aidé à prendre le pouvoir en 1995. Ce parcours atypique a profondément marqué Hamad. L'émir, qui raconte volontiers à ses hôtes la dure vie de ses ancêtres, est le dernier dirigeant du Qatar à avoir vécu sous la tente bédouine, sans climatisation, par plus de 50 °C.

— L'émir a souffert pendant sa jeunesse, qu'il a vécue en solitaire, souligne un expatrié. Comme sa future épouse, la cheikha, dont la famille a été expulsée. Hamad se retrouve dans les difficultés qu'elle a, elle aussi, endurées, à un moment donné de son existence.

Hamad sait se montrer sévère vis-à-vis de ses enfants, qui ont été gâtés par la vie. Un jour, par exemple, le jeune Fahd avait fait les gros yeux à son professeur de français. « La prochaine fois, tu vas dehors ! », lui avait promis celui-ci. Mais le gamin, qui n'avait jamais entendu pareille remontrance de la part d'un employé du diwan, s'était mis à pleurer, avant d'aller se réfugier auprès de sa mère. Le lendemain, en voyant l'émir accompagner ses enfants, le professeur redouta le pire. « Monsieur Pierre, bravo ! s'écria Hamad en lui serrant la main devant ses rejetons. Et si vous voulez les frapper n'hésitez pas, j'ai un bâton à votre disposition ! »

Ces dernières années, Cheikh Hamad n'a pas beaucoup goûté, non plus, le traitement de faveur que les Français ont réservé à Joaan, un autre de ses fils, lorsqu'il passa une année à musarder à l'école militaire de Saint-Cyr[1].

1. Pour son stage de fin d'études en Guyane, Joaan eut le droit de rester à l'hôtel plutôt que d'aller terminer son instruction.

Hamad est malin, et terriblement opportuniste. Quand les Saoudiens ont prié les soldats américains de quitter la terre sacrée musulmane, l'émir les a aussitôt invités à venir s'installer au Qatar.

— Et c'est lui qui fit le geste, souligne un diplomate, ce ne furent pas les Américains qui le sollicitèrent. Ce qui lui permet une certaine latitude vis-à-vis d'eux.

Il en va de même pour le soutien affirmé du Qatar aux Printemps arabes.

— L'émir n'a pas réagi en termes idéologiques ou religieux, ce n'est pas sa préoccupation, affirme un de ses vieux amis français. Il a agi en pensant aux opportunités à saisir. Il s'est dit qu'à partir du moment où le Qatar abrite et finance le cheikh Youssef al-Qaradaoui[1] et que les amis Frères musulmans de ce dernier sont les seuls à disposer de structures organisées au sein du monde arabe, grâce à Al-Jazeera qui va relayer leur message, nous avons une occasion unique d'être en phase avec la rue et d'avoir un véritable rôle régional.

Comme avec le gaz sous son père, l'émir, une fois de plus, a parié et remporté la mise.

Pragmatique, Hamad est d'abord un anticonformiste, qui adore, par exemple, les virées à

1. Expulsé d'Égypte dans les années 1960, Youssef al-Qaradaoui a été accueilli ensuite au Qatar. Ce dignitaire islamiste, membre des Frères musulmans, est l'un des prédicateurs les plus écoutés dans le monde sunnite, notamment grâce à son émission hebdomadaire « La charia et la vie », diffusée depuis le Qatar par Al-Jazeera.

moto dans le sud de la France, ou un déjeuner incognito dans un restaurant du Marais à Paris.

— Une fois par mois, se souvient son ami français, je recevais un coup de téléphone. L'émir était attablé avec son épouse, et m'invitait à les rejoindre dans tel restaurant du Marais, où il pouvait être affublé d'une tenue absolument incroyable, du genre une veste dépenaillée. Et il me disait : « Ici, je suis sûr de ne tomber sur aucun Arabe du Golfe (qu'il n'aime guère). Là au moins, je suis tranquille ! »

Quand il résidait ces dernières années dans sa maison au-dessus de Cannes, Cheikh Hamad enfourchait souvent sa moto, avec Cheikha Moza derrière, pour l'emmener dans des petits restaurants. Un vrai numéro ! C'est en faisant de la moto qu'il a découvert le Tour de France, avec un ami belge, il y a une quinzaine d'années. L'ancien ambassadeur de Belgique au Qatar Paul Devolver raconte :

— Tout à coup, ils sont arrêtés par la police. « Qu'y a-t-il ? » demande l'émir. « C'est le Tour de France qui passe avec la caravane à sa suite », lui répond-on. « Ah ! Mais c'est intéressant ! » s'exclame Hamad. Le lendemain, il veut aller assister à un départ d'étape. « Mais c'est formidable ! s'écrie-t-il devant ce spectacle. Je veux avoir ça chez moi ! Peux-tu me trouver quelqu'un pour organiser un tour du Qatar ? » demande-t-il à son ami belge, un peu interloqué, qui bafouille : « Euh, on a bien un grand champion, il s'appelle Eddy Merckx. » Après deux ou trois séjours à Doha, le quintuple vainqueur du Tour s'est finalement laissé convaincre, et trois mois plus tard, l'accord était signé pour organiser le tour du Qatar.

Derrière ses goûts iconoclastes, Cheikh Hamad sait aussi cultiver ses racines bédouines. Pendant longtemps, il a continué d'aller chasser dans le désert avec une ribambelle de Bédouins dont il a su rester proche, n'oubliant ni ses origines, ni les sources de sa légitimité.

Lui-même vit encore parfois comme ses ancêtres, n'hésitant pas à manger avec les mains un plat de mouton au riz, quitte à se faire tancer par Cheikha Moza.

— Hamad a un cœur gros comme ça, dit un employé du diwan. S'il me voit dans le bureau de sa femme, alors qu'il est allongé sur le canapé un cigare à la bouche en train de regarder la télé[1], il me dit : « Allez ! Venez manger avec nous ! » Il a su rester simple.

Hamad est un réformiste traditionnel, à mille lieues de ses voisins wahhabites saoudiens voire de ses sujets. S'il prie régulièrement et ne boit pas d'alcool, il est ouvert, autorisant par exemple un de ses fils à aller à l'église assister à la messe de mariage de la fille de son ancien professeur de plongée français, un été, près de Gap.

Mais il doit absolument compter avec le conservatisme de son peuple. Fin 2011, deux événements, coup sur coup, sont venus le lui rappeler. Le premier fut l'interdiction soudaine de

1. Entretien avec un employé du diwan. Doha, le 25 octobre 2012. Un homme dans l'entourage de l'émir est chargé d'une tâche bien particulière. Muni d'une clé USB, il l'accompagne partout à l'étranger. Sa mission : veiller à ce que l'ordre des chaînes auquel l'émir est habitué ne soit jamais changé quel que soit le lieu où il se trouve, quand ce dernier souhaite regarder la télévision !

consommer de l'alcool dans les restaurants de Pearl Island, cette enclave de Doha gagnée sur la mer, où les yachts de la marina jouxtent les boutiques de luxe. Aucune explication officielle n'ayant été fournie par les autorités, les étrangers en ont été réduits à spéculer, mais chacun pense qu'il s'agissait d'un gage donné aux conservateurs, aussi bien dans la famille régnante que parmi la population. « Les jeunes commençaient à venir boire le soir dans les restaurants, des prostituées apparaissaient, tout cela faisait désordre[1]. »

Résultat : les flâneurs se font beaucoup plus rares devant les boutiques Hermès, et de nombreux restaurants ont dû fermer[2]. Mais rien ne dit que cette interdiction sera définitive[3].

L'autre signal envoyé aux franges conservatrices fut le nom donné à la nouvelle mosquée que l'émir inaugura le 16 décembre 2011 : « La mosquée de l'imam Muhammad ibn Abd al-Wahhab », le fondateur du wahhabisme, cette doctrine particulièrement rigide de l'islam, née en Arabie Saoudite voisine, mais qui est au cœur de l'islam qatarien.

Derrière sa bonhomie, l'émir sait très bien jouer de cette ambivalence qui caractérise sa personnalité : despote mais éclairé, éclairé mais despote, wahhabite mais ouvert.

Et pas question de lui faire de l'ombre ! La grande famille chiite al-Fardan, très proche du

---

1. Entretien avec un expatrié, Doha, le 18 décembre 2011.
2. Le restaurateur français Guy Savoy a maintenu son projet d'ouvrir un établissement à la Pearl.
3. Au début de Qatar Airways, l'alcool était également interdit sur les vols de la compagnie, rappellent certains expatriés.

diwan à un moment donné, l'a appris à ses dépens. Ali, un des fils, s'amusa à rivaliser stupidement avec l'émir, quand ce dernier était en villégiature dans le sud de la France, il y a quelques années. Un membre de la famille régnante raconte :

— Ali s'était mis en tête de suivre l'émir en vacances, il s'affichait ostensiblement avec des gardes du corps, des grosses voitures, au nez et à la barbe de Hamad, qui en prit ombrage et l'évinça de certaines affaires commerciales.

Modernes, l'émir et la cheikha le sont assurément. En tout cas, Moza s'octroie le droit de réprimander son mari. Un hôte du diwan narre un déjeuner à la table de l'émir :

— Quand j'étais en poste à Doha, il nous invitait avec nos deux fils à passer le week-end avec eux. L'émir était généralement sur une terrasse à l'entrée de la villa, on le saluait en arrivant, et il me disait : « Elle est d'humeur massacrante, heureusement que vous venez pour me changer les idées ! » À table, à l'époque où il était beaucoup plus gros, il avait parfois envie de se resservir. Alors il me donnait un coup de coude pour que j'accepte que la Libanaise de service regarnisse mon assiette, et du coup elle le resservait lui aussi. Cheikha Moza le tançait en arabe : « Je sais bien ce que tu fais, arrête ton petit jeu ! »

Mais sa santé, peu à peu, se détériore. Il souffre du diabète, comme son fils Mohammed, celui qui a prononcé le discours lors de la cérémonie de désignation du Qatar comme organisateur de la Coupe du monde 2022. Après qu'il s'est fait retirer un rein, ses médecins lui ont posé un anneau gastrique à l'estomac et coupé une portion de l'intestin. Un neurologue français veille sur

Hamad, qui a perdu quarante kilos entre 2010 et 2011.

L'émir a trois épouses : la première, Maryam, avec laquelle il a eu sept enfants, ensuite Cheikha Moza (sept enfants également), puis la dernière, Noura, avec laquelle il a eu neuf enfants, soit vingt-trois au total.

La première union était arrangée, comme souvent chez les Bédouins du Golfe. La deuxième avec la cheikha aussi, mais elle se transforma en un véritable mariage d'amour. Enfin, la troisième est ce qu'on appelle un mariage stratégique : il s'agissait de calmer les ardeurs belliqueuses d'un clan familial, qui pouvait avoir des velléités de prendre le pouvoir. On le verra, le putsch, c'est une tradition entre al-Thani.

L'émir loge au palais de Wajbah, un peu en dehors de Doha. Il y abrite ses trois épouses, chacune disposant d'une résidence. Celle de la cheikha a été conçue dans un style art déco, tout en arrondis. Le soir, à moto ou en Porsche Cayenne, l'émir va faire un coucou à ses plus jeunes enfants, ceux qu'il a eus avec Noura (le cadet n'a que douze ans).

Comme lui, la plupart de ses enfants sont francophones. Pierre Larrieu a été leur précepteur à tous : l'émir, ses fils et ses filles. Il se souvient comment Hamad le recruta en 1986…

— J'étais à Nice dans mon appartement. J'avais été nommé conseiller linguistique à Haïti, après deux années de coopération passées à Doha. J'étais parti en vacances avant de rejoindre mon nouveau poste…

» On sonne à la porte. Et qui je vois ? Un énorme bonhomme en bras de chemise qui, devant mon étonnement, se met à rire d'une manière rabelaisienne. "Pardon, je ne vous avais pas reconnu", balbutié-je. J'étais complètement désorienté… Ma femme faisait téter notre bébé qui venait juste de naître. On l'invite à s'asseoir. "J'ai entendu que tu vas quitter le Qatar", me dit Hamad en anglais. Je confirme : "Mais oui, on m'a offert un travail en Haïti." Il s'exclame : "Non, non ! Impossible ! Tu reviens au Qatar. J'ai un poste intéressant pour toi. Tu vas être directeur des centres culturels de l'armée."

» Il me donna même un grade de lieutenant. Chaque matin, quand j'arrivais, j'avais droit au garde-à-vous de la troupe. »

Cela fait bientôt trente ans que Pierre Larrieu enseigne le français à la plupart des membres de la famille régnante.

L'émir et sa famille adorent la France, où ils ont acquis au fil des années de nombreux biens immobiliers. Il dit aimer beaucoup les châteaux, et tous les monuments anciens[1].

L'été, l'émir navigue sur son yacht en Méditerranée, de Majorque à la Côte d'Azur. Il se rend très fréquemment à Paris, où il possède, rue de Rivoli, un appartement de huit cents mètres carrés, sur deux étages. Il a également un magnifique château près de Versailles.

Il s'habille la plupart du temps en *dishdasha* bédouine blanche, mais il sait aussi faire venir le grand tailleur italien Cabale, qui lui taille ses cos-

1. Ce qui a pu expliquer les achats d'hôtels particuliers parisiens par certains de ses demi-frères, comme Abdallah par exemple qui acquit l'hôtel Lambert sur l'île Saint-Louis.

tumes à 15 000 euros le mètre carré de tissu, pour les réceptions officielles à l'étranger.

Chez lui, Cheikh Hamad a su demeurer fidèle en amitié, comme peuvent l'être les Bédouins. Un de ses meilleurs copains est son camarade espagnol de Sandhurst. Un autre est son prof de plongée français, qu'il garda quelques jours auprès de lui, après le mariage de Tamim, l'héritier du trône, en compagnie de Betty Lagardère, la veuve de Jean-Luc, un autre ami de la famille al-Thani.

Moza, la nouvelle Joséphine

Ce n'est sans doute pas un hasard si la deuxième épouse de l'émir aime qu'on lui raconte la vie de l'impératrice Joséphine. Comme l'épouse de Napoléon, mais sans doute beaucoup plus éclairée, Cheikha Moza est une femme de pouvoir, ambitieuse et calculatrice. Cette figure avant-gardiste détonne dans les monarchies du Golfe, où les épouses ne doivent jamais apparaître en public. Moza bint Nasser al-Misnad, cinquante-quatre ans, adore entreprendre, poser, s'interposer même. Et bien sûr déranger.

Les Français ont découvert sa silhouette longiligne le 14 juillet 2008 lorsqu'elle assista au bras de l'émir aux cérémonies de la fête nationale dans une tenue lumineuse. Port de tête altier, mince, la cheikha capte les flashs des photographes. Et son mari a encore pour elle les yeux de Chimène. Pourtant, avant d'être un mariage d'amour, son union avec Hamad fut d'abord une alliance politique, actant une réconciliation entre les al-Thani et le clan rebelle des al-Misnad.

À la fin des années 1960, la famille de la cheikha a été expulsée du Qatar, plusieurs de ses membres – dont son père – ayant participé à un mouvement de contestation en faveur d'une meilleure redistribution du pouvoir. Les Misnad ont alors vécu au Koweït puis en Égypte, où les idéaux progressistes du nationalisme arabe étaient en vogue.

— N'oubliez pas que sa famille était acquise aux thèses de ce nationalisme, souligne l'opposant syrien Haytham Manna, qui a rencontré Moza à plusieurs reprises. Cela explique certains de ses combats en faveur des femmes et de l'éducation.

Quand, en 1977, elle a épousé Hamad, qui était à l'époque prince héritier, les al-Misnad ont été du même coup autorisés à rentrer au Qatar. Elle n'avait que dix-neuf ans lorsque le jeune diplômé de Sandhurst l'a conquise alors qu'elle était étudiante en médecine au Koweït.

— Elle s'est fait désirer, et après elle a posé ses conditions. Elle est très intelligente, se souvient une de ses anciennes confidentes.

Autant l'émir est humble, autant elle est une « star », avec de faux airs de Jackie Kennedy, un léger voile couvrant ses cheveux noirs de jais. Charismatique et engagée, elle jouit d'un vrai pouvoir et d'une influence importante sur son mari. Elle est souvent la première personne auprès de qui l'émir teste ses idées. Au fil des années, Moza a réussi à devenir un personnage emblématique du Qatar.

Dans un film de promotion pour sa nouvelle campagne, « Éduquer un enfant », on la voit visiter une école d'un camp de réfugiés au Kenya.

Elle arbore des lunettes de soleil, elle est en saharienne, ses cheveux en chignon couverts d'un voile. Comment ne pas penser à Lady Di ou à Audrey Hepburn en mission ?

Partageant la conviction de l'émir que l'éducation est la clé de tout changement social et politique, elle a créé la Fondation du Qatar pour l'éducation et la science, une institution noyautée par les Américains[1].

Moza s'investit pour défendre l'alliance des cultures et le dialogue des civilisations, et elle est devenue un symbole pour les femmes arabes. Outre la Fondation du Qatar, elle préside le Conseil suprême pour les affaires touchant à la famille, et est vice-présidente du Conseil suprême de la santé.

Mère de sept enfants, elle a réussi à faire changer les règles pour que son deuxième fils Tamim puisse être nommé prince héritier, alors qu'il n'était pas le premier dans l'ordre de transmission du pouvoir.

Est-ce pour cela que certains la dépeignent comme une fée Carabosse, certes dure avec elle-même mais surtout manipulatrice de génie, auprès de qui l'émir, fier de sa beauté, serait resté « baba » ? Peu lui importe qu'il ait trois épouses. Elle sait qu'elle seule compte à ses yeux. Elle est la favorite. D'ailleurs, les journaux locaux la décrivent comme « *The wife* » de l'émir.

D'autres assurent qu'elle a attrapé « la grosse tête », qu'elle est devenue inaccessible depuis qu'elle se prend pour une icône internationale.

Elle ne serait pas étrangère à la folie des grandeurs qui a saisi le Qatar. L'émir céderait à

1. Il faudra quatre ans pour que HEC y soit acceptée.

nombre de ses désirs, voire de ses caprices, comme le nouveau yacht long de cent trente-neuf mètres que le couple s'est fait livrer l'été dernier à la marina d'Antibes en provenance des Bahamas, décoré par le Français Lopinto et sur lequel pas moins de quatre-vingt-sept personnes sont employées. Ou son nouveau Boeing, après l'Airbus A-330 que Philippe Starck lui a dessiné[1]. Ou encore leur gigantesque appartement de quatre mille mètres carrés sur plusieurs étages d'une tour de Manhattan où elle entrepose leurs plus beaux tableaux. Moza adore New York…

Elle aime aussi flâner incognito dans le parc des Tuileries à Paris, en face de leur duplex de la rue de Rivoli ; ou se promener à vélo, un léger turban sur la tête, dans le parc de leur résidence londonienne, protégée par une batterie de caméras.

L'été, elle ne manquerait pour rien au monde un séjour dans leur immense propriété sur les hauteurs de Mougins, où le couple reçoit ses amis français – Cécilia Sarkozy et son mari Richard Attias y ont passé trois jours en 2011[2].

L'hiver, la cheikha part sans son mari au ski à Courchevel, entourée de ses neuf gardes du corps, d'une Thaïlandaise pour ses affaires personnelles et de sa prof de gym espagnole. La cheikha sait s'occuper de sa personne. Son chef français lui concocte des plats pour rester mince. Sa masseuse

1. Le célèbre designer a aussi dessiné la nouvelle villa style « extraterrestre », avec des formes rappelant une soucoupe volante, que la cheikha s'est fait construire au bord de la mer, près du quartier diplomatique de Doha.
2. En fait c'est Cécilia qui a présenté Attias à Moza, laquelle l'a ensuite présenté à l'émir, à qui le publicitaire a vendu son idée de « Davos du sport », organisé pour la première fois à Doha en décembre 2012.

veille sur son corps, qu'elle entretient en faisant du sport quotidiennement. Ce qui ne l'empêche pas de questionner ses proches sur le goût supposé des hommes français pour les femmes plantureuses !

Même si elle est pieuse, la first lady n'est pas du tout représentative de la société qatarienne, et les autres femmes du clan al-Thani ne l'aiment guère. Elle en fait trop, elle gaspille beaucoup d'argent, c'est une roturière, jasent-elles dans son dos. De fait, les Misnad, originaires d'Al-Wakrah, sont des marchands et pas des Bédouins, comme la majorité des habitants de l'émirat. Écoutons plutôt ce qu'en dit un membre de la famille régnante :

— Qu'est-ce qu'elle a, la cheikha, à se montrer derrière l'émir ? Cela ne se fait pas dans notre culture. Même les autres femmes de la famille, on ne les voit jamais en public. C'est pourquoi cela passe mal. Ce n'est pas accepté.

Elle accompagne son mari dans les voyages officiels, ce qui ne se fait pas non plus dans les pays du Golfe. On l'a ainsi vue à Gaza avec l'émir en novembre 2012, portant de la broderie palestinienne sous son abaya noire.

En raison de sa médiatisation et de ses prises de position, Moza subit une forte opposition de la part des conservateurs. En 2005, Abderrahame al-Nouaimi fut le premier à parler du malaise que les gens ressentaient en voyant la photo de la cheikha s'étaler à la une des journaux. Il fut mis en prison pendant trois ans, sans procès.

À cette époque, la cheikha était surexposée dans les médias, y compris locaux, et parfois même sans foulard cachant les cheveux. Une révolution !

— Dans une famille, se rappelle un expatrié, une fillette de douze ans avait annoncé à sa mère que lorsqu'elle serait grande, elle voulait être comme Cheikha Moza. Outrée, la maman lui a donné une claque, en l'assurant que ce n'était vraiment pas l'exemple à suivre.

Ballon d'essai pour pousser les femmes à s'émanciper, ou véritable erreur ? Toujours est-il que l'émir a remis sa femme à sa place. Depuis, Moza refuse les portraits dans la presse internationale. Lors de l'inauguration du sommet WISE (*World Innovation Summit for Education*) en novembre 2012, elle a prononcé le discours d'ouverture en arabe, alors que d'habitude elle le faisait en anglais. Certainement un gage aux conservateurs.

— Cheikha Moza, comme Rania, la reine de Jordanie, a mis beaucoup d'eau dans son vin ces derniers temps. Elle a compris le message. N'oubliez jamais que les familles commencent d'abord par réfléchir à leurs propres intérêts, analyse un diplomate à Doha.

Ceux qui la connaissent disent qu'elle a finalement peu d'amis au Qatar. Les al-Thani la boudent ostensiblement dans certaines réceptions culturelles qu'elle organise. Jalousie de la voir briser le carcan du mariage, agacement devant son réel pouvoir ? Sans doute un peu des deux. Ses proches disent qu'elle se moque des sarcasmes. D'autres affirment au contraire qu'elle « s'angoisse beaucoup pour son avenir, elle ne pense qu'à ça, d'autant que l'avenir n'est pas du tout assuré ».

Elle passe beaucoup de temps avec l'émir et les enfants qui sont nés de leur union. En revanche, la cheikha ne parle pratiquement pas avec les fils que Hamad a eus avec ses deux autres épouses.

Ses relations avec Tamim, l'héritier, sont bonnes, même si elle a un petit faible pour Mohammed. Elle n'apprécie guère al-Anoud al-Hajri, sa très séduisante belle-fille, la seconde épouse de Tamim qui a accouché d'un garçon en octobre dernier en l'absence de Moza, laquelle a préféré assister à la naissance du bébé de Mayassa, son aînée, à New York. Grande, mince, al-Anoud lui ressemble. Mais la cheikha n'aime pas du tout qu'on le lui rappelle, ni qu'on la compare à elle.

Enfin, son inimitié avec le Premier ministre, Hamad Bin Jassem, est connue des initiés. Elle le fuit. « Non, je ne l'aime pas », lâche-t-elle à ses amies.

HBJ, le Talleyrand de l'émir

Si Moza ressemble à Joséphine, Hamad Bin Jassem Bin Jabor, le Premier ministre, a les traits d'un Talleyrand. Peu scrupuleux mais indispensable à l'émir, qui, comme Napoléon, ne nourrit aucune illusion à l'égard de son lointain cousin.

Hamad lui doit beaucoup. HBJ lui a permis de réussir le coup d'État de 1995, en assurant le soutien de nombreux membres de la famille al-Thani, en particulier celui des demi-frères de Hamad, Abdallah et Mohammad, qui étaient proches de leur père. En échange de ces services rendus, l'émir lui laissa élargir son périmètre d'activités financières, tout en le surveillant, bien sûr. C'est ainsi qu'au cours de la décennie 1980-1990, Hamad Bin Jassem devint l'acteur dominant dans les affaires au Qatar. Déjà, en 1992, il avait été nommé par l'ancien émir à la tête du ministère des Affaires étrangères, dans la foulée des accrochages armés avec l'Arabie Saoudite. Dès l'année suivante, c'est lui qui œuvra au discret rapprochement du Qatar avec Israël, via les dirigeants d'Enron, la multinationale du gaz qui fit faillite quelques années après (voir chapitre 8).

Depuis, il est l'homme-orchestre des initiatives politico-militaires qui ont fait connaître le Qatar. Il est en partie à l'origine de la création, en 1996, d'Al-Jazeera, qui bouleversa le paysage médiatique dans le monde arabe, ainsi que celle de la compagnie aérienne Qatar Airways, dont il préside le conseil d'administration.

— HBJ, c'est le bras armé de l'émir, un bosseur qui ne dort que quatre à cinq heures par nuit, insiste un expatrié qui le fréquente depuis trente ans. L'émir n'a pas cette capacité de travail. HBJ est impressionnant. Je l'ai connu dans les années 1980, lorsqu'il était responsable du cadastre. Chaque jour, il recevait une flopée de Bédouins, et me remerciait de mes visites : « Tu ne peux pas savoir ce que c'est usant, tous ces Bédouins qui arrivent pour se plaindre avec leurs papiers ! » Le soir, il allait dans son bureau s'occuper de ses affaires qui démarraient, il n'arrêtait pas.

Ce qui est plutôt rare quand on est bien né dans cette région du monde.

Wahhabite conservateur – on ne le voit jamais en public avec ses épouses par exemple –, il a néanmoins compris l'utilité pour la sécurité de son pays de nouer des liens militaires avec les États-Unis, dont il est proche[1].

1. Entretien avec Jean-Paul Soulié, Paris, le 16 janvier 2013.

Promu Premier ministre en 2007, HBJ a conservé ses fonctions de ministre des Affaires étrangères.

— C'est lui qui détient le carnet d'adresses internationales. Et si l'émir se repose sur lui, c'est parce qu'il a un talent fou pour négocier et délivrer le bon message à ses interlocuteurs, dit de lui un de ses cousins.

Pendant longtemps, HBJ fut le seul à disposer d'un bureau proche de celui de l'émir, au palais.

Homme d'affaires avisé, il se retrouve de près ou de loin associé à la plupart des partenariats commerciaux et financiers noués par le Qatar ces vingt dernières années. La liste de ses acquisitions est impressionnante : président de Qatar Airways et de l'International Bank of Qatar, vice-président de la Qatar Investment Authority (le fonds souverain du Qatar, QIA) et de la Qatar Holding, sa branche en charge des achats immobiliers à l'étranger. Sans compter le West Bay Hotel et le Four Seasons de Doha, ainsi que le Churchill et le Radisson à Londres, qui lui appartiennent également.

Pratiquant allègrement le mélange des genres, il dispose pour investir à l'étranger de sa propre société, Challenger, qui opère souvent aux côtés de la QIA. En 2008, la QIA a ainsi acquis 6,8 % de la banque Barclays à Londres pour un montant de 6,5 milliards de livres, tandis qu'en parallèle, Challenger, donc HBJ, apportait 533 autres millions de livres (environ un milliard de dollars).

Dans beaucoup de négociations commerciales ou industrielles, il est représenté par la famille chiite al-Fardan et son patriarche Hussain, associé à ses enfants Ali, Fahd et Omar. Ses managers – ceux qui règlent les détails de ses transactions

– sont Khalid Shouli et Mohammad al-Okar, qui est aussi un des principaux responsables de l'International Bank of Qatar. Le nouveau ministre de l'Énergie, Ghanem ben Saad al-Saad, est souvent son poisson pilote dans les négociations avec des entreprises étrangères, voire son homme de main pour acheter tel hôtel, comme le Carlton à Cannes.

HBJ s'est peu à peu rendu compte de la puissance de l'argent. Il pense que tout peut s'acheter, y compris les hommes, à condition d'y mettre le prix. Il n'a aucun complexe, encore moins d'états d'âme. Et cela depuis très longtemps. Avant le renversement de Khalifa, au début des années 1990, deux hommes d'affaires français rendent visite à l'émir dans sa résidence cannoise afin de renforcer l'activité de leur entreprise au Qatar…

— Mais qu'est-ce que je vais leur dire ? demande Khalifa, que les affaires n'intéressent guère, à HBJ, son ministre des Affaires étrangères.

— Dites-leur : voyez cela avec Hamad ! répond HBJ.

Le duo de businessmen arrive à Al-Rayyan, et pendant la conversation l'émir Khalifa leur dit : « Pour nos affaires, c'est Hamad qui s'occupe de cela. Je vous laisse maintenant. »

Aussitôt HBJ se lève, puis il raccompagne l'émir jusqu'à la porte en faisant mine de lui murmurer à l'oreille. Et quand il revient vers les Français, il leur annonce :

— Je suis vraiment très gêné de vous le dire, mais le cheikh a demandé 20 millions de dollars pour ses dépenses. Lui, il ne vous le dira pas, je suis très gêné…

Ce furent sans doute les 20 premiers millions de dollars que HBJ toucha des entreprises françaises avec lesquelles le Qatar commençait à nouer des affaires. Pas sûr que Khalifa en ait jamais vu la couleur[1]...

Mais c'est surtout dans la diplomatie, le cœur de son activité depuis vingt ans, que Hamad Bin Jassem déploie toute son audace. Ses pairs arabes en savent quelque chose.

Au début de la crise syrienne, à l'automne 2011, il n'hésite pas à imposer l'opposant syrien Burhan Ghalioun[2] à une réunion à huis clos des ministres des Affaires étrangères de la Ligue arabe au Caire. « Cet homme représente 80 % des Syriens », leur assène-t-il, au mépris de la réalité.

Quelques semaines plus tard, lors d'une autre réunion de la Ligue arabe au Maroc, il tance vertement son collègue algérien, le ministre des Affaires étrangères Mourad Medelci, réticent à adopter une position aussi anti-syrienne que le Qatar. « Tais-toi, ton tour viendra », lui lance HBJ, avant d'avertir ses homologues restés bouche bée : « De toute façon, vous n'avez rien d'autre à faire que de me suivre, j'ai les Américains derrière moi[3] ! »

Et son culot dépasse l'entendement lorsqu'à une réunion internationale à New York, il lance

1. L'histoire nous a été racontée par un courtier de la société en question. Elle a été confirmée par un membre de la famille régnante.
2. Universitaire à la Sorbonne, Burhan Ghalioun a été pendant quelques mois le président du Conseil national syrien.
3. Entretien avec un diplomate marocain, Doha, le 12 décembre 2011.

au Russe Sergueï Lavrov, chef de la diplomatie d'un des cinq pays disposant d'un droit de veto au Conseil de sécurité de l'ONU, et qui s'oppose à une résolution contre la Syrie :

— Bon. Combien voulez-vous pour lever votre veto ?

« Ne vous imaginez pas que vous pouvez tout acheter avec votre argent ! » venait pourtant de lui lancer Sergueï Lavrov. Un témoin de la scène raconte que les autres diplomates restèrent pantois devant pareille bravade plutôt mal placée. À la suite de cet affront, HBJ et Lavrov s'éviteront, les relations entre les deux pays se dégraderont, et le différend sur la Syrie aggravera le fossé entre Doha et Moscou[1].

Il y a fort longtemps que le chef d'orchestre de la diplomatie qatarienne agace ses homologues. Après la guerre entre Israël et le Hezbollah en 2006 au Liban, un déjeuner devait clôturer une réunion à New York autour des chefs de la diplomatie des pays arabes et de Condoleezza Rice, la secrétaire d'État américaine.

— Ah non ! Je ne veux surtout pas de Hamad Bin Jassem, trancha Mme Rice, il va encore faire son numéro[2].

---

1. À l'automne 2011, l'ambassadeur russe au Qatar se fit agresser à l'aéroport de Doha par la sécurité qatarienne. En décembre 2011, devant l'opposant syrien Abdelaziz al-Ghayyer, le vice-ministre des Affaires étrangères du Qatar, Mohammed al-Attiyah, fit glisser son pouce sur son index pour signifier à son hôte qu'avec de l'argent, le Qatar allait réussir à « acheter » la Russie.
2. Entretien avec un diplomate onusien, Paris, le 26 septembre 2012.

Et aucun ministre arabe ne mouilla sa chemise pour que HBJ soit quand même invité au repas…

Dans aucun autre pays au monde, le Premier ministre ou a fortiori le ministre des Affaires étrangères ne se permettrait d'insulter en public un de ses homologues. « HBJ, lui, ose. Parce qu'il sait que l'émir lui est redevable, explique son cousin. HBJ agit comme un émir bis. »

Il ose même cacher un micro sous le tapis lors d'une audience avec feu le roi Fahd d'Arabie Saoudite[1]. À Riyad, Hamad Bin Jassem est détesté, notamment, par le chef des services de renseignement, le prince Bandar bin Sultan, fils d'une esclave noire et qui, lui non plus, n'a pas froid aux yeux.

HBJ fut le grand manitou du rapprochement avec la France de Nicolas Sarkozy, qui produisit certaines dérives, comme on le verra plus loin (voir chapitre 10).

— C'est nous qui avons conseillé à Nicolas Sarkozy de renouer avec le président syrien Bachar el-Assad, nous confiait Hamad Bin Jassem un soir de printemps 2008, dans l'hôtel particulier qu'il venait d'acquérir rue de Courcelles, avant d'aller dîner chez son « ami » à l'Élysée.

— Il venait toutes les deux ou trois semaines, se souvient un haut responsable du Quai d'Orsay à l'époque, mais c'est en général l'ambassadeur du Qatar à Paris qui nous l'apprenait, car nous, au ministère des Affaires étrangères, nous étions complètement mis à l'écart de ces visites du soir au Château, regrette ce diplomate.

---

1. Information délivrée à l'un des auteurs par un homme d'affaires qui a ses accès au sein du pouvoir à Doha, et confirmée par un membre de la famille régnante.

Comme le Qatar, HBJ a un appétit d'ogre. Il vient encore de mettre la main sur les investissements pétroliers et gaziers de la QIA, profitant du départ de son rival, Ahmed al-Attiyah, à la tête du ministère de l'Énergie. Mais c'est surtout un vrai marchand de tapis, qui négocie tout, comme au souk.

HBJ essaya de gruger une entreprise française quand le Qatar chercha à entrer dans son capital. Il voulait un discount sur le prix des actions, et en plus, que la société finance l'achat de ses propres actions par Doha. Une ruse dont le Premier ministre est coutumier, aux dires de plusieurs de ses partenaires français ou européens.

— Hors de question ! lui répondit la direction de la société en question. C'est un deal entre partenaires, pas un souk !

Il a fallu que l'émir intervienne en personne pour ramener son cousin à la raison.

— Tu vois, tu as perdu ! lui firent remarquer ensuite ses partenaires français.

Il répondit en rigolant :

— Je n'ai rien perdu, j'ai essayé.

Comme Moza, son ennemie jurée, l'autre astre brillant du pays, Hamad Bin Jassem n'en fait-il pas un peu trop ? L'émir ne se cache pas pour dire qu'HBJ « est l'homme le plus riche du Qatar », mais son activisme fait grincer des dents.

Ce n'est pas un hasard si al-Attiyah, vieux compagnon de route de l'émir, a ouvert il y a quelques années un centre anticorruption. Certes, il s'agissait de lutter contre un mal qui rongeait l'administration, mais il fallait surtout suspendre une épée de Damoclès au-dessus de Hamad Bin Jassem.

Ce dernier commence à traîner quelques casseroles. Dans la famille régnante, nul ou presque n'ignore qu'il a reçu entre 350 et 400 millions de dollars de rétrocommissions après l'acquisition des célèbres magasins Harrods à Londres à Mohamed al-Fayed.

En France, il a perçu une commission de 200 millions d'euros versée par un groupe de construction en vue de l'édification d'un pont entre le Qatar et Bahreïn, qui ne verra probablement jamais le jour[1]. Et la liste est loin d'être exhaustive.

La légende raconte que HBJ, qui a hérité de son père, riche propriétaire foncier, est le seul des membres de la famille al-Thani à qui son géniteur ait dit : « Va faire tes études aux États-Unis, mais je ne te les paie pas ! Tu te débrouilles, tu nettoieras des voitures ! »

Son fils Jassem est souvent son intermédiaire dans ses affaires privées.

— Il l'envoie en avant-garde des contrats à négocier. C'est lui qui siège au conseil d'administration de Veolia, affirme un homme d'affaires français.

Rapide comme l'éclair dans les négociations, HBJ déteste les ambassadeurs qui lui résistent un peu trop.

— J'avais de mauvaises relations avec lui, se rappelle l'un d'eux. Il a essayé de m'instrumentaliser à plusieurs reprises. Je ne me suis pas laissé faire. Il y avait notamment un Français, intermé-

1. Entretien avec un industriel français. Paris, le 11 mars 2012.

diaire dans certaines affaires. Un jour, HBJ m'a convoqué en me disant : « Je voudrais vous informer que nous ne souhaitons plus travailler avec cet individu, qu'il est désormais persona non grata. » Je fais remonter l'information à Paris. Mais je m'aperçois que j'ai été enfumé par HBJ. En fait, dans mon dos, des négociations se tenaient entre HBJ et cet individu sur des histoires de répartition de commissions. L'information que Hamad Bin Jassem m'avait donnée, sachant bien que je la rapporterais en haut lieu, était en fait un moyen de pression pour faire plier le courtier français ! Il va vraiment trop loin.

Tel autre ambassadeur était dans le collimateur parce qu'il défendait le sort peu enviable des « *Bidoun* », ces pauvres Bédouins sans nationalité.

Annoncé depuis vingt ans comme le fusible qui pourrait sauter, HBJ est toujours là, comme si l'émir ne pouvait s'en passer. Pourtant, on l'a vu, l'homme est à cran avec Cheikha Moza, et ses relations sont tendues avec Tamim, l'héritier. Alors, HBJ intouchable ? L'affaire de la Pearl[1], fin 2011, le prouverait une fois de plus.

— Le pouvoir a puni les familles al-Fardan et Salam, impliquées avec HBJ dans ce projet immobilier, en réduisant leur périmètre d'activité, observe un expatrié à Doha. Mais sans toucher le Premier ministre, car HBJ détient tous les secrets de financement des affaires conclues à l'étranger, et il a eu pendant longtemps les secrets

1. Lorsque la consommation d'alcool a été soudainement interdite dans les restaurants de ce nouveau quartier de la capitale du Qatar.

des contrats d'armement. Si on vise HBJ, sa branche risque de se retourner contre l'émir[1].

À plusieurs reprises, l'émir l'a même sauvé de sérieux ennuis. Ainsi, « après une réunion des dirigeants du Golfe à Oman au cours de laquelle HBJ avait parlé brutalement, se souvient un familier du Qatar. Les vieux n'ont pas aimé, ils ont dit à l'émir : "On veut sa peau, on ne veut plus le voir." L'émir a répondu : "Je suis désolé mais on ne touche pas à Hamad, c'est moi qui décide ce que j'en fais." Encore là, ce n'était pas très grave. Il y a eu aussi le différend sur les îles avec Bahreïn puis Jersey où il a ses comptes bancaires ».

Dans le pire des cas, Hamad Bin Jassem pourrait se voir retirer le poste de Premier ministre pour ne garder que le portefeuille des Affaires étrangères, là où il est le plus utile.

Tamim, un héritier prudent

L'achat du Paris Saint-Germain, c'est lui qui en a pris la décision. À trente et un ans, le prince héritier Cheikh Tamim bin Hamad prend progressivement le pouvoir au Qatar. En accord avec le conseil de famille, l'émir a choisi le deuxième fils qu'il a eu avec Cheikha Moza pour lui succéder. Depuis, Tamim place ses hommes de confiance aux postes clés[2], gère les affaires courantes du pays, mais il reste encore dans l'ombre

1. Entretien avec un homme d'affaires expatrié à Doha, mars 2012.
2. Son père l'a laissé nommer le nouveau directeur d'Al-Jazeera à l'automne 2011.

de son père sur la scène internationale, à l'exception du sport.

Il est en effet l'homme clé de la stratégie sportive de l'émirat, après avoir été, comme son père dont il a hérité la haute silhouette, le président du Comité olympique. L'organisation de la Coupe du monde 2022 est une rampe de lancement pour consolider son pouvoir et fédérer l'ensemble des Qatariens autour de ce projet. Reste à savoir quand il prendra officiellement la succession de son père, et s'il bénéficiera de l'appui inconditionnel du Premier ministre, Hamad Bin Jassem, et de tous les membres du conseil de famille (voir chapitre 3).

Réformiste, diplômé comme son père de Sandhurst, Tamim parle impeccablement l'anglais et le français, après avoir été élevé par une *nanny* belge et avoir étudié à l'université de Louvain. On le voit parfois au Parc des Princes à Paris encourager ses joueurs en compagnie de son ami Nasser al-Khelaifi, le patron du PSG. Comme le reste de la famille, Tamim aime venir dans la capitale française, où personne ne le reconnaît. Lorsque des supporters du PSG accostent Nasser al-Khelaifi, marchant avec Tamim sur les Champs-Élysées, ses gardes en retrait derrière n'ont même pas à intervenir, les badauds ignorent que c'est le prince héritier du Qatar qui arpente non loin d'eux la plus belle avenue du monde.

Comme son père, Tamim a été marié une première fois avec une al-Thani, pour que le futur prince héritier soit – en théorie – issu d'une union pure entre deux membres de la famille régnante. Mais Tamim a épousé ensuite une roturière, al-Anoud al-Hajri. Tamim adore le football, le tennis

– il fut « moins quinze » dans sa jeunesse[1] –, et la chasse[2]. Avant d'être marié, le jeune prince a été sèchement rappelé à l'ordre par sa famille après avoir été vu sortant d'une boîte gay à Londres. Tamim est décrit comme doté de nombreuses qualités : réfléchi et posé, ayant un bon sens politique, et jouissant déjà d'une certaine autorité. Quand l'émir est absent, c'est lui qui préside le conseil des ministres et signe les décrets.

En 2011, les nominations de deux nouveaux vice-Premiers ministres, proches de lui, sont venus renforcer son assise, comme si, à l'instar de son père il y a trente ans, Tamim cherchait à se constituer un « *shadow cabinet* », face à son rival, Hamad Bin Jassem. L'émir Hamad lui confie de plus en plus de dossiers diplomatiques, une manière bien sûr de le jauger. Pendant la guerre en Libye, Tamim a été responsable des contacts avec les tribus, qui ont joué un rôle important dans le renversement du colonel Kadhafi.

Sous la tutelle de l'émir, on assiste à une montée en puissance de son héritier, qui se crée peu à peu des domaines réservés dans la défense et les questions d'armement en particulier. « C'est lui qui a la main désormais », confie un militaire français qui rappelle son titre de vice-commandant en chef des forces armées, lequel lui confère un début de légitimité, au détriment du Premier

1. C'est son ami Nasser al-Khelaifi, le patron du PSG, qui lui apprit à jouer au tennis.
2. Tamim est parfois invité à chasser en France par des entreprises qui souhaitent renforcer leurs positions au Qatar.

ministre, qui n'est plus l'interlocuteur qatarien sur ces dossiers sensibles.

Entre le père et le fils, l'harmonie semble sans nuage.

— L'émir l'adore, confie l'ancien ministre des Affaires étrangères espagnol Miguel Moratinos, recruté par le Qatar (voir chapitre 7). Tamim écoute dans les réunions, il est très respectueux, il prend des notes. L'émir lui a confié tous les dossiers liés à la sécurité.

Y compris la sécurité alimentaire avec la Food National Agency, dirigée par un de ses amis de trente-quatre ans, Fahad al-Attiyah, avec qui Tamim a fait Sandhurst.

Bref, le prince héritier fait ses preuves.

— Tamim aussi a une vision, affirme un de ses interlocuteurs occidentaux, mais il y a quelque chose qu'on a encore du mal à déceler chez lui, c'est une volonté d'aller aussi vite que ses parents dans le développement de son pays et l'évolution des mentalités.

Au contraire, Tamim, d'après ceux qui le connaissent, est d'abord conscient que le Qatar est un pays féodal et qu'il faut donc tenir compte des Bédouins et de leurs traditions.

Inquiet des dangers que le développement frénétique du Qatar engendre en interne, Tamim serait partisan d'une pause, et d'une posture diplomatique beaucoup moins affichée.

Il n'ignore pas que dans la foulée des Printemps arabes, une demande de réformes s'exprimera tôt ou tard chez les Qatariens. Ces derniers ne pourront pas indéfiniment se satisfaire d'un conseil consultatif (*majlis al-shoura*) dont les membres sont désignés par le pouvoir, et d'élections municipales comme preuves d'une ouverture démocratique. « Le prince héritier veut un parlement, mais le pouvoir veut prendre son temps », concède Hassan Ali Ben Ali, un conseiller du fils. Surtout, Tamim n'entend pas heurter davantage les Bédouins, piliers du régime, dont il se sent assez proche.

— Il a beaucoup de qualités, mais contrairement à son père, ce n'est pas un tueur qui a dû se battre pour conquérir le pouvoir, constate un ancien ambassadeur européen au Qatar.

Bref, Tamim n'affiche pas la même volonté indomptable de rayonner.

3

Un clan turbulent

Jassem, qui dirigea le Qatar entre 1876 et 1913, est considéré comme le père fondateur de l'émirat[1]. Si ses descendants ont parfois de profonds désaccords, tous se réclament de lui. Généreux et juste, ce riche commerçant de perles, qui détestait les al-Nayan régnant sur l'émirat d'Abu Dhabi voisin, bouta les Turcs hors de son pays. Il mourut à l'âge de cent onze ans. Abdullah, l'un de ses onze fils qui lui succéda, dut abdiquer en 1949, pour des raisons de santé.

Cependant, si les dirigeants du Qatar choisissent traditionnellement lequel de leur fils prendra le relais, à plusieurs reprises l'héritier a conquis le pouvoir avant que le père meure.

Les coups d'État : une habitude !

Ce fut le cas, on vient de le voir, en 1995, mais aussi en 1949, lorsque Ali devint émir par accident à la mort de son frère aîné. Mais Ali était

1. Sur les cartons d'invitation à la fête nationale, le 18 décembre, on fait référence à Jassem et non pas à l'actuel émir.

une erreur de casting. Il n'avait ni l'énergie, ni les qualités pour diriger le pays, et sous la pression de la famille et des agents de Sa Gracieuse Majesté toujours influents[1], il abdiqua en 1960 au profit de son fils Ahmad. Mais là encore, ce fut un mauvais choix : extravagant et oisif, Ahmad siphonnait un quart des revenus du pétrole de l'émirat. Pareil appétit suscita des jalousies au sein du clan al-Thani, qui commençait à compter de très nombreux descendants, avides de se partager le pouvoir. D'autant qu'après s'être marié en seconde noces avec la fille de l'émir de Dubai (al-Maktoum), Cheikh Ahmad ne faisait plus mystère de son désir d'unir le Qatar aux Émirats arabes unis. Il alla même jusqu'à autoriser l'émission de billets valables dans les deux pays, ce qui signa sa perte.

Profitant de cette faute, en 1972 son neveu, Khalifa – le père de l'actuel émir – lui ravit le pouvoir, après s'être assuré de l'appui de sa branche, les Hamad.

Au Qatar, les successions ont été pendant longtemps sources d'inextricables conflits au sein de la famille régnante, en particulier au cours des décennies 1970 et 1980 entre les fils de Khalifa.

Ce dernier avait trois aînés de trois femmes différentes, donc trois candidats à la succession : Hamad, l'émir actuel, Abdul Aziz et Abdallah.

Lorsqu'en 1995 Hamad a pris les rênes du Qatar, il l'a fait avec l'assentiment de son demi-frère Abdallah, auquel le père ne voulait pas léguer le pouvoir, lui préférant Abdul Aziz, troisième demi-frère, wahhabite comme lui, qui ne

1. En 1960, le Qatar était encore lié à la Grande-Bretagne par un traité. Il deviendra indépendant en 1971.

souhaitait pas hâter le développement du pays. Levant le coude plus que de raison, volontiers coureur de jupons, Abdul Aziz dut prendre le chemin de l'exil avec Khalifa, avant de s'installer confortablement dans son palace parisien près des Champs-Élysées. Contrairement à Khalifa, il n'est pas rentré au Qatar en 2004 et, faute de s'être réconcilié avec Hamad, Abdul Aziz ne sera probablement jamais autorisé à y mettre à nouveau les pieds.

Outre le Premier ministre Hamad Bin Jassem, d'autres anciens proches de l'émir ont joué un rôle clé en 1995, notamment Abdallah al-Attiyah, membre d'un clan qui sut rapidement s'unir aux al-Thani. Entre 1986 et 1989, al-Attiyah avait été le directeur de cabinet d'Abdul Aziz, alors ministre du Pétrole et des Finances, qui le congédia brutalement quand il se rendit compte que son bras droit renseignait Hamad : c'était sa taupe chez son demi-frère.

C'est en grande partie grâce à l'appui de la famille al-Attiyah que Hamad était parvenu à se faire désigner en 1976 prince héritier, malgré l'opposition de son demi-frère Abdul Aziz, et de son oncle Souhaim, qui lorgnait lui aussi le titre.

Pour se réconcilier avec tous ses détracteurs au sein de la famille, l'émir Hamad se maria en troisièmes noces avec Noura, une fille de son oncle Khaled, celui qui avait joué les intermédiaires pour ramener l'argent de son père, Khalifa, évincé du pouvoir en 1995. Mais comme les rancunes peuvent être tenaces, son fils Tamim, l'actuel héritier, se mariera en janvier 2005 avec une lointaine cousine Jawaher, petite-fille de Souhaim, cet oncle à qui l'émir avait ravi trente ans plus tôt le titre de prince héritier. Depuis, on l'a vu, Tamim a épousé une seconde femme, par amour celle fois… Dans les monarchies, ces mariages arrangés entre cousins pour neutraliser un clan et respecter les équilibres sont très fréquents. Ils illustrent toute la complexité des jeux d'alliances au sein de famille régnante, unie souvent par le seul impératif de conserver le pouvoir.

Un conseil de famille pour arbitrer les conflits

Un conseil de la famille a été établi en 1997 pour arbitrer les disputes entre ses branches et déterminer le montant des revenus alloués à chacun de ses membres.

Ses principaux membres sont :

Abdel Rahman bin Saud, directeur du diwan de l'émir jusqu'en janvier 2011 (représente la branche Fahd).

Hamad bin Nasser, ancien adjoint au chef du protocole de l'émir. Depuis 2008, il est le secrétaire général du conseil de famille (branche Jassem).

Abdallah bin Saud, gouverneur de la Banque centrale (branche Jassem)[1].

Hamad bin Souhaim : ministre d'État en charge du diwan (branche Hamad). Sa fille Jawaher s'est mariée avec Tamim en 2005.

Ali bin Abdallah, ancien patron de la Qatar Islamic Bank (QIB), homme d'affaires proche de l'émir (représente la branche Gharrafah).

1. Pour le tester, l'émir adressa anonymement un chèque sans provision à la Banque centrale qu'Abdullah bin Saud refusa.

Mohammad bin Eid : ancien président de l'Autorité[1] de la Jeunesse et des Sports (branche Gharrafah).

Khaled bin Thani : directeur général de la QIB (branche Gharrafah).

Abdallah bin Khaled : cousin germain de l'émir, ancien ministre de l'Intérieur, représente la branche Hamad. Islamiste, proche du Koweïtien Khaled Cheikh Mohammed, cerveau des attentats du 11 septembre 2001 aux États-Unis.

Tous les membres de la famille al-Thani, on l'a vu, reçoivent des émoluments. Depuis le milieu des années 2000, la plupart perçoivent 1 000 rials chaque mois à partir de leur naissance (soit environ 210 euros). À dix ans, l'allocation mensuelle passe à 6 000 rials (1 260 euros) et à 20 000 à dix-huit ans, c'est-à-dire un confortable salaire de 4 200 euros par mois.

15 000 rials supplémentaires (3 100 euros) sont versés chaque mois lorsqu'un al-Thani se marie (soit, à vingt-cinq ans et marié, une rente mensuelle de 7 300 euros). Le versement de ce bonus peut être suspendu s'il épouse une ressortissante d'un pays non membre du Conseil de coopération du Golfe[2]. Il l'est assurément en cas de mariage avec une non-musulmane. Ces deux restrictions s'étendent aussi à la somme allouée à la naissance d'un enfant.

---

1. Par « autorité », on désigne souvent en fait un ministère au Qatar.
2. Le Conseil de coopération du Golfe regroupe les monarchies de la péninsule Arabique : Arabie Saoudite, Koweït, Qatar, Émirats arabes unis, Bahreïn et Oman.

Enfin, un montant plus important – versé au titre d'une allocation de vacances[1] – est affecté chaque été aux descendants de Hamad bin Abdallah, qui mourut avant son père en 1948, lesquels sont en fait les membres de la branche régnante, les al-Hamad. La somme peut atteindre quelques millions de dollars par an.

Ce très généreux système d'allocations familiales encourage chaque membre de la famille régnante à avoir beaucoup d'enfants, lesquels, s'ils le désirent, peuvent vivre confortablement sans avoir à travailler.

La succession de l'émir

Soucieux d'éviter les écueils du passé, l'émir apporte un soin particulier à préparer sa succession, quitte à modifier l'ordre de transmission du pouvoir à ses enfants. Il a changé la donne une première fois à la fin des années 1980, parce que Mishaal, l'aîné qu'il a eu avec sa première épouse, ne manifestait aucun appétit pour le pouvoir suprême. Celui-ci renonça donc au titre de prince héritier.

Au début de la décennie 1990, alors qu'Hamad songeait à renverser son père, le futur émir reporta ses espoirs sur Fahd, le deuxième fils de son premier mariage. Mais le jeune homme allait vite le décevoir. Et de quelle manière ! Volontiers noceur durant ses études militaires à Sandhurst, Fahd bascula ensuite dans l'islam radical. En

1. L'été, le thermomètre dépassant allègrement les 50 °C, les Qatariens aisés passent en général deux à trois mois loin de chez eux, en Europe, ou de plus en plus en Asie du Sud-Est.

1993, alors qu'il suivait une instruction militaire en Jordanie, il disparut pendant deux semaines avant de réapparaître dans une madrasa islamiste au Pakistan. L'escapade rendit l'émir furieux, et il dut renoncer à ce que Fahd, qui porte aujourd'hui encore la longue barbe des salafistes, lui succède.

En octobre 1996, quelques mois après avoir ravi le pouvoir à son père, l'émir choisit comme héritier Jassem, l'aîné qu'il eut avec Moza, sa deuxième épouse. Jassem venait lui aussi de sortir de Sandhurst, mais ce jeune homme à la santé fragile ne goûta jamais vraiment un titre qui ne lui convenait pas, malgré les efforts faits alors par son mentor, HBJ, pour lui mettre le pied à l'étrier.

Finalement la quatrième tentative fut la bonne. En 2003, le conseil de famille acta un transfert du témoin à Tamim, dont Jassem est devenu petit à petit un proche.

Les candidats malheureux au trône n'ont pas eu à se plaindre : chacun a été gratifié d'un « fromage » qui convenait à son rang.

Mishaal, qui adore les séjours en Floride, est devenu en 2008 le président de l'Association arabe d'équitation, après s'être marié avec une Yéménite dont de nombreux membres de son clan ont été enrôlés dans les forces de sécurité qatariennes.

Entre deux lectures religieuses, Fahd s'est lancé dans les affaires, et malgré son parcours, l'émir le « chouchoute » encore.

Quant à Jassem, il a trouvé dans les événements sportifs de haut niveau que le Qatar organise un excellent dérivatif, sans oublier la gestion du village culturel de Katara à Doha, qui ambitionne de devenir une mini-villa Médicis locale.

Dans une famille qui compte plus d'une centaine de membres, le partage de la rente reste encore le meilleur moyen de désarmer les ambitieux ou les aigris, auxquels on offre en compensation la direction d'Al-Jazeera, celle de la compagnie Qatar Petroleum ou telle concession d'une multinationale étrangère.

Le brassage d'autant d'argent fait parfois tourner les têtes. Dans le passé, plusieurs membres de la famille ont été pris la main dans le pot de confiture.

Saud bin Mohammed, que l'émir avait choisi pour acheter des tableaux à travers le monde pour les musées du Qatar, fut démis de ses fonctions à la tête du Conseil de la culture et de l'héritage culturel en 2005. Il était accusé de mauvaise gestion et d'avoir établi des fausses factures d'un montant d'un milliard de rials. Son éviction eut un impact négatif sur un marché de l'art où le Qatarien était un opérateur important. Abdallah, un ancien pilote devenu en 2000 directeur du diwan de l'émir, dut également démissionner en 2005 pour avoir effectué lui aussi des transactions illégales au nom de la Qatar Gaz Transport Company.

Peu nombreuses, ces dérives sont quasiment inévitables dans un système où le fonctionnaire al-Thani est également le patron ou le principal actionnaire d'une société dépendant souvent de près ou de loin du palais.

Sous l'impulsion de Cheikha Moza, chacun de ses enfants s'est vu attribuer un pôle de pouvoir.

Mayassa, c'est la culture. En septembre 2005, la fille aînée de l'émir et de Moza a été désignée à la tête de l'Autorité des musées du Qatar. Diplômée de la Columbia Business School de New York, elle est rentrée récemment au conseil d'administration de la Fondation du Qatar, dirigée par sa mère. On la dit sous influence américaine, et pas forcément motivée. Elle a fait un passage par Sciences-Po et le groupe Lagardère à Paris, et est une amie de la famille de Villepin.

Hind, sa sœur cadette, serait, elle, beaucoup plus brillante. Une vraie politique[1], capable de discuter avec des dirigeants du Hamas, le principal groupe islamiste palestinien, et des responsables Iraniens. Directrice de cabinet de l'émir depuis 2008, elle est en fait son bras droit. Au palais, face à la corniche de Doha, son bureau est au même étage que celui du Premier ministre Hamad Bin Jassem. Discrète, travailleuse, elle est toujours dans le sillage de son père, qu'elle accompagne dans tous ses déplacements à l'étranger. Impliquée dans les problématiques d'éducation et de condition féminine, Hind est vice-présidente de la Fondation du Qatar. Elle devrait un jour succéder à sa mère à la tête de cette institution.

Après Saint-Cyr, Joaan, lui, se destine à une carrière militaire, et pourrait devenir le Monsieur armée de Tamim lorsque son frère aura pris le pouvoir.

Enfin Mohammed, lui, adore le théâtre, et les chevaux. C'est lui qui porta la torche à l'ouverture des Jeux asiatiques que Doha organisa en 2006

1. Entretien avec un diplomate français. Paris, le 15 novembre 2012.

lors d'une très audacieuse cérémonie[1]. Il présidait le comité d'organisation de la Coupe du monde 2022, attribuée au Qatar. Mohammed occupe également un poste de direction à l'Autorité de l'eau et de l'électricité.

Quant aux autres, Khalifa, Thani ou al-Qa'qa, ils poursuivent leurs études.

Mais attention, là encore, de ne pas donner l'impression de favoriser les sept enfants que l'émir a eus avec Moza au détriment des seize autres. En décembre 2011, dans un souci de rééquilibrage familial, Cheikh Hamad a nommé Abdullah, âgé seulement de vingt-trois ans, à la tête de son diwan, avec rang de ministre. Abdullah est le fils aîné de sa troisième et dernière épouse Noura.

Cela étant, comme le remarque un membre de la famille régnante, « ceux des autres mères sont tout de même un peu marginalisés. On les voit rarement associés aux événements publics ».

Entre ténors d'une famille aussi puissante qu'ambitieuse, les conflits, bien sûr, existent. Il y a ceux qu'on ignore. Et ceux quasiment de notoriété publique, comme celui qui oppose Cheikha Moza au Premier ministre, plaçant parfois l'émir

1. « Je n'ai jamais vu une telle prise de risque pour une cérémonie d'habitude calibrée d'avance », souffla à l'un des auteurs, quelques instants après, le triple champion olympique français Jean-François Lamour, qui a assisté à de très nombreuses cérémonies d'ouverture des JO. Sous la pluie, chevauchant son pur-sang, le prince Mohammed gravit la pente à vive allure, la torche en main. Mais à deux mètres du sommet, le cheval se déroba. Le fils de l'émir resta de marbre, et finalement la foule reprit son souffle lorsque la flamme surgit du brûleur.

dans une délicate position d'arbitre. À propos par exemple des avions que chacun d'entre eux peut détenir. Pas question que l'ambitieux Premier ministre, qui a un Airbus A-330, puisse s'acheter un appareil plus puissant que l'A-340 de l'émir. On l'a vu, les avions sont un vieux sujet de conflit chez les al-Thani.

Entre HBJ et Tamim, l'héritier, les relations ne sont pas non plus au beau fixe. Question de pouvoir là encore ! Tamim a autorisé ses collaborateurs à court-circuiter le Premier ministre lorsqu'ils veulent s'adresser aux ministres. Et HBJ n'est pas parvenu à l'en empêcher. En fait, Tamim refait un peu ce que son père avait entrepris avec Khalifa, son grand-père : réduire l'influence de ses rivaux encombrants.

Derrière la famille régnante, une société à la traîne

Tout le monde le reconnaît : le développement frénétique du Qatar ne tient qu'à ce trio magique – Émir-Moza-HBJ –, visionnaire, et nanti de moyens à la mesure de ses ambitions. Mais derrière, la société ultra-conservatrice ne suit pas forcément : c'est le principal défi auquel est confronté l'émirat.

— J'entends même des officiers qui me disent : « Du temps de l'émir père, on était un petit pays, mais on était tranquille », confie un expatrié. « L'Arabie Saoudite disait blanc, nous on disait blanc, on vivait bien. Tout cet argent que la famille dépense, elle ferait mieux de nous en donner davantage. Les al-Thani sont excessifs, ce n'est pas dans la culture bédouine de s'afficher autant. »

Ces réticences, pour ne pas dire ces oppositions, se retrouvent au sein de la famille régnante, où l'activisme de HBJ et le modernisme de la cheikha ne font pas que des heureux.

Plusieurs clivages s'y dessinent. Les uns insistent sur la trop grande rapidité des projets de développement engagés. « Nous sommes un pays de Bédouins, donnons-nous le temps », disent-ils.

D'autres pointent les entraves que le modernisme fait peser sur une société forgée par l'islam conservateur. Ce courant est incarné par Fahd, le fils intégriste de l'émir, et par l'ancien ministre de l'Intérieur, Cheikh Abdallah, écarté en 2003 pour ses contacts avec la mouvance al-Qaida. Son parcours mérite attention, tant il illustre les contradictions au sein de la famille régnante.

À la fin des années 1980, le prince héritier – l'émir actuel – donna carte blanche à Cheikh Abdallah pour conduire une implacable campagne contre la drogue, la prostitution et l'alcool. En parallèle à sa carrière militaire, Abdallah renforça ainsi son pouvoir, et fut naturellement nommé ministre des Biens religieux en 1992. Avocat des causes islamistes, il soutint les opposants intégristes chassés d'Égypte ou d'ailleurs par les pouvoirs en place. Mais lorsque Hamad prit le pouvoir en 1995, Abdallah l'appuya activement en allant démarcher les al-Thani. Il en fut remercié par le nouvel émir qui le nomma en 1996 ministre d'État en charge des affaires intérieures, et il s'acquitta de cette tâche, sans toutefois en assumer la totalité des pouvoirs, ni renoncer à ses convictions.

Abdallah participa à plusieurs séminaires islamistes au Qatar mais aussi en Tchétchénie, dans les Balkans et en Iran. Le FBI l'accuse d'avoir aidé puis abrité au Qatar le cerveau des attentats terroristes du 11 septembre 2001 aux États-Unis, le Koweïtien Khaled Cheikh Mohammed, qui fut contraint de quitter l'émirat à la fin des années 1990.

Aujourd'hui, Abdallah est écarté du pouvoir, même s'il reste en titre ministre de l'Intérieur, et demeure membre du conseil de famille, lui qui a plus d'une cinquantaine d'enfants de différents mariages. Comme les autres, il s'est orienté vers les affaires. Ironie de l'histoire : il s'était porté candidat pour sponsoriser la société américaine qui remporta le contrat d'agrandissement de la base militaire d'Al-Oudeid, mais lorsque la CIA a découvert de qui il s'agissait, il dut battre en retraite[1].

En interne, certains des fils de l'émir se plaignent de sa politique aventureuse contre la Libye du colonel Kadhafi et maintenant contre la Syrie de Bachar el-Assad.

— Si un jour un Printemps arabe éclate au Qatar, ce sera au sein de la famille al-Thani entre les plus conservateurs et les plus progressistes, met en garde un expatrié, qui les fréquente. Quelle différence entre Mayassa qui tient son mari par la main et tel autre al-Thani qui ne montre jamais son épouse ! Il y a aussi un problème générationnel dans la famille. Les jeunes comme Mayassa n'ont pas seulement étudié à l'étranger,

1. Entretien avec un homme d'affaires à Doha, décembre 2011.

ils en ont acquis les attitudes, les réflexes. Ils sont beaucoup plus ouverts que d'autres. Bref, il y a une fracture. D'ailleurs au sein de la famille, quelques-uns sont appelés « les vieux ». Une confrontation entre ceux-ci et la génération Tamim des vingt-huit/trente-cinq ans, qui a obtenu la Coupe du monde de football, n'est pas à exclure.

Nouvelles rumeurs de coup d'État

À plusieurs reprises ces dernières années, Doha a bruissé de rumeurs sur un nouveau coup d'État en préparation. Après une première alerte à l'été 2009, début mars 2011, dans la foulée de la chute des pouvoirs tunisien et égyptien, une pétition a circulé sur Internet demandant une lutte accrue contre la corruption, une remise à sa place de Cheikha Moza, et un rôle plus important donné à la charia.

Plus grave, un dimanche matin, une quinzaine de membres d'une tribu proche des al-Thani et des officiers de l'armée auraient tenté de se diriger vers le palais de l'émir. « Ce n'était pas une tentative de coup d'État, mais il y a eu un petit quelque chose », confirme un homme d'affaires qui a ses entrées au palais.

Enfin à l'automne 2011, plusieurs médias arabes, dont la chaîne de télévision saoudienne Al-Arabiya, ont rapporté qu'une tentative de coup d'État aurait encore échoué à Doha. Le putsch aurait été mené par l'un des chefs de la garde bédouine, Hamad bin Attiyah.

L'opacité au sein de la famille royale permet de maintenir le flou sur ce qui se passe réellement au cœur du pouvoir. C'est un vieux réflexe bédouin : pour vivre heureux, vivons cachés[1] !

Tout autant que des réformes vers plus de démocratie, ces rumeurs témoignent d'une demande de conservatisme.

— La société qatarienne est encore plus conservatrice que la société saoudienne. Il y a une vraie dichotomie entre la population et le régime, constate un ami de l'émir, qui s'en est ouvert au couple dirigeant de l'émirat. Je l'ai dit à l'émir et à Cheikha Moza : « On vous aime beaucoup, donc on se permet de vous dire certaines choses. La première : jamais auparavant, dans le souk de Doha, on ne venait vous offrir des Corans gratuitement, en vous proposant de suivre des cours de religion. Faites attention. Deuxièmement, vous savez très bien que vous irritez, très au-delà de vos voisins : vous faites sourire les Saoudiens, vous agacez les Émiriens, les Koweïtiens, etc. » L'émir s'est mis à rire, et m'a répondu : « Cher ami, une formule française dit qu'il vaut mieux être critiqué qu'être plaint. » Et il a ajouté : « De toute façon, quand on fait quelque chose, on est critiqué par tout le monde, par ceux qui font la même chose, par ceux qui ne font rien et par ceux qui font différemment. »

Bref, Cheikh Hamad ne semble pas trop inquiet. La capacité de nuisance des membres de la famille écartés jadis du pouvoir est faible. Quant à ses sujets, ils y regarderont à deux fois avant de se lancer dans une insurrection très risquée, comme le constate un ambassadeur à Doha.

---

1. Une première tentative de coup d'État, dont nul ne parla à l'étranger, eut lieu quelques années après que l'émir eut renversé son père, nous confia un familier des al-Thani.

— Les forces conservatrices, bien sûr, elles râlent. Cheikha Moza les agace. Mais même si vous êtes un Qatarien conservateur, lorsque l'émir vous garantit un revenu de 100 000 dollars par an au minimum, est-ce que vraiment vous avez envie de renverser un pouvoir qui demeure musulman, qui est sans doute un peu glamour mais n'a pas de scandale autour de lui, qui vous garantit cet état de richesse, qui vous autorise à ne pas travailler si vous ne le voulez pas, il faut quand même réfléchir à deux fois.

Une situation qui permet à l'émir de rester assez fort pour imposer ses choix.

— C'est lui qui a le premier mot. Ensuite, ça discute. Et enfin, c'est lui qui a le dernier mot, assure le diplomate.

L'émir veut passer le relais

Il ne l'a jamais dit en public, mais il ne s'en cache plus auprès de ses proches amis. Cheikh Hamad aimerait passer le relais de son vivant.

« Dans quatre ans, nous quittons le camp, je l'ai décidé, a confié Hamad à un de ses amis au printemps 2012. Je m'en vais, parce qu'il faut laisser la place aux jeunes.

— Mais vous pensez que Hamad Bin Jassem sera d'accord et qu'il renoncera lui aussi au pouvoir ?

— Hamad fera ce que je lui dirai de faire !

— Oui, mais lui, il a neuf ans de moins que vous…

— Tant que je suis là, il est là, quand je ne serai plus là, il ne sera plus là ! »

Puis l'émir se confia plus avant à son vieil ami.

— Vous savez, moi ça fait longtemps que je veux partir, mais c'est Cheikha Moza qui s'y oppose. Elle m'incite à faire comme elle, c'est-à-dire à poursuivre encore mon travail à la tête du Qatar. J'avais l'intention de laisser 80 % du pouvoir à Tamim, mais Moza ne veut pas. On est tous prisonniers de nos femmes ! Mais, je le lui ai bien dit, encore quatre ans et ensuite *khallas*[1] ! Je me retirerai du pouvoir.

En attendant, l'émir va continuer de faire monter Tamim.

— Il aura laissé une identité à un pays qui n'en avait pas. Il aura réussi son coup, prédit son ami.

Hamad, si sa santé le lui permet, aura alors le temps de s'adonner à la moto, tout en gardant un œil sur son pays, prêt à jouer les arbitres entre les membres d'une famille plutôt turbulente.

1. C'est fini !

4
Les douze travaux de l'émir

Jour et nuit, Doha vibre au rythme de chantiers pharaoniques.

— C'est un terrain de jeu extraordinaire, confie le représentant d'un groupe français de BTP qui a dirigé la construction du stade olympique de Pékin. Ici, c'est l'un des premiers marchés au monde pour les grues, les camions et les engins de terrassement !

Les tours de verre et de béton, plus futuristes les unes que les autres, poussent comme des champignons après la pluie. De son palais posé sur la corniche, l'émir Cheikh Hamad bin Khalifa al-Thani peut constater chaque matin que la forêt de gratte-ciel s'épaissit un peu plus dans le quartier d'affaires de l'autre côté de la baie de Doha. Un « Manhattan » surgi du désert en moins de dix ans, qui illumine la nuit de façon presque irréelle.

Dans ces rêves de modernité de l'émir, il faut aussi voir un sentiment de revanche sur les autres monarchies du Golfe. Les Qatariens ont longtemps été considérés comme des Bédouins rustres et arriérés par les autres peuples de la région qui, bien avant eux, ont connu la richesse liée au pétrole et au gaz. C'est à Bahreïn au début du XXe siècle que l'exploitation de l'or noir a démarré avant de gagner l'Arabie Saoudite, les Émirats, Koweït et Oman. Même si on a découvert le pétrole au Qatar dans les années 1940, les réserves sont limitées[1] et le développement s'est fait à un rythme modéré. Depuis la mise en valeur de la manne gazière à partir de 1995, l'émir Hamad al-Thani rattrape le temps perdu, quitte à faire des jaloux.

Il n'y a pas si longtemps, Doha n'était qu'une misérable bourgade assoupie sur la rive arabe du golfe Persique. Après la Seconde Guerre mondiale, la capitale de l'émirat ressemble à un village de maisons de boue et de pisé regroupées autour du fort Al-Kout, caserne rudimentaire qui protège la cité. Il n'y a pas d'électricité, encore moins de téléphone. Les routes ne sont que des pistes de sable pratiquées par les caravanes de dromadaires. Quelques rares puits fournissent de l'eau aux habitants qui vivotent de la pêche, de l'élevage et du commerce. Dans les années 1940, la disette et la famine frappent durement la population.

À l'époque, la digue du port accueille des *dhows*, ces bateaux à voile traditionnels chargés de marchandises destinées au souk de Doha. Les Bédouins l'ont baptisé « *souk waqif* », qui signifie « le marché debout », parce que les commerçants restaient debout pour traiter leurs affaires, toujours prêts à rejoindre leurs embarcations en cas de montée subite des eaux du wadi Musheireb, la rivière saisonnière qui traversait Doha.

1. On estime que d'ici vingt à trente ans, les réserves de pétrole du Qatar seront épuisées. Celles de gaz sont évaluées de deux cents à trois cents ans.

Aujourd'hui, englouti par l'urbanisation, le wadi n'existe plus, mais un gigantesque projet immobilier porte son nom. L'émir al-Thani a décidé de reconstruire le centre-ville historique de Doha. Le futur quartier de Musheireb[1] sera bâti sur une trentaine d'hectares dans une architecture traditionnelle mais avec un design moderne et des normes environnementales haut de gamme. Les immeubles seront serrés les uns contre autres pour favoriser l'ombre. L'alignement des rues a été dessiné de façon à créer une climatisation naturelle avec le vent du nord, « *al-chamal* », qui s'engouffrera entre les habitations. Si le Qatar avait obtenu les JO de 2016, le projet Musheireb aurait servi de village olympique pour les athlètes et les délégations.

Pour reconstruire le centre-ville de Doha – un peu comme le Libanais Rafic Hariri a rebâti le cœur de Beyrouth après la guerre civile –, les commerces des immigrés indiens, pakistanais et asiatiques ont été rasés et expropriés à la périphérie de l'agglomération. Doha veut devenir une cité vitrine où les immigrés pauvres, notamment les travailleurs asiatiques, n'ont pas leur place. Leurs échoppes et leurs foules bigarrées feraient tache dans le paysage au moment où la ville s'apprête à scintiller et à impressionner les visiteurs. Une cité qui croule sous l'argent. La municipalité voulait installer des parcmètres pour le stationnement sur la corniche. Tout était prêt… et puis elle a changé d'avis : la ville n'a pas besoin de revenus supplémentaires. Les parcmètres ont été détruits !

---

1. www.msheireb.com

La frénésie immobilière

Partout dans le Golfe, les capitales des monarchies pétrolières se livrent à une course immobilière effrénée. C'est à celle qui aura la tour la plus haute, la marina la plus grande ou l'hôtel le plus luxueux. À ce petit jeu, Dubai, dans les Émirats arabes unis, a pris une longueur d'avance sur Doha après la construction de *The Palm*, chapelet d'îles artificielles en forme de palmier parsemées de résidences de luxe. Qu'importe ! Le Qatar a relevé le défi du gigantisme avec « La Perle » (*The Pearl* [1]) : deux immenses cercles gagnés sur la mer plantés de 59 tours qui dominent marinas, restaurants, galeries marchandes et luxueuses villas. Une fois achevé, le projet est prévu pour accueillir 40 000 résidents, principalement des expatriés. Coût estimé : 20 milliards de dollars. Et derrière, on retrouve l'inévitable Premier ministre Hamad Bin Jassem.

Et ce n'est pas fini ! Une nouvelle cité commence déjà à sortir des sables. Le quartier de Lusail[2] est encore plus démesuré que « La Perle » : il s'agit cette fois de loger 150 000 personnes ! Les marinas seront encore plus gigantesques. La future ville est située à deux pas d'un circuit de motos construit dans le désert. Dans son appétit événementiel, le Qatar espère bien chiper le grand prix de F1 à son voisin de Bahreïn, englué dans ses problèmes politiques, et faire de la publicité à Lusail.

Observant ces travaux pharaoniques, certains Qatariens s'interrogent sur cette frénésie de béton et demeurent perplexes.

---

1. www.thepearlqatar.com
2. www.lusail.com

— Pearl ou Lusail ne sont pas des projets forcément adaptés, lâche Khaled al-Sayed, le rédacteur en chef du quotidien *The Peninsula*. Peut-être qu'il y a des gens qui s'en réjouissent parce que ça fait tourner l'économie et qu'ils font du business, moi je pense que ce n'est pas nécessaire.

Dans la mentalité bédouine, on n'aime pas habiter enfermé dans des tours, on veut avoir les pieds sur terre et la tête dans les étoiles. Les Qatariens préfèrent les maisons qui permettent aux familles d'un clan de se regrouper dans un même quartier, comme par exemple celui de Bani Hajer où vivent les membres de la tribu des al-Hajri.

— Les gratte-ciel, explique un expatrié, c'est pour les célibataires ou les maris volages parce que les appartements servent de garçonnière. Moi-même, j'habite dans une tour et je vois bien qui monte dans les ascenseurs !

Les 40 000 logements prévus à Pearl sont encore loin d'être remplis : environ 10 % seulement étaient habités en 2012.

Pire : plusieurs tours vont être détruites parce qu'elles s'enfoncent dans le sol !

— Le site de Pearl, c'est une cuvette à vase, affirme un ingénieur libanais. On a gagné du terrain sur la mer, mais ça n'a aucun intérêt. On aurait pu construire sur la terre ferme. Le gestionnaire du projet est confronté à de gros problèmes d'infiltration d'eau de mer dans les fondations. En plus, l'environnement est très corrosif.

Les Qatariens ont-ils vu trop grand ? Ont-ils voulu aller trop vite ? Pour eux, il n'y a pas de limite. Quand on est riche, on peut tout s'offrir, et surtout, l'objectif est toujours de faire plus et mieux que ses voisins.

Katara : le village culturel

Abu Dhabi, aux Émirats arabes unis, s'est offert le Louvre et Guggenheim, déclenchant une crise de jalousie à Doha. Vexé, le Qatar a décidé de construire douze musées en plus du musée d'art moderne et du musée d'art islamique conçu par l'architecte japonais Pei, père de la pyramide du Louvre à Paris : l'un sera consacré aux orientalistes, un deuxième à l'histoire de la perle, un troisième à la fauconnerie, un quatrième à la photographie, un autre au sport, etc. Le champion cycliste belge Eddy Merckx a d'ailleurs fait don de l'un des vélos avec lesquels il a gagné le Tour de France. Pour couronner cette ambition muséale, la réalisation d'un nouveau musée national a été confiée à l'architecte français Jean Nouvel. Niché sur la corniche, le bâtiment a été conçu comme une rose des sables face à la mer.

C'est Cheikha Mayassa, l'une des filles de l'émir, qui a la haute main sur le secteur des musées. Elle préside la Qatar Museum Authority (QMA) dont l'ancien Premier ministre Dominique de Villepin est membre du conseil d'administration. Tout passe par elle. Pour la conseiller, elle s'est entourée d'experts de niveau international. L'un d'entre eux vient de chez Christie's à Londres[1], un autre a fondé le musée d'art moderne d'Istanbul. C'est elle aussi qui supervise Katara[2], le village culturel de Doha. Sorti du désert non loin de Pearl, ce quartier vise à faire

1. Après vingt-sept ans passés chez Christie's, son président, Edward Dolman, a rejoint en septembre 2011 la Qatar Museum Authority.

2. Katara vient de « *Catara* », dénomination antique de la

du Qatar « un phare culturel et artistique » au Moyen-Orient.

L'idée est de promouvoir des artistes locaux – peu nombreux – et surtout de faire découvrir aux Qatariens les grands mouvements culturels mondiaux d'hier et d'aujourd'hui. Pour diriger les premiers pas de Katara, le brésilien Marcio Barbosa, ex-numéro deux de l'UNESCO, a été débauché. On lui a offert un pont d'or : 500 000 dollars par an, un chauffeur à disposition et une villa.

— À la fin de sa première année de contrat, Marcio Barbosa demande à déclarer ses revenus et acquitter ses impôts, se souvient une fonctionnaire de l'UNESCO à qui le Brésilien a raconté l'anecdote. On lui dit alors en souriant : « Mais de quoi parlez-vous ? Il n'y a pas d'impôts dans ce pays ! »

Depuis, Marcio Barbosa a été remplacé à la tête de Katara par un Qatarien et travaille désormais au côté de Cheikha Moza à la Qatar Foundation.

À Katara, on déroule le tapis rouge devant les plus grands artistes du moment comme Damien Hirst ou encore Jeff Koons qui exposent leurs œuvres et les vendent parfois aux enchères. L'acteur américain Robert de Niro y délocalise une fois par an son festival de cinéma Tribeca. Dirigés par les plus grands maestros comme Daniel Barenboim, les orchestres philharmoniques de toute la planète viennent jouer sur les rives du golfe Persique.

Rareté dans la région, Cheikha Moza est à l'origine de la création du premier orchestre dans le Golfe, qui est installé à Katara. L'ensemble

---

péninsule du Qatar. Elle a été utilisée pour la première fois par le savant Claudius Ptolemaeus en l'an 150.

musical, composé de cent un musiciens étrangers, hommes et femmes, a pris ses quartiers à Katara, suscitant une volée de critiques de la part des conservateurs et des religieux. Ultime pied de nez à ces derniers : Cheikha Moza a nommé en décembre 2012 la violoncelliste coréenne Han-na Chang à la tête du philharmonique du Qatar ! Une femme chef d'orchestre dans le Golfe, encore une première qui n'est pas passée inaperçue.

Dans ce laboratoire culturel VIP, on recrute à tour de bras les artistes en vogue… mais on les licencie aussi d'un claquement de doigts !

— Je partageais mon bureau avec Nader Abbassi, le chef d'orchestre égyptien qui a dirigé l'orchestre à ses débuts, se souvient une ancienne cadre de Katara expatriée. Il s'est fait virer du jour au lendemain alors qu'il devait monter *Aïda* de Verdi. Je n'ai jamais su pourquoi il a été mis dehors.

Ici tout va très vite. Les Qatariens sont des gens pressés.

Des structures sportives gigantesques

C'est dans les années 2000 que les grands travaux d'infrastructures et d'équipements sportifs et culturels ont démarré sous une pluie de pétrodollars. L'événement déclencheur, ce sont les 15e Jeux asiatiques de 2006. Lors de la cérémonie d'ouverture, l'émir Hamad bin Khalifa al-Thani ne cache pas sa fierté : à la tribune d'honneur, il est entouré de l'Iranien Mahmoud Ahmadinejad et du Syrien Bachar el-Assad. Il se sent alors l'égal des grands de la région alors que son pays a longtemps été considéré comme quantité négligeable.

Depuis, une frénésie de construction à destination sportive s'est emparée de la capitale de l'émirat. À côté du stade al-Khalifa, se dressent deux gigantesques demi-coquilles bleues. Bienvenue à ASPIRE[1], la plus grande infrastructure couverte au monde consacrée au sport ! Cette académie privée est la propriété de Cheikh Jassem, l'un des fils de l'émir, passionné de football mais aussi conservateur dans l'âme. Ainsi, le prince est hostile à la mixité dans le sport.

— Jassem ne veut pas faire d'ASPIRE un centre d'entraînement pour les femmes. Là, il se plante, regrette un expert sportif.

Sous les dômes de l'académie, seize disciplines olympiques peuvent être pratiquées en même temps. Sur un même étage, on trouve un stade de football, une piste d'athlétisme, un terrain de handball et de volley-ball, une salle de basket-ball et une piscine olympique. Pour la petite histoire, on s'est aperçu à la fin des travaux qu'il manquait quelques centimètres au bassin de natation pour être homologué. Qu'importe ! La piscine a été aussitôt détruite et reconstruite pour obtenir la bonne longueur ! Au sous-sol, on découvre des laboratoires sportifs, des salles de kinésithérapie, des caissons hyperbares pour simuler des entraînements en altitude, etc. Dans cette bulle climatisée, tout est high-tech… jusqu'aux poubelles qui disent merci en anglais quand on jette un papier ou un gobelet !

— C'est une infrastructure sportive hors du commun à faire pâlir d'envie les responsables de l'INSEP[2] en France, explique un entraîneur qui

1. www.aspire.qa

2. Institut national du sport, de l'expertise et de la performance.

nous fait visiter les lieux. Le problème, c'est qu'il n'y a pas assez d'athlètes pour l'utiliser. La plupart du temps, c'est vide, mis à part quelques groupes scolaires. Ça ressemble plus à un show-room.

Pas facile non plus de remplir les quatre mille places du stade d'athlétisme d'ASPIRE lorsque des compétitions sont organisées. Mais là, pas de problème ! Bourrer un stade à Doha, c'est simple comme un coup de fil ! Les organisateurs contactent des sociétés étrangères ou locales pour louer quelques milliers de « supporters ». Il s'agit en fait de travailleurs asiatiques à qui on ne demande pas leur avis. Des dizaines de bus sont affrétés, on leur distribue une casquette, un tee-shirt et un panier-repas pour venir assister au meeting sportif. Bien sûr, ces pseudo-supporters ne sont pas payés mais viennent passer une soirée au stade gratuitement. Lors des retransmissions à la télévision, on n'y voit que du feu… l'illusion est parfaite ! La « foule qatarienne » vibre aux exploits des dieux du stade.

Doha est désormais parsemée d'infrastructures sportives ou para-sportives haut de gamme. L'une des plus étonnantes se trouve à deux pas de l'académie d'ASPIRE. On connaît l'amour des Bédouins pour les pur-sang arabes : ils leur vouent une sorte de culte. Pour ces étalons, rien n'est trop beau. On leur a construit un centre équestre hors norme, un véritable hôtel cinq étoiles pour chevaux. Tous les box sont évidemment climatisés, mais les pur-sang profitent aussi, pour leur bien-être, d'une piscine de rééducation et d'un centre de kinésithérapie. Quant aux propriétaires ou aux visiteurs étrangers, des chambres de luxe sont à leur disposition.

Le chantier le plus colossal pour l'émir Cheikh Hamad bin Khalifa al-Thani, c'est l'organisation de la Coupe du monde de football de 2022[1]. Un événement planétaire qui va permettre une fois pour toutes au Qatar de rattraper son retard d'infrastructures. Les neuf stades à construire ne sont qu'une goutte d'eau dans le budget du projet[2]. Pour préparer la Coupe du monde, « c'est un investissement de 15 à 20 milliards de dollars par an jusqu'en 2022, précise un expert économique. Les stades ne représentent qu'une enveloppe de 4 à 5 milliards de dollars, soient entre 400 et 500 millions de dollars par stade. »

Conçus par des sociétés allemandes, ces stades seront couverts et climatisés pour résister aux fortes chaleurs (autour de 50 °C pendant l'été). Certains d'entre eux seront démontés après la compétition pour être reconstruits dans des pays en développement.

Les organisateurs qatariens ont parfois des exigences étonnantes.

— Ils ont réclamé une triple couche de béton pour l'un des stades de la Coupe du monde, explique l'architecte de la construction. Nous avons demandé pourquoi. Ils nous ont répondu : « Si les Iraniens nous attaquent, au moins, nous serons bien protégés ! »

Les chiffres de la facture de la Coupe du monde et de l'ensemble des infrastructures donnent le

1. Les détails de la candidature du Qatar pour la Coupe du monde 2022 sont accessibles sur le site de la FIFA : www.fifa.com/qatar2022/bidders/qatar.html.

2. Sur les douze stades exigés par la FIFA pour la Coupe du monde 2022, trois existent déjà et seront rénovés.

vertige : 14 milliards de dollars pour l'aéroport, 10 milliards pour le port, 20 milliards de routes et d'autoroutes. Et pas des autoroutes à quatre voies comme en France mais à six voire huit comme aux États-Unis ! À l'instar de Dubai, Doha aura son tramway suspendu qui reliera l'aéroport au centre-ville et aux stades, soit au total 340 kilomètres de rails. Sans compter toutes les infrastructures d'eau, d'assainissement, d'électricité et de gestion des ordures qu'il faut agrandir et moderniser. Une zone franche est aussi à l'étude. Les chantiers sont pharaoniques. Pour les réaliser, les autorités ont prévu d'importer pas moins d'un million de travailleurs asiatiques.

Dans l'offre du Qatar à la FIFA[1], il y a également le projet de construction d'un pont avec l'île de Bahreïn, qui devrait être le plus long au monde. Baptisé « pont de l'Amitié », l'ouvrage devrait être constitué de 18 kilomètres de digues et 22 kilomètres de viaducs dont les haubans atteindront 400 mètres de hauteur. Pour le moment, le projet est gelé. Il a été plusieurs fois modifié : le nombre de voies a été doublé, ensuite on a rajouté une ligne de chemin de fer. Et puis les Américains ont fait pression pour modifier les spécifications techniques des rails afin de favoriser leur propre matériel roulant. Enfin, avec la révolte à Bahreïn[2], l'aspect politique du projet a convaincu le Qatar de mettre le pont entre parenthèses.

1. Fédération internationale de football association.

2. Le 12 février 2011 une vague de contestation a démarré dans l'île. Elle a été violemment réprimée par les autorités de Manama qui ont fait appel aux troupes du Conseil de coopération arabe du Golfe pour rétablir l'ordre. Depuis la situation reste tendue.

— Pour moi, le projet du pont avec Bahreïn est mort, affirme un membre de la famille royale qui dirige une société de BTP. Plus personne n'en parle, ni au Qatar, ni à Bahreïn.

Et demain…

Tout l'enjeu pour l'émir, c'est l'après-Coupe du monde. Une fois les lumières des stades éteintes, que va devenir le Qatar avec toutes ces infrastructures ? Est-ce que les gens, notamment les expatriés occidentaux, vont rester ou pas ? Les quartiers de Lusail et Pearl ont été surtout conçus pour eux. Ils pourront vivre dans les tours, aujourd'hui inoccupées. Après 2022, le Qatar sera-t-il toujours autant attractif ?

— Ici, il y a une vision, une ambition, des moyens, constate le responsable d'une université occidentale à Doha. Est-ce que ça va marcher ? Personne ne le sait.

Au-delà de la rente pétrolière et gazière, l'émirat veut concurrencer sa rivale Dubai, et entend diversifier ses sources de revenus. Le pari, c'est de faire de Doha une ville internationale de conférences et d'événements. Ce n'est pas par hasard si toutes les grandes chaînes hôtelières construisent à tout va à Doha. Le nombre de chambres d'hôtel doit passer de 15 000 unités en 2011 à près de 90 000 d'ici 2022.

Déjà bon an mal an, une centaine de conférences internationales sont organisées dans la capitale qatarienne, surtout entre novembre et avril. Dans ce domaine, le Qatar National Convention Center (QNCC) représente le nec plus ultra, un écrin design de marbre et de verre conçu par l'architecte japonais Arata Isozaki. Dans le grand théâtre de 2300 places, chaque siège est habillé d'un cuir utilisé pour les voitures de luxe.

— Les installations de congrès sont fabuleuses, s'enthousiasme un diplomate occidental, la sécurité est assurée, il y a plein de centres commerciaux, Doha sera bientôt remplie de musées, et vous pourrez aller faire une escapade dans le désert : alors oui, ce développement a du sens.

Sans compter que la position géographique du Qatar au carrefour de l'Asie et de l'Europe facilite les dessertes aériennes avec le nouvel aéroport prévu pour accueillir à terme 50 millions de passagers par an quand Heathrow à Londres en gère 70 millions et Charles-de-Gaulle à Paris 58 millions.

L'émir veut faire de Doha un « nœud » régional et international positionné sur des créneaux d'avenir comme celui de la médecine. Dans ce domaine, le Qatar a l'ambition de devenir la référence au Moyen-Orient et, au-delà, de rayonner vers l'Asie centrale, l'Afrique de l'Est, le Pakistan et l'Inde. Le projet phare, c'est SIDRA[1], qui est aussi le nom de l'arbre emblématique qui pousse dans la péninsule du Qatar. Hôpital high-tech et centre de recherches dernier cri, SIDRA se concentre sur les soins pour les femmes et les enfants. Ce bijou de la médecine qui dépend de la Qatar Foundation de Cheikha Moza a coûté la bagatelle de 8 milliards de dollars, un chiffre astronomique en comparaison des 2 milliards d'euros de l'hôpital européen Georges-Pompidou à Paris.

1. www.sidra.org

Les dirigeants médicaux et administratifs de SIDRA sont en majorité des spécialistes américains issus des plus grands hôpitaux d'outre-Atlantique, notamment de la prestigieuse université Cornwell de New York. Le salaire de ces praticiens hospitaliers varie entre 200 et 300 000 dollars par an selon l'expérience et la renommée. Dans le staff de direction, les rémunérations peuvent grimper jusqu'à 900 000 dollars annuels, auxquels il faut ajouter trois voyages pour la famille en première classe pour rentrer passer les vacances aux États-Unis. Rien n'est trop beau pour attirer les meilleurs spécialistes de la planète.

Sur ce créneau de l'excellence médicale, il ne faut pas oublier ASPETAR[1], la clinique du sport située sur le site de l'académie sportive d'ASPIRE. Cet outil exceptionnel, qui accueille aussi la crème des médecins étrangers, est le premier hôpital du golfe Persique dédié à l'orthopédie et aux athlètes de haut niveau. Le centre est dirigé par le Dr Hakim Chalabi, l'ancien directeur médical adjoint de la Clinique du sport à Paris et médecin du PSG. Dans l'équipe de direction, figurent des stars de la médecine comme le professeur Gérard Saillant, chirurgien orthopédiste de renommée mondiale qui a opéré le coureur de F1 Michael Schumacher ou le footballeur brésilien Ronaldo.

Ici, les sportifs viennent passer tous les examens possibles et imaginables ou se refaire une santé durant la trêve hivernale, en particulier les footballeurs européens, dont ceux du PSG.

1. www.aspetar.com

Tout a été conçu pour le confort des athlètes qui disposent d'un mini-stade et d'une piscine pour leur rééducation. Mais il ne faut pas oublier que le Qatar reste une terre de wahhabisme. La religion n'est jamais très loin et s'invite jusque dans les programmes de recherche, comme le reconnaît le Dr Hakim Chalabi, le directeur d'ASPETAR :

— On travaille notamment sur les effets du ramadan dans le sport (...) parce que, ici, les compétitions sont décalées pendant le ramadan (...). L'un des principaux problèmes, ce n'est pas tant le jeûne que l'accumulation de dette de sommeil[1].

Signe de son niveau exceptionnel, la clinique ASPETAR est agréée par la FIFA et doit l'être par le CIO[2] en tant que laboratoire antidopage de référence. Cette reconnaissance internationale est pour l'émirat une consécration dont beaucoup d'autres pays rêveraient.

— C'est un joli coup, analyse un diplomate. Les Qatariens ont été les premiers sur ce créneau et il n'y aura pas d'autres centres ou instituts de recherches sur le sport dans tout le Moyen-Orient avec de tels agréments internationaux. Donc, ils se rendent indispensables. C'est très malin de leur part.

***

Tous ces grands travaux de l'émir al-Thani ont déjà changé la face du Qatar et le visage de Doha.

---

1. Interview du Dr Hakim Chalabi au journal *20 minutes*, le 30 novembre 2011 : « Au Qatar, on accorde une place importante à la médecine du sport, c'est du jamais-vu. »
2. Comité international olympique.

Pour faire fonctionner ces infrastructures de luxe, il faut du personnel haut de gamme qui crée autant de liens humains invisibles entre l'émirat et le reste de la planète. Cité-État attirant les meilleurs spécialistes au monde, la capitale qatarienne s'imagine en Singapour ou Hong Kong du golfe Persique, détrônant sa rivale Dubai.

Un rêve en passe de devenir réalité vu le nombre de chantiers en cours ou achevés.

— Nous avons choisi notre modèle, assure Mohammed al-Roumaihi, ambassadeur du Qatar aux États-Unis. Il ressemble davantage à Singapour qu'aux pays arabes traditionnels.

Mais un Singapour de « première classe », cela va sans dire !

5

Les Bédouins du troisième millénaire

Nasser, vingt-trois ans, symbolise cette nouvelle génération de Qatariens que veulent créer l'émir Hamad al-Thani et son épouse Cheikha Moza. Un Bédouin éduqué, fier de sa culture mais également connecté à la mondialisation, aussi à l'aise dans un café branché de New York qu'à Doha dans un « *majlis* », le salon traditionnel où les hommes discutent politique et affaires pendant des heures en sirotant du café à la cardamone.

Polyglotte, Nasser maîtrise l'anglais, l'espagnol et le français en plus de l'arabe. Il vient de terminer cinq années d'études en analyse financière dans une prestigieuse université à Philadelphie aux États-Unis. De retour au Qatar, il a remis sa « *dishdasha* », la djellaba emblématique du golfe Persique, et ses sandales de cuir. Ainsi vêtu, il se fond dans le paysage humain bicolore de l'émirat où les hommes sont habillés en blanc et les femmes portent des abayas noires. Passer de la côte Est des États-Unis aux sables de Doha n'est pas évident malgré tout.

— Le choc est rude, concède-t-il. La séparation hommes-femmes dans certains restaurants, c'est un peu l'apartheid des sexes.

Nasser sait le poids des traditions, surtout quand on est le fils aîné de la famille.

— Je ne veux pas me marier tout de suite, affirme-t-il au volant de sa Mercedes dernier cri, et si je veux épouser une non-Qatarienne ma mère s'y opposera, à la rigueur une fille du Golfe ça passe, mais une Occidentale, jamais de la vie ! C'est impossible.

Son avenir professionnel est tout tracé. Il compte travailler à Qatar Gas (GQ), la compagnie symbole de la richesse de l'émirat. Il a aussi un rêve secret. Passionné de littérature, Nasser a commencé à écrire un roman qui raconte l'histoire d'un pêcheur de perles qatarien dont le fils part à l'étranger.

— C'est un peu autobiographique, le roman se situe dans le Qatar d'hier et d'aujourd'hui, explique-t-il.

À l'image du roman de Nasser, l'émir Hamad al-Thani veut réaliser la synthèse entre modernité et tradition. Certains sont enthousiastes. Mohamed al-Marri, l'unique présentateur qatarien de journaux politiques sur Al-Jazeera, en fait partie.

— Pourquoi faudrait-il que je porte un chapeau de cow-boy américain pour être moderne, alors que c'est un chapeau de garçon vacher ? La nouvelle génération commence à être fière d'être qatarienne. Quand j'étais enfant, j'avais honte de dire que j'avais un chameau. Maintenant, quand je chasse au faucon dans le désert, je fais des photos et je les envoie par SMS à tous mes amis. C'est ça le but de l'émir : dans quelques années, chaque Qatarien aura son iPad de dernière génération et son chameau. Ce n'est pas contradictoire.

Mais ce n'est pas simple vu le contexte local. Comme sa voisine saoudienne, la société qatarienne, on l'a vu, est ultra-conservatrice et pétrie de traditions. Régi par le wahhabisme, l'une des branches les plus rigoristes de l'islam, et organisé sur une base tribale, le Qatar a plongé dans la modernité en quelques décennies. Un saut vertigineux, peu courant dans l'histoire contemporaine. En moins de deux générations, les Qatariens sont passés d'un mode de vie spartiate et austère à une société de luxe et d'hyperconsommation. Des tentes dans le désert aux palaces cinq étoiles, des chameaux aux Ferrari !

Dans les années 1930, les Qatariens n'avaient que deux choix possibles : devenir pêcheurs de perles ou élever des chèvres et des chameaux dans le désert. Tous vivaient dans des conditions misérables, surtout depuis que le commerce des perles avait été ruiné par la concurrence des perles de culture importées du Japon au milieu du XXe siècle. En 1945, il n'y avait plus que 6 000 pêcheurs de perles contre 60 000 vingt ans auparavant[1]. La découverte du pétrole dans les années 1940 puis celle du gaz sont arrivées comme de divines surprises, déversant leurs pétrodollars sur cette micro-société refermée sur elle-même.

Le poids des tribus

Dans l'émirat, tout le monde est affilié à une tribu qui constitue la carte d'identité de chaque Qatarien. Les habitants de souche ne sont pas nombreux, quelques familles seulement. Même la famille régnante des al-Thani n'est pas originaire

1. *Qatar : A Modern History*, Allen J. Fromherz, I.B. Tauris and Co Ltd, Georgetown University Press, 2012.

du Qatar mais de la région du Nedj en Arabie Saoudite. Il y a cent cinquante ans, l'émirat était le territoire où nomadisaient quelques milliers de Bédouins se déplaçant dans le désert d'un point d'eau à l'autre. Quelques villages de pêcheurs vivotaient sur les côtes inhospitalières de l'émirat. Son peuplement s'est construit progressivement avec l'arrivée de tribus venues les unes de l'île voisine de Bahreïn et d'Arabie Saoudite, les autres des Émirats arabes unis et d'Iran.

Dans la cartographie des origines au Qatar, on distingue deux grandes branches : les *Houwalah*, des sunnites venus des régions arabes du sud de l'Iran et de la péninsule Arabique, et les *Baharnah*, d'origine chiite, originaires de Bahreïn et de l'Iran. Désormais l'écrasante majorité des Qatariens est sunnite, mais il y a aussi quelques familles chiites (environ 10 % de la population) comme les al-Fardan, aujourd'hui poids lourds dans les affaires et très bien intégrés. Jadis, toutes ces tribus se déplaçaient en fonction des conditions économiques. Elles s'alliaient entre elles par le jeu des mariages. Pour ces tribus, les frontières n'avaient guère de sens, la nationalité encore moins. Aujourd'hui, elles demeurent le fil humain qui relie chaque Qatarien à son passé.

En fonction du nom, tout le monde sait à quelle tribu, plus ou moins prestigieuse, un individu appartient. Le droit de vote – notamment aux élections municipales – n'est accordé qu'aux citoyens qatariens qui peuvent prouver que leur famille s'est installée ici avant 1930. Ceux-là forment la crème de la société qatarienne. Au bas de l'échelle, il y a une poignée de « *Bidoun* », des Bédouins sans nationalité. Au moment de l'indépendance, en 1971, quand les autorités ont distribué les papiers d'identité, certains habitants n'ont pas formellement demandé la nationalité. Après, il était trop tard. Ces « *Bidoun* » sont considérés comme des citoyens de seconde zone et vivent dans des conditions précaires.

Ce qui fédère les Qatariens, c'est l'allégeance tribale à l'émir qui est le « *primus inter pares* ». Le jour de la fête nationale, le 18 décembre, celui-ci convoque les tribus. Elles dressent alors leurs tentes sur une route à la sortie de Doha. Chacune d'elles établit son campement sous un panneau. C'est un moment de convivialité et de retrouvailles autour de chants et de danses ancestraux. L'ambiance est familiale. Les uns viennent d'Arabie Saoudite, d'autres des Émirats arabes unis ou encore de Bahreïn. Pour le prince héritier Tamim, c'est un point de passage obligé dans son apprentissage des rouages de l'émirat et de sa quête de légitimité.

Le Qatarien n'a pas d'identité propre. Il appartient à l'univers de la péninsule Arabique. La langue, l'habillement, les mœurs, la religion sont semblables à ceux des autres habitants de la rive arabe du golfe Persique. Le nationalisme est une construction récente, l'État est d'abord et avant tout une affaire familiale. Les fondations privées des cheikhs et des cheikhas, richement dotées, sont une façon de court-circuiter les ministères. Être ministre au Qatar, c'est occuper un poste honorifique sans grande influence. Le pouvoir réel est ailleurs. Tout part du diwan de l'émir et tout y revient.

L'islam : l'autre ciment du Qatar

La charia, la loi islamique, régit la vie quotidienne des gens. Dans l'émirat, tout s'arrête pour les cinq prières quotidiennes, qu'on soit au travail, dans un stade ou dans une administration.

— Les heures des cours ne peuvent pas être calées sur les horaires des prières, explique le responsable d'une université occidentale installée sur le campus de la Qatar Foundation, car ces horaires ne sont pas établis à heures fixes. Ils varient en fonction du lever et du coucher du soleil. Donc il faut interrompre les cours pour ceux qui veulent faire la prière, et ce n'est pas commode car les autres râlent.

Face à une modernisation accélérée, les Bédouins adaptent leurs traditions aux nécessités du XXIe siècle. Pour ceux qui habitent dans une villa, il n'est pas rare de voir plantée à l'extérieur une tente, symbole d'une vie nomade aujourd'hui révolue. Bien sûr, la climatisation est de rigueur. Le week-end, les Qatariens partent en 4 x 4 passer la nuit dans le désert pour renouer avec leurs racines nomades. Pour les mariages, la noce n'a pas forcément lieu dans un hôtel cinq étoiles comme à Beyrouth ou au Caire mais sous de grandes tentes où les hommes et les femmes sont séparés selon un rituel immuable.

Pendant longtemps – un peu moins maintenant –, le mariage arrangé entre membres d'une même famille était la règle, une façon de préserver la puissance et l'homogénéité du clan.

— D'où une consanguinité anormalement élevée au Qatar, explique un médecin libanais. C'est un sujet tabou dans la société qatarienne. On cache ces enfants handicapés par des maladies génétiques rares.

Devant ce fléau, l'émir a imposé un test de consanguinité avant le mariage, une vraie victoire dans cette société opaque et indéchiffrable pour l'extérieur.

Une identité préservée

On peut passer des années dans l'émirat sans pénétrer dans un intérieur qatarien car les échanges entre Qatariens et étrangers se limitent aux rapports professionnels. Tout est fait pour préserver l'identité et la cohésion de la société. Quand un Qatarien souhaite épouser une étrangère, il lui faut une autorisation des autorités. Quant aux femmes, il est hors de question pour elles de se marier avec un étranger. Au Qatar, comme dans d'autres pays arabes d'ailleurs, c'est l'homme et non la femme qui transmet la nationalité.

La citoyenneté est un sujet extrêmement sensible dans cette société où les nationaux sont ultra-minoritaires. Ici, les liens du sang sont primordiaux. C'est aussi une arme politique entre les mains des autorités qui peuvent s'en servir pour punir un clan. En 2011, le gouvernement a refusé la nationalité à une centaine de personnes qui appartenaient pour la plupart à la tribu des al-Marri accusée d'être à l'origine d'une tentative de coup d'État en 1996[1]. Pour ces membres, c'est le déclassement social assuré.

1. Rapport d'Amnesty International, 2012.

Le passeport qatarien vaut de l'or : c'est un précieux sésame qui ouvre la porte à une multitude d'avantages et de privilèges. Pour ses détenteurs, presque tout est gratuit : les dépenses de santé, d'éducation, d'eau et d'électricité sont prises en charge par l'État. C'est pourquoi les autorités distribuent la nationalité au compte-gouttes.

Pour assurer une forme de justice sociale, la rente pétrolière et gazière fait pleuvoir l'argent sur les citoyens, choyés par l'émir. Contrairement à d'autres pays de la région comme l'Arabie Saoudite, la corruption, si elle existe comme partout, n'est pas répandue. Avec les Luxembourgeois, les Qatariens sont aujourd'hui considérés comme les plus riches de la planète, affichant un revenu annuel de 100 378 dollars par habitant selon le FMI pour 2012. Environ 29 000 nationaux sont millionnaires, soit plus d'un dixième de la population[1].

Avec ses immenses réserves en gaz, le Qatar est un coffre-fort posé sur les rives du golfe Persique. Mais la nature, ici, est également ingrate et rude. Dans cet émirat désertique aux chaleurs extrêmes, il n'y a pas de rivière et les nappes phréatiques sont insignifiantes. 100 % de l'eau potable est dessalée. En théorie, chaque foyer a droit à un volume d'eau gratuit, au-delà il doit payer le surplus, dans la pratique c'est rarement le cas. L'eau est gratuite, d'où un gaspillage généralisé.

Le Qatar affiche l'une des consommations en eau les plus élevées au monde : une moyenne de 1 000 litres par jour et par personne contre 180 litres en France et 40 litres en Afrique. Et la

1. « *The Strange Power of Qatar* », *The New York Review of Books*, 27 octobre 2011.

demande en or bleu va continuer à croître compte tenu de la consommation qui ne cesse d'augmenter avec une population en forte croissance. L'objectif selon les autorités est d'arriver à 3 millions d'habitants en 2030.

Des citoyens choyés par leur émir

Au Qatar, il n'y a pas de pauvres, le chômage n'existe pas et l'emploi est garanti à vie pour les nationaux. Ici, c'est le paradis des contribuables... puisque les impôts n'existent pas ! La fiscalité est réduite à sa plus simple expression. Au Qatar, il n'y a pas de TVA, de charges salariales et patronales sur les salaires, d'impôt sur le revenu et d'impôts fonciers. Les sociétés doivent acquitter un impôt sur les bénéfices à taux fixe de 10 %.

Si un Qatarien ne souhaite pas travailler, il reçoit une allocation de 2 000 euros par mois. Quand il travaille dans l'administration publique – 95 % des nationaux occupent des postes dans le secteur gouvernemental – ou dans les grandes compagnies, on lui assure un salaire minimum mensuel de plusieurs milliers d'euros. Un instituteur qatarien peut gagner entre 6 000 et 8 000 euros par mois. Quand une compagnie internationale prend un stagiaire qatarien pour quelques mois dans un service, il est payé 7 000 euros par mois (35 000 rials).

Lorsqu'un stagiaire, militaire ou magistrat, est envoyé en formation en France, il perçoit l'équivalent de 1 800 euros par jour. Ce qui peut lui permettre de loger dans un palace.

Quand un jeune couple se marie, il reçoit une parcelle de terre gratuite de l'État. Le standard, c'est 1 200 mètres carrés. Pour bien démarrer dans la vie, on lui donne environ 40 000 euros (200 000 rials) pour construire une maison. Le reliquat des travaux est assuré par un prêt sans intérêt. Et puis il faut équiper le logement. Pour acheter ses meubles, le couple reçoit une indemnité d'à peu près 10 000 euros (50 000 rials).

Si le couple donne naissance à un fils, il aura droit à une prime, un peu moins élevée si c'est une fille. On lui proposera un prêt avantageux pour acheter une voiture, de préférence une grosse cylindrée ou un 4 x 4. La consommation d'essence importe peu : ici, le litre de super – 20 centimes d'euro – est moins cher que le litre d'eau minérale ! Et qu'importe si ces bolides polluent à tout va...

Depuis quinze ans, le développement de l'émirat n'est pas franchement écologique, même s'il a accueilli le sommet sur le changement climatique en décembre 2012 (COP18). Le Qatar est le champion du monde d'émission de CO_2 par habitant. Selon des statistiques de l'ONU datant de 2008, les rejets annuels d'un Qatarien s'élèvent à 53,4 tonnes de CO_2, soit trois fois plus qu'un Américain (17,5 tonnes) et dix fois plus qu'un Chinois (5,2 tonnes). Et la tendance n'est pas près de s'inverser : la demande énergétique augmente de 7 % par an. Compte tenu de la chaleur extrême, tout est climatisé. Les deux tiers de l'électricité consommée dans les bureaux et dans le logement sont engloutis par la climatisation.

Les Qatariens, comme tous ceux qui vivent dans l'émirat, apprécient la fraîcheur des centres commerciaux de Doha. Le sport national, c'est le shopping. Dès qu'un nouveau centre est créé, tout le monde s'y rue pour découvrir les nouvelles enseignes de marques et les restaurants à la mode. Les Qatariens achètent de manière compulsive. Leur notion de l'argent est floue.

Dans beaucoup de magasins, notamment ceux qui vendent des produits de luxe, on n'indique pas les prix sur les étiquettes et les vitrines sont peu fournies. Explication : les clientes achètent sur catalogue avant même que les articles de mode arrivent à Doha. Dans cette boutique d'une marque italienne de chaussures de Pearl, il ne reste plus que deux paires d'escarpins type « Lady Gaga », un modèle incrusté de cristaux à 3500 euros qui fait fureur. « Tout a été vendu à l'avance », explique la vendeuse.

Ce serait totalement incongru en France, mais à Doha certains font leurs courses chez Carrefour en Rolls-Royce ou en Bentley. Les parkings des supermarchés sont encombrés de voitures de luxe. Ici, cela n'a rien d'extravagant. Tout est transfiguré par l'argent. Les Qatariens sont friands des signes extérieurs de richesse. Les gens dépensent des fortunes en vêtements, chaussures, bijoux, matériels électroniques, voitures, etc.

Beaucoup dépassent les bornes. À tel point que le surendettement est devenu un sujet de préoccupation des autorités[1], même si la cassette de l'émir est là pour passer l'éponge…

Ce pouvoir d'achat extraordinaire, source de surconsommation, a aussi des effets pervers sur la santé publique. En à peine deux générations,

---

1. Selon le rapport « Qatar National Vision-2030 », près des trois quarts des foyers qatariens sont endettés.

l'alimentation est devenue surabondante, trop riche en sucre et en graisse. L'obésité se généralise, y compris chez les enfants. Elle concerne 40 % des Qatariens, et 70 % des nationaux sont en surpoids[1]. Le temps où les Bédouins et les pêcheurs de perles se nourrissaient de manière frugale semble bien loin... Conscient du problème, l'émir al-Thani, lui-même diabétique, a symboliquement institué une journée nationale du sport, chaque 14 février. Tous les Qatariens sont invités à pratiquer une activité physique ce jour-là. L'émir donne personnellement l'exemple à ses sujets en chevauchant un dromadaire le temps d'une longue course dans le désert tandis que Tamim, le prince héritier, joue au tennis, l'un de ses sports favoris.

Pour les dirigeants de l'émirat, le sport est devenu une nouvelle religion. Une façon d'éduquer la jeunesse et de lui donner le goût de l'effort. C'est une vraie révolution culturelle, mais difficile à mettre en œuvre.

— Ici, le mythe du sportif professionnel, du sport de haut niveau, de la gloire sportive, n'est pas un moteur, ce n'est pas dans la culture locale, constate un entraîneur occidental.

Contrairement au reste de la planète, au Qatar, on paie les jeunes pour qu'ils s'inscrivent dans un club de sport, seuls les expatriés s'acquittent des cotisations. Il n'y a pas de démarche personnelle.

— Soit on les paie avec de l'argent, soit on leur donne des vêtements, des sacs de sport, des équipements, etc., poursuit notre entraîneur. Si on ne fait pas de cadeaux, ils ne viennent pas. Il faut

1. *The Peninsula* du 14 novembre 2012 rapporte que 16 % des Qatariens souffrent de diabète.

aussi qu'il y ait un bus qui passe les prendre pour les amener au club puis pour les ramener chez eux. Sinon, ils ne feront pas l'effort de venir.

Luis Fernandez, ancienne gloire de l'équipe de France de football, a entraîné en 2005 le club d'Al-Rayyan. Il se souvient de cette expérience dans l'émirat :

— Le championnat est minuscule, avec douze équipes. Le seul grand événement de l'année, c'est la finale de la coupe de l'émir. Sur le plan sportif, ce n'est pas très stimulant. Il n'y a pas de pression. Dans les stades, il y a entre deux cents et trois cents spectateurs par match. Mais les Qatariens apprennent vite. Ils veulent vraiment construire quelque chose dans le sport.

Une jeunesse trop gâtée

L'émir et son épouse Cheikha Moza sont obsédés par l'éducation des prochaines générations. Les revenus d'un puits de pétrole sont ainsi directement injectés pour financer l'enseignement. C'est une priorité nationale. À l'école, les rapports entre l'instituteur et ses élèves ne sont pas simples. Au Qatar, l'enfant est roi. Réprimander un jeune Qatarien peut provoquer une réaction agressive des parents et valoir des ennuis au professeur. Une mauvaise note, c'est un déshonneur pour eux, quant à un redoublement, c'est inenvisageable.

Dans leur esprit, les parents paient, donc leurs enfants doivent obtenir de bons résultats aux examens, sans parler de leurs diplômes. L'élite des Qatariens éduqués aux standards occidentaux préfère mettre ses enfants dans les écoles privées françaises, anglaises ou américaines, là où il y a un véritable encadrement, une solide pédagogie et où les notes ont un sens. Plusieurs petits-enfants de la famille royale sont scolarisés au lycée français Bonaparte et au lycée franco-qatarien Voltaire[1].

Le responsable d'une université occidentale à Doha raconte une anecdote révélatrice de la mentalité locale.

— Un jour, j'ai reçu une avalanche d'e-mails de protestation. Lors d'un examen d'évaluation qui donnait lieu à une note, les étudiants avaient joyeusement triché. Ils n'avaient pas arrêté de parler entre eux et de s'envoyer des SMS. Les professeurs examinateurs avaient donc sévi. Un étudiant qatarien l'a très mal pris. Il a fait valoir des différences culturelles pour justifier la triche !

Dans la culture bédouine, tout est négociable et on supporte mal la contrainte, surtout quand elle vient des étrangers.

En permanence, la société qatarienne fait le grand écart entre ses traditions et la modernité occidentale. Son mode de vie et sa culture ancestrale sont menacés par une jeunesse dorée qui n'a pas connu les temps difficiles de ses aînés. Livrés à eux-mêmes, les jeunes sont déboussolés dans un univers où il n'y a pas de sanction : car si un

1. Le proviseur du lycée Voltaire a été évincé par le conseil d'administration à l'automne 2012, après des différends financiers et pédagogiques. Un livre d'histoire-géographie traitant de la chrétienté a été retiré en juin 2011. Côté qatarien, on reproche aux Français des dérives financières. Quant au lycée Bonaparte, des tensions ont surgi après le refus d'une élève égyptienne d'enlever son voile à l'intérieur de l'établissement.

fils est puni, on considère que c'est toute la tribu ou le clan qu'on sanctionne !

Sans but dans la vie, leur passe-temps favori consiste à dépenser l'argent de leurs parents. Quand on a vingt ans, on s'ennuie ferme au Qatar. Le 18 décembre, jour de la fête nationale, les jeunes se « lâchent » dans les rues de Doha et font exploser leur frustration en martyrisant quelques voitures. La police est débordée ce jour-là, mais laisse faire.

Chez les jeunes, les conduites à risque sont fréquentes. Au volant, ils jouent les kamikazes sur la route à bord de leur Porsche ou de leur Ferrari. Sur la corniche de Doha, les courses poursuites tournent aux rodéos nocturnes. En France, les jeunes des banlieues organisent des courses de voitures ou de motos le samedi soir sur des parkings de supermarché.

Au Qatar, ils ont inventé un nouveau jeu de la mort : le « *chicken run* ». Les règles sont simples : dans le désert, deux 4 x 4 roulent à pleine vitesse en sens inverse et de face, le premier conducteur qui dévie sa trajectoire pour éviter l'autre est considéré comme « une poule mouillée ». Ces « exploits » sont bien sûr filmés et postés sur les réseaux sociaux. Régulièrement, il y a de la casse, des blessés et des morts. L'alcool et la drogue font aussi des ravages dans la jeunesse qatarienne.

Au contraire de l'Arabie Saoudite où l'alcool est strictement interdit, le Qatar autorise sa consommation dans les grands hôtels internationaux. Dans ce domaine, c'est le règne de l'hypocrisie. Si un Qatarien décide d'aller boire un verre de whisky au bar d'un grand hôtel international, il pourra le faire sans problème... à condition qu'il soit habillé à l'occidentale ! S'il porte une « *dishdasha* », on refusera poliment de le servir.

— Il s'agit, explique un expatrié libanais, de ne pas insulter ni souiller l'habit traditionnel.

Le Qatar est un monde des apparences… et un royaume de contradictions.

Pour leur consommation personnelle, les Qatariens utilisent le concours d'expatriés qui, eux, ont droit à un quota mensuel de bouteilles d'alcool. C'est une carte magnétique, un « *liquor permit* », qui permet de s'approvisionner dans un magasin spécial non accessible aux nationaux. Selon ce système, plus le salaire est élevé, plus le crédit d'achat est grand : il correspond à 10 % de la rémunération mensuelle. Une limite d'environ 1 000 euros par mois et par expatrié a toutefois été instaurée pour éviter les abus et les trafics. Mais attention ! L'alcool ainsi acheté doit être consommé à son domicile et pas ailleurs. Aller faire la fête chez des amis en apportant quelques bouteilles de whisky peut valoir une forte amende si en chemin on est contrôlé par la police. Toutes les données sont conservées sur ordinateur et donnent aux autorités le moyen de savoir qui consomme, quoi et combien. La société qui a le monopole de l'importation de l'alcool, la Qatar Distribution Company (QDC), appartient à un membre de la famille royale. Les Qatariens sont wahhabites mais aussi pragmatiques !

Certes, il est interdit d'introduire la moindre goutte d'alcool dans l'émirat[1], mais le free-shop de l'aéroport de Doha regorge de bouteilles en

1. Si vous arrivez à l'aéroport de Doha avec des bouteilles de vin ou d'alcool, elles seront confisquées et consignées. Vous pourrez les récupérer lors de votre départ.

tout genre – que l'on peut acheter quand on quitte l'émirat – tandis qu'à bord des avions de la Qatar Airways, on sert vin, apéritifs et digestifs aux passagers. En terre wahhabite, cette question sensible est un peu le baromètre de la libéralisation du pays. Elle symbolise le bras de fer entre l'émir et les franges conservatrices et religieuses de l'émirat.

Les femmes : le combat de Cheikha Moza

L'autre point sensible autour duquel se cristallise l'opposition entre la vision de l'émir et celle des conservateurs, c'est la condition féminine. Au Qatar, les vrais changements sociétaux viennent des jeunes filles et des femmes. Depuis 1995, leur statut s'est beaucoup amélioré. Sur les bancs de l'université, elles sont désormais plus nombreuses que les hommes. Il faut dire que les garçons partent étudier à l'étranger alors que les filles restent au pays.

Contrairement à leurs sœurs saoudiennes, les Qatariennes ont le droit de conduire et de voyager seules, sans avoir à demander l'autorisation légale de leur mari. Elles travaillent et peuvent monter leur propre business. Mais les mentalités sont lentes à évoluer… chez les hommes. Au quotidien, les Qatariennes continuent d'affronter un mur de machisme et de préjugés.

Cette jeune femme, que nous appellerons Maryam, est la fille d'un homme d'affaires. Malade, celui-ci ne peut plus gérer sa société et se fait soigner à Londres. Il a donc donné à sa fille les pleins pouvoirs pour diriger la compagnie familiale. Mais les deux associés minoritaires de son père ont dit sans détour à Maryam :

— Tu ne mets pas les pieds dans l'entreprise ! Tu es une femme, ta place n'est pas ici !

Ils n'acceptent pas d'être dirigés par une femme, même si c'est la fille du patron. Alors Maryam a installé son bureau chez elle. On lui apporte les dossiers qu'elle signe et elle gère ainsi la société à distance...

De plus en plus souvent, les femmes sont à l'origine des divorces. Indépendantes financièrement, elles n'hésitent plus à se séparer d'un mari épousé souvent de façon arrangée entre familles. Les jeunes époux ne se découvrent qu'au moment du mariage, sans s'être fréquentés avant la noce. Au Qatar, les rapports sexuels avant le mariage sont interdits. Les mauvaises surprises sont donc monnaie courante après être passé chez le cheikh pour l'union des deux époux. De leur côté, les hommes prennent une deuxième, voire une troisième femme[1].

Signe de l'évolution rapide de la société, le taux de divorce explose (dans près d'un tiers des couples), l'âge du mariage recule et le taux de fertilité est en chute libre[2]. Les Qatariennes ne veulent plus faire dix ou quinze enfants comme leurs mères. Un vrai défi pour les autorités qui souhaitent encourager la natalité et qui sont prises dans une contradiction : éduquer les filles, c'est aussi les éloigner du modèle familial tradi-

1. Le Coran autorise la polygamie. Un homme peut prendre jusqu'à quatre épouses, à condition de les traiter sur un pied d'égalité.
2. Le taux de fertilité des Qatariennes a chuté de 5,7 enfants en 1990 à 3,9 en 2009.

tionnel, retarder l'âge du mariage et diminuer le nombre des naissances, alors que tout est fait pour augmenter la population des nationaux.

L'éducation des jeunes filles, c'est le combat de Cheikha Moza. C'est elle qui est à l'origine du sommet sur les innovations en matière d'éducation (WISE). Depuis 2008, elle réunit à Doha des experts du monde entier pour plancher sur l'enseignement de demain, qui inclut les filles. Un événement critiqué par les conservateurs, notamment par le Premier ministre Hamad Bin Jassem. Pour eux, la place des femmes est d'abord à la maison. Ils ne supportent pas l'activisme féministe de l'épouse préférée de l'émir.

Cheikha Moza s'en moque et considère que l'éducation est un facteur déterminant dans le monde d'aujourd'hui et de demain. Sur le campus de son « bébé », la Qatar Foundation, les plus grandes universités et écoles occidentales sont représentées, de la Georgetown University à HEC. Avec l'influent think-tank américain Rand Corporation, elle a entrepris de réformer tout le système d'enseignement.

— À un moment, elle a voulu faire de l'anglais la première langue dans les études, explique un membre de la famille royale. Nous étions contre car nous devons garder notre identité. Elle a fait machine arrière. L'arabe est redevenu la première langue.

Dans les tribus, on ne parle pas l'anglais et on n'a aucune envie de le parler !

Dans ce pays féodal, Cheikha Moza est jalousée y compris par la gent féminine. Son indépendance d'esprit, sa détermination, sa façon de s'habiller horripilent les conservateurs. Lors de la présentation de la candidature du Qatar pour la

Coupe du monde de football, sa prise de parole a suscité les pires remarques. Sa robe assez moulante et son voile moderne sont restés en travers de la gorge de certains membres de la délégation qatarienne qui, en coulisse, ont dit pis que pendre de la cheikha.

*
**

Il y a un vrai bras de fer sur la modernité entre les éléments éclairés de la famille royale et tous ceux qui s'opposent aux changements décidés par le diwan. Et ces partisans du statu quo sont loin d'être minoritaires.

— Le pouvoir des ultras, c'est d'avoir une vraie prise sur les gens qui sont acquis à leurs idées, analyse un observateur étranger. Si le peuple n'était pas riche, il ne serait jamais d'accord avec la vision du pouvoir. Mais il est riche. Alors, les Qatariens oublient un peu Dieu parce qu'ils ont de l'argent !

Dans l'environnement conservateur et traditionnel du Golfe, la vision modernisatrice et libérale de l'émir braque une partie de la population et provoque une forme de rejet. Certains signes ne trompent pas : sur les campus universitaires du Qatar, on remarque de plus en plus de femmes portant le niqab alors que le voile traditionnel des Qatariennes laisse apparaître le visage. La résistance s'organise dans les mosquées où les discours anti-occidentaux et anti-modernistes sont les plus virulents.

— C'est l'émir qui impose la modernité à son peuple. Mais le peuple, lui, est conservateur, avertit un diplomate.

Dans un pays où la polygamie et le voile sont des musts, les réformes vont trop vite, ont reconnu récemment une majorité d'étudiants interrogés lors d'un sondage à la suite d'une émission télévisée.

— Personne n'est contre le développement du pays, explique un membre de la famille royale, mais les gens sont contre la perte de nos valeurs et de notre identité. C'est arrivé trop vite, tout ça.

Il y a une vraie interrogation sur l'adhésion des Qatariens au projet de société de l'émir. Avec une question de fond : peut-on être en même temps un État arabe moderne et un émirat fondé sur l'islam le plus rigoriste ?

Même la Coupe du monde de football de 2022 ne fait pas l'unanimité. Beaucoup au Qatar n'en veulent pas. Les conservateurs et les religieux redoutent une invasion de supporters étrangers alcoolisés déferlant dans la péninsule. Anticipant les critiques, les organisateurs ont prévu des zones spéciales bien isolées où les fans du ballon rond pourront boire tout leur comptant… loin des regards des Qatariens ! Et les apparences seront sauves…

6

Les « fourmis » du miracle qatarien

Le Qatar est-il encore vraiment un pays arabe ? Dans les rues de Doha, il suffit d'écouter les conversations pour avoir quelques doutes : on y parle surtout l'anglais, l'hindi, l'ourdou, le tamoul et les dialectes asiatiques les plus variés. Élevés par des nounous philippines, les enfants qatariens maîtrisent souvent mieux la langue de Shakespeare que celle du Coran. Même s'il reste la langue officielle du Qatar, l'arabe est devenu un langage secondaire presque exotique, au grand dam des éditorialistes de la presse locale qui dénoncent cette perte d'identité[1].

De toutes les monarchies du Golfe, l'émirat est celle qui affiche le plus haut pourcentage de travailleurs immigrés dans sa population. Un record. Sur environ 1,64 million d'habitants en 2010[2], les Qatariens forment une infime minorité : 180 000 nationaux pour près de 1,5 million d'étrangers,

---

1. Dans le journal *The Peninsula*, « *Maintening the balance* », 19 novembre 2011.
2. Chiffre cité dans le rapport « *Qatar National Development Strategy-2030* ».

des Arabes et des Occidentaux mais surtout des migrants venus d'Inde, du Pakistan, du Sri Lanka, du Bangladesh, du Népal, des Philippines et de Chine. Ce sont eux qui construisent à la sueur de leur front le miracle qatarien. Sans cette main-d'œuvre abondante et bon marché, Doha serait restée une banale capitale de province.

Ces bataillons de travailleurs migrants sont recrutés dans leur pays d'origine par des agences spécialisées qui négocient les contrats de travail. Avant de partir, ils doivent leur verser des sommes rondelettes qui peuvent atteindre plusieurs milliers de dollars. Une petite fortune pour ces pauvres diables. C'est le prix à payer pour l'« eldorado » qatarien. Alléchés par des contrats qui leur permettront de faire vivre leur famille au pays et d'économiser un peu d'argent pour leurs vieux jours, ils s'envolent pleins d'espoir[1]. Dès leur arrivée à Doha, ils déchantent très vite.

Première mauvaise surprise : les salaires qu'ils espéraient sont souvent revus à la baisse. S'ils ont signé un contrat leur promettant 1000 rials par mois[2], une fois sur place, ils découvrent qu'ils ne toucheront plus que 800 rials. Lorsqu'il daigne fournir une explication – ce qui n'est pas toujours le cas –, l'employeur prétexte des frais de logement, de nourriture, de transport ou de permis de séjour. Autant de raisons farfelues et illégales. Ce qui vaut à Bombay ou à Manille ne vaut plus à Doha. Que peuvent faire ces travailleurs ainsi floués dès leur arrivée ? Rien ou presque. Il existe

---

1. Selon la banque centrale, les étrangers travaillant au Qatar ont transféré 13 milliards de dollars en 2011 vers leurs pays d'origine.
2. 1 euro équivaut à 4,7 rials.

bien un bureau de plaintes au ministère du Travail, mais la procédure est longue et ressemble à un labyrinthe. La culture du contentieux n'est pas répandue au Qatar. Repartir au pays serait un échec pour ces migrants. De mauvaise grâce, ils acceptent le plus souvent les nouvelles conditions financières du contrat.

Le carcan du sponsoring

Le rêve se transforme en piège quand les passeports sont confisqués par l'employeur ou par celui qu'on appelle ici le « sponsor » ou le « tuteur », « *kafala* » en arabe. C'est une pratique très répandue dans les pays du Golfe : chaque étranger désirant travailler dans les monarchies pétrolières dépend légalement d'un « sponsor », c'est-à-dire d'un citoyen local, d'une compagnie ou d'une organisation. Le moindre aspect de la vie quotidienne de l'étranger, quelle que soit sa nationalité, est régi par ce système tout au long de son séjour dans le pays. Ouvrir une ligne de téléphone, acheter ou louer une voiture doit passer par le sponsor. Un carcan administratif d'un autre âge mais obligatoire qui rappelle en permanence que les étrangers ne sont que des « invités » temporaires.

S'il veut quitter l'émirat – pour des vacances ou définitivement –, le travailleur immigré doit demander un permis spécial (« *exit visa* ») quarante-huit heures à l'avance à son patron qatarien. La demande est ensuite transmise aux services de l'immigration[1]. Le sponsor peut refuser

1. Il existe aussi des visas à sorties multiples.

de signer la demande de sortie, il n'a pas à se justifier. Dès son arrivée, le travailleur étranger subit une prise de sang pour vérifier qu'il n'est pas atteint du sida, et une radio des poumons. On lui prend aussi ses empreintes digitales. Tous les étrangers sont ainsi fichés dans les ordinateurs des services de sécurité locaux.

Au Qatar, on ne peut pas changer de sponsor, ou très difficilement. Si un étranger veut quitter une compagnie pour une autre parce qu'il a trouvé un travail plus intéressant ou mieux rémunéré, il doit encore une fois demander l'autorisation à son sponsor, laquelle, dans de nombreux cas, lui est refusée. Très libéral dans l'esprit, le droit du travail est extrêmement favorable à l'employeur, qui doit toutefois à la fin du contrat du salarié une indemnité (« *end of service gratuity* »). Le migrant peut être expulsé en sept jours sans aucune explication. Pas question pour lui de vouloir rester malgré tout dans l'émirat.

Devenir illégal et clandestin est quasiment impossible au Qatar. On est vite repéré et rattrapé par les services de sécurité. Le territoire est trop exigu et désertique, l'aéroport est sévèrement gardé, et dans Doha le moindre contrôle de police peut être fatal. La seule frontière terrestre pour s'échapper du Qatar, c'est l'Arabie Saoudite où les conditions de travail pour les migrants sont semblables à celles du Qatar. Certains, malgré tout, parviennent à demeurer au Qatar et vivent dans l'illégalité, la peur au ventre[1].

---

1. Le journal *The Peninsula* en date du 12 novembre 2012 rapporte que le nombre de travailleurs illégaux au Qatar est en hausse : 7 900 clandestins en 2011 contre 5 000 en 2010.

Quelques pays du Golfe ont commencé à assouplir, voire à abolir[1], ce système du sponsoring dénoncé par les organisations de défense des droits de l'homme[2]. Au Qatar, il reste l'un des plus rigides de la région avec celui de l'Arabie Saoudite qui maintient, elle aussi, le permis de sortie. À tel point que l'ONG Human Rights Watch (HWR), ainsi que l'Organisation internationale du Travail (OIT), n'hésitent pas à utiliser le terme de « travail forcé » pour qualifier ce régime légal et ses dérives.

Ces organisations rappellent au passage que le Qatar n'a pas ratifié plusieurs conventions internationales majeures relatives aux droits de l'homme et à ceux des travailleurs[3]. Sous la pression de l'extérieur, le Qatar va devoir faire évoluer son système de sponsoring, notamment en vue de la Coupe du monde 2022 où le pays sera le centre du monde pendant un mois. Le gouvernement annonce régulièrement sa suppression au profit d'un contrat librement négocié par les deux parties. Mais la réforme promise est toujours remise à plus tard. Au quotidien, les relations entre nationaux et étrangers restent asymétriques et marquées par des rapports de domination. Un sentiment ancré dans la mentalité locale, encore

---

1. Bahreïn a été le premier pays du Golfe à abolir le système du sponsorship en 2009, suivi du Koweït en 2011. Les Émirats arabes unis l'ont partiellement supprimé. En Arabie Saoudite et au sultanat d'Oman, il reste en vigueur.
2. Cf. le rapport de Human Rights Watch intitulé « *Building a Better World Cup* », juin 2012.
3. Il s'agit de l'*International Covenant on Civil and Political Rights* (ICCPR) et de l'*International Covenant on Economic, Social and Cultural Rights* (ICESCR).

imprégnée des souvenirs du temps récent de l'esclavage.

Historiquement, l'esclavage au sens propre du terme n'a été aboli au Qatar que dans les années 1950. Les esclaves venaient du Kenya, du Soudan, de Somalie ou d'Éthiopie, et transitaient par le Yémen et l'Arabie Saoudite. À l'époque, il s'agissait principalement d'« esclaves domestiques » placés dans des familles bédouines. À l'indépendance, on leur a donné la nationalité qatarienne et le nom de la famille dont ils dépendaient. Résultat : aujourd'hui par exemple, dans la famille al-Souleyti, on trouve des membres qui sont noirs et d'autres qui ont le type arabe, réminiscence de ce passé pas si lointain.

Pour les travailleurs immigrés, des conditions de vie sordides

Pour ceux qui sont employés dans le secteur de la construction, la pénibilité professionnelle est extrême. En pratique et selon les compagnies, il est interdit de travailler à l'extérieur quand le thermomètre dépasse les 50 °C. Mais bizarrement, le mercure reste bloqué à 49 °C dans les bulletins météo… Depuis 2007, les ouvriers du bâtiment ont cependant droit à une pause pour se mettre à l'ombre entre 11 h 30 et 15 heures pour la période comprise entre le 15 juin et le 15 août, parce que la chaleur est insupportable. La semaine légale de travail est de quarante-huit heures. Pour les « *fast-track projects* » (les projets urgents), les équipes se relaient jour et nuit sans interruption. Dans ces conditions, les accidents du travail sont fréquents. C'est la troisième cause de mortalité au Qatar, même si les autorités ne publient pas de statistiques sur ces incidents et minorent les chiffres. La loi qatarienne n'impose pas aux entreprises et aux administrations de rendre public et consultable ce type d'information. Arrêts cardiaques, déshydratation, chutes d'un échafaudage font partie du lot quotidien des ouvriers du BTP. En 2010, l'ambassade du Népal à Doha a répertorié 103 morts par crise cardiaque (53 % de la mortalité totale) et 19 décès liés aux accidents du travail (environ 10 %) sur les 191 décès de Népalais[1].

Pour ces migrants asiatiques, pas question de protester contre les conditions de travail, encore moins de faire grève – autorisée mais impossible dans la pratique – ou de revendiquer des augmentations de salaire. Quand le gouvernement philippin a décidé d'augmenter le SMIC à 400 dollars (1 460 rials) pour tous ses travailleurs à l'étranger, les autorités qatariennes ont répliqué par un gel temporaire des visas pour les ressortissants philippins. Dans l'émirat, la majorité des 40 000 femmes de ménage philippines reçoivent en moyenne 250 dollars par mois (900 rials).

Au Qatar, il est interdit de créer des syndicats et le salaire minimum légal n'existe pas. La loi autorise même les employeurs à infliger à leurs salariés des retenues financières qui peuvent atteindre jusqu'à cinq jours de salaire pour indiscipline, quand les patrons ne les dénoncent pas carrément à la police au moindre motif, notamment s'ils sont en état d'ébriété. Risquant à tout moment d'être expulsés, ces forçats du travail

---

1. *Gulf News*, 3 janvier 2011.

n'ont donc que peu ou pas de droits, sinon celui de se taire et de subir le joug de leur sponsor sans broncher.

La plupart du temps, ces « fourmis » asiatiques du miracle qatarien vivent dans des conditions sordides. Ils sont parqués dans des blocs d'habitations *(« labor camps »)*, sortes de bidonvilles situés à la périphérie de Doha, quand d'autres logent sur leur lieu de travail dans des baraquements. Officiellement, la loi fixe le seuil maximum à quatre travailleurs par chambre, chaque résident devant disposer d'un espace de vie d'au moins quatre mètres carrés. Mais dans la réalité, les migrants s'entassent parfois jusqu'à dix-huit dans une même pièce. Même le prix de leur pauvre matelas, souvent une mince paillasse de mousse, est prélevé sur leur salaire[1]. Appareils d'air conditionné défectueux, alimentation en eau potable aléatoire, salle de bains collective minuscule, cuisine à la saleté repoussante, c'est le résumé sinistre et insalubre du quotidien de ces migrants asiatiques.

Dans la zone industrielle de Doha, les autorités qatariennes construisent des barres d'immeubles de plusieurs kilomètres de long pour loger les centaines de milliers de travailleurs qui participeront aux différents chantiers de la Coupe du monde de 2022. Nous sommes à la « *workers city* », la cité des travailleurs. Le nombre de mètres carrés d'espace de vie pour chaque travailleur a été calculé selon les normes de l'ONU. Dans ce nouveau quartier, ils auront leurs super-

1. Chiffre cité dans le rapport de Human Rights Watch.

marchés, leurs cinémas, leurs cafés, leurs restaurants, etc. Bref, une sorte de cité ghetto pour Asiatiques.

— Les Qatariens ne veulent plus les voir dans le centre-ville, ils ne les supportent plus, explique un diplomate. C'est une forme de ségrégation physique entre ces étrangers et les Qatariens qui se met en place. Un apartheid qui ne dit pas son nom.

Exténués par d'interminables journées de travail, les migrants asiatiques n'ont guère de loisirs. Le vendredi l'accès des centres commerciaux leur est interdit, car c'est le jour réservé aux familles qatariennes. Pour eux, les occasions de sorties sont rares, sauf à aller le vendredi à la mosquée pour les musulmans ou à la messe pour les chrétiens.

À quelques encablures de la zone industrielle et de la future cité dortoir pour migrants, l'émir Cheikh Hamad bin Khalifa al-Thani a autorisé la construction d'une église. Une réelle preuve d'ouverture, car chez les voisins saoudiens aucun lieu de culte chrétien n'est autorisé ; dans le royaume wahhabite, la totalité du territoire est sacrée et considérée comme une mosquée.

En souverain éclairé et tolérant, l'émir a fait don du terrain aux congrégations religieuses et l'a doté d'un bail de cinquante ans. Sans croix à son sommet – les signes ostentatoires religieux non musulmans sont tout de même proscrits au Qatar –, Notre-Dame-du-Rosaire est située au beau milieu du désert dans le secteur d'Abou Hammour. Pas pour longtemps car l'urbanisation de Doha avance comme un rouleau compresseur. Elle a été inaugurée le 15 mars 2008. Avant, les fidèles organisaient des messes dans des villas ou des lieux privés.

Notre-Dame-du-Rosaire est gardée par des policiers et surveillée par des caméras vidéo. Il faut une vignette spéciale sur le pare-brise des véhicules pour pénétrer dans l'enceinte religieuse qui comprend une église de deux mille places et une chapelle de deux cents. Toutes les branches de la chrétienté sont représentées : catholique, anglicane, copte, maronite, grecque-orthodoxe, rite malabar, etc. C'est un peu la tour de Babel des chrétiens. Les messes sont célébrées dans les langues les plus diverses et les plus étonnantes : ourdou (Inde-Pakistan), tamoul (Inde-Sri Lanka), konkani (Ouest de l'Inde), cingalais (Sri Lanka), tagalog (Philippines), malayalam (Inde), etc.

Le père Peter Matthew est arrivé à Notre-Dame-du-Rosaire en 2010. Avant, il était basé à Dubai. Il fait partie de la communauté des dix-huit prêtres qui officient sur le site.

— Nous accueillons environ cent mille fidèles, assure ce religieux. Cela crée d'immenses embouteillages autour de l'église le vendredi, jour des principales messes. Nous avons demandé à construire d'autres églises pour éviter une concentration de fidèles ici. Mais l'émir est obligé de composer. Il doit veiller à la stabilité du pays et tenir compte des susceptibilités conservatrices de la société qatarienne.

Jusqu'à nouvel ordre, les chrétiens de l'émirat devront donc se contenter d'une seule et unique église.

Notre-Dame-du-Rosaire est l'un des très rares endroits à Doha où les migrants asiatiques et les expatriés occidentaux peuvent se croiser sur les bancs de l'église. Ils sont égaux dans la prière mais vivent dans deux mondes séparés, chacun habitant sur une autre planète. Les uns sont au bas de l'échelle sociale, les autres au sommet. Dans l'émirat, tous ont en commun d'être des étrangers qui, quelle que soit leur nationalité, restent soumis aux mêmes règles drastiques de leur sponsor.

Expatriés occidentaux : quand le paradis devient purgatoire

Quand tout se passe bien, le Qatar est un paradis pour les familles d'expatriés occidentaux. Certes, le climat est rude et la vie quotidienne un peu monotone, mais les salaires sont alléchants, la sécurité garantie et les écoles pour les enfants de très bon niveau. Les cadres supérieurs travaillent souvent soixante heures par semaine, mais les îles Maldives ou le sultanat d'Oman ne sont pas loin pour décompresser, sans parler des piscines et des spas des grands hôtels, bien commodes pour se délasser.

Cependant, tout peut s'effondrer d'un coup quand un grain de sable vient gripper la relation entre l'étranger et son sponsor. Le miracle qatarien se transforme alors en cauchemar. Certains Occidentaux deviennent des « otages », prisonniers du système administratif et d'une justice opaque. Ce sont des cas exceptionnels mais qui en disent long sur les rapports entre les Qatariens et les étrangers.

Le Belge Philippe Bogaert en a fait l'amère expérience, et l'a racontée dans un livre[1]. Il est

1. *Exit permit*, de Philippe Bogaert, Éd. Le Cri, 2011.

resté « prisonnier » trois cent vingt-huit jours au Qatar.

Ce producteur dans l'audiovisuel arrive à Doha en avril 2008. Il est chargé d'organiser un festival culturel.

— Après deux mois sur place, explique-t-il, le directeur du projet de festival a été viré. Et j'en ai repris les rênes. Le client – c'est-à-dire les autorités qatariennes – se montra d'abord très enthousiaste devant la nouvelle formule du projet. Puis, d'un coup, il a rompu le contrat qui nous liait. J'avais toutes les raisons d'aller en justice pour obtenir des dommages. Mais l'actionnaire de ma société travaillait comme secrétaire de la femme de l'émir du Qatar. Il y avait conflit d'intérêts. Il m'a alors dit que j'étais responsable du déficit du projet et que c'était à moi de rembourser l'argent[1].

La suite de l'histoire tourne au roman kafkaïen. Son sponsor qatarien dépose un « *travel ban* » auprès des services de police, c'est-à-dire une interdiction de voyager. À l'aéroport, son nom est inscrit sur une liste noire. Puis le sponsor porte plainte contre lui devant les tribunaux. Philippe Bogaert est pris au piège. Il ne peut plus quitter le pays, il ne peut plus travailler, et ses économies fondent à vue d'œil. Face au mur juridique, il se réfugie chez l'ambassadeur de Belgique. La voie diplomatique est tentée. Sans succès. Il échafaude alors les plans d'un départ clandestin.

— J'ai été mis en contact avec des mercenaires d'Anvers. Avec eux, j'ai planifié mon évasion. Ça m'a coûté 50 000 euros, le prix de ma liberté[2].

---

1. Interview de Philippe Bogaert pour le site belge *Dernière Heure* : www.dhnet.be
2. Interview de Philippe Bogaert, *id. ibid.*

Finalement, Philippe Bogaert parvient en septembre 2009 à s'échapper du Qatar par la mer à bord d'un voilier. Après une traversée chaotique de plusieurs milliers de kilomètres, il réussit à atteindre les côtes de l'Inde. Pour lui, c'est la fin du cauchemar.

Yves-Marie Pendeliau, un expatrié français, n'a pas eu à utiliser ce genre de moyens rocambolesques pour quitter le Qatar, mais lui aussi s'est considéré comme une sorte d'otage.

Tout comme celui de Philippe Bogaert, son séjour se passe au début sans le moindre nuage. Yves-Marie Pendeliau arrive au Qatar en 2007. C'est un spécialiste des questions de vapeur, turbine et mécanique. Il vient travailler pour la société Technip à la mise en route d'une usine de gaz liquéfié sur la zone industrielle de Ras Laffan (Qatar Gas 2), à quatre-vingts kilomètres au nord de Doha. Pendant près de deux ans, il vit sur le *compound* résidentiel du site industriel. Il travaille ensuite à Qatar Gas, puis pour Qatar Shell. Ses ennuis viendront non pas de ses compétences professionnelles, mais de son logement. Il loue un appartement dans le nouveau quartier de Pearl qu'il décide un jour de quitter.

Après son départ, l'agent qui lui a loué l'appartement pour le compte d'un propriétaire lui réclame des sommes correspondant prétendument à des factures d'électricité, d'air conditionné, de charges en tout genre… alors qu'il n'a reçu aucune facture avant et qu'il a payé son loyer régulièrement. Ces factures s'échelonnent de 500 à 6 000 euros. Yves-Marie Pendeliau tombe des nues. Il demande les justificatifs… mais rien ne vient. Son propriétaire, via son sponsor, dépose alors une plainte au *Rental Dispute Committee*, commission des contentieux locatifs. Aucun compromis n'est trouvé. Le Français refuse de payer les 10 500 euros qu'il juge farfelus et non justifiés.

Le 3 avril 2011, Yves-Marie Pendeliau se présente à l'aéroport de Doha pour rentrer en France. Sa famille, qui vient d'Indonésie, l'attend dans la zone de transit. Au contrôle des passeports, on l'informe qu'il n'est pas autorisé à quitter le territoire du Qatar. Il découvre avec stupéfaction que son nom figure sur la liste des « *travel bans* », des interdictions de sortie de territoire. Impuissant, il doit laisser sa famille regagner la France sans pouvoir la voir. Lui est désormais bloqué dans l'émirat.

Il contacte l'ambassade de France, fait appel à des avocats locaux et français, multiplie les courriers aux autorités de Paris et de Doha. Son cas semble inextricable. Pendant de longs mois, il se sent pris au piège, incompris, et vulnérable face à un système local opaque. Il en veut à la diplomatie française qui ne bouge pas, peut-être parce que son cas pèse peu dans la balance des intérêts entre Paris et Doha.

— Ici, c'est le fait du prince, explique-t-il. Ça peut arriver à n'importe qui, sous n'importe quel prétexte.

Finalement, il restera « prisonnier » au Qatar cinq cent vingt-six jours.

— La justice locale n'a pas décidé si j'étais redevable ou non de la somme qu'on exigeait de moi, poursuit-il, mais elle a pris la décision de lever le « *travel ban* » en contrepartie d'un chèque de banque. Ma liberté a été échangée contre une rançon !

Résultat des courses : Yves-Marie Pendeliau a dû payer 20 000 euros pour pouvoir rentrer en France.

Une querelle dans un couple qui divorce entraîne toujours des conséquences pénibles. Au Qatar, elles peuvent déboucher sur des terrains inattendus. Un expatrié français raconte qu'il lui a aussi été interdit de voyager à l'extérieur, non à cause d'un employeur ou d'un propriétaire qatarien indélicat ou malveillant, mais à cause de son ex-femme. Pour se venger de son divorce, cette dernière a saisi le comité des affaires familiales et a réussi à lui faire appliquer un « *travel ban* » pour qu'il règle les questions de pension alimentaire et de dédommagements. Il lui faudra de long mois pour se sortir de ce guêpier administratif.

Parfois, il vaut mieux prendre les devants et exfiltrer rapidement un de ses employés, comme la société Vinci qui a rapatrié un stagiaire pris au volant avec un taux d'alcoolémie excessif. S'il avait été auditionné par la justice, il aurait écopé d'un « *travel ban* » compliqué à faire lever. Vinci a prétexté des problèmes familiaux de son stagiaire pour le remettre dans un avion pour la France.

Pour ce genre d'affaires, les juges au Qatar ont la main lourde et ne font pas de détail. En majorité, il s'agit de magistrats étrangers soudanais, marocains, palestiniens ou syriens qui eux aussi ont une carte de séjour à renouveler chaque année. Ils font donc du zèle car ils savent que s'ils ne jugent pas « bien », ils peuvent être remerciés à tout moment par leurs sponsors qatariens.

Et si les ressources humaines venaient à manquer ?

Le visa de sortie est une épée de Damoclès suspendue au-dessus de la tête de chaque ressortissant étranger travaillant dans l'émirat. D'un autre côté, pour le Qatar, la ressource humaine demeure son talon d'Achille. Sans les étrangers, non seulement le pays ne tournerait pas, mais il n'y aurait aucun développement économique possible.

— Les Qatariens ont le même problème que nous en Europe, analyse un diplomate. Ils ont d'abord importé des travailleurs, des « *gastarbeiter* ». À la fin du contrat, ils devaient repartir dans leur pays. Sauf qu'ils ne sont pas tous rentrés chez eux. Ils sont restés, ils se sont mariés, et ils ont eu des enfants. Ils sont passés du statut de travailleurs temporaires à celui d'immigrés.

Seulement, la loi qatarienne stipule que, à dix-huit ans, les enfants de ces travailleurs doivent retourner dans leur pays d'origine. Or ceux-ci n'ont souvent connu que le Qatar.

— Pour les parents qui ont sué sang et eau ici, poursuit notre diplomate européen, c'est douloureux de se rendre compte que leurs enfants n'ont aucun avenir au Qatar. Les problèmes vont donc aller crescendo.

Rohan est indien et chauffeur d'une ambassade européenne. Cela fait treize ans qu'il travaille au Qatar. Pendant six ans, il a vécu en célibataire. Puis il a pu faire venir sa femme. Il a deux enfants qui vont à l'école et qui sont nés au Qatar, mais il faut les faire sortir du pays tous les six mois afin qu'ils conservent leur permis de résidence. Pour lui, son avenir est clair :

— Je compte rester au Qatar encore dix ans avant de revenir en Inde. Je ne passerai pas ma retraite ici. Mes enfants, bien que nés et éduqués au Qatar, devront rentrer avec nous.

Comme Rohan, la plupart de ces travailleurs feront leurs valises, mais certains s'accrocheront. Et un jour, ils demanderont leurs droits politiques, économiques et sociaux dont ils sont aujourd'hui totalement privés. C'est une vraie bombe à retardement pour les autorités qatariennes. Elles pensent avoir trouvé la recette miracle avec la « qatarisation » des emplois, une application stricte de la préférence nationale. L'idée, c'est de remplacer progressivement les travailleurs étrangers par des nationaux. Les salafistes de l'émirat n'en font pas mystère : pour eux, l'objectif final est d'expulser tous les immigrés dès que possible ! Au diwan de l'émir, même si on sait bien que c'est infaisable, on doit malgré tout tenir compte de ces prises de position. On instaure donc des quotas selon les nationalités. Certaines sont favorisées, d'autres écartées. Pendant quelques années, le robinet de l'immigration a été coupé pour les Jordaniens et les Égyptiens. Maintenant, c'est au tour des Libanais et des Syriens de ne pas être les bienvenus. On décrète un jour que tous les postes de comptables seront désormais occupés par des Qatariens. Les entreprises doivent s'exécuter.

Bien sûr, pour elles, c'est un casse-tête. Alors, elles biaisent la loi : elles conservent leur comptable étranger réellement actif et nomment au-dessus de lui un chef comptable qatarien, qui n'est souvent pas compétent, et le tour est joué ! Pour les postes de direction, cette stratégie est largement appliquée mais en deux phases. Le temps de son contrat, voire avant, l'expatrié apporte son expérience et ses connaissances à son alter ego qatarien, qui le remplace une fois qu'il est formé.

Dans cette politique de « qatarisation », les femmes et les jeunes sont encouragés à travailler dans le secteur privé et à créer leur propre entreprise. Un secteur délaissé par les hommes mûrs qui préfèrent aller dans le public où les salaires sont nettement plus élevés[1]. L'État a créé un fonds spécial pour aider les jeunes à monter des projets. Il les finance de 10 à 100 millions de rials, c'est-à-dire de 3 à 30 millions de dollars. Seule condition : l'État doit être associé à l'entreprise, puis sa participation diminue au fil du temps, et à la fin, le jeune Qatarien est seul maître à bord de sa société.

Cela dit, pour les métiers peu ou pas qualifiés – pas simplement dans le BTP mais aussi dans les services – l'émirat ne pourra jamais se passer de la main-d'œuvre abondante et bon marché venue d'Asie. Et pourtant, même si le Qatar est promis à une croissance exponentielle jusqu'à la Coupe du monde de 2022, la machine montre quelques légers signes de faiblesse. Compte tenu de la crise mondiale, l'émirat reste attractif, mais les ressortissants de certains pays rechignent désormais à venir y travailler.

— Pour tout étranger, c'est précaire, explique un expatrié européen. Quand vous avez un contrat provisoire, comment voulez-vous donner

1. *Financial Times*, 16 avril 2012, « *Qatar struggles to lure private sector recruits* ».

le meilleur de vous-même ? Alors quand en plus on peut vous mettre à la porte du pays sur un claquement de doigts ou vous interdire de repartir, c'est le Far West !

Et puis, ceux qui sont installés depuis plusieurs années constatent que les offres de travail ne sont plus aussi mirifiques qu'avant. Il faut désormais payer le logement, l'école des enfants et les billets d'avion pour rentrer au pays. L'inflation, un nouveau phénomène au Qatar, a de surcroît tendance à grignoter les salaires.

Dans le secteur clé du BTP, il y a des signes qui ne trompent pas. Plus aucun Philippin n'accepte d'aller travailler sur les chantiers ou d'être enfermé dans des camps de travail. Les Indiens non plus, et le Bangladesh ne fait pas vraiment la promotion de l'exportation de sa main-d'œuvre. Quant aux Pakistanais, la construction n'est pas leur secteur de prédilection. Le Vietnam n'encourage pas l'exportation de travailleurs, la Thaïlande encore moins. Résultat : les autorités qatariennes doivent chercher de la main-d'œuvre dans les pays les plus pauvres ou dans ceux qui ont mis en place une politique d'exportation de travailleurs.

Dans ce domaine, le Népal a le vent en poupe.

— Le problème, explique un observateur occidental, c'est que les Népalais ne sont pas rentables du tout. Ils n'ont jamais travaillé dans la construction, ils ne savent pas ce que c'est que du ciment ou du béton, ils ne parlent pas l'anglais, donc les premiers mois c'est perdu, parce qu'il faut tout leur apprendre de A à Z.

L'autre tendance récente, c'est l'arrivée des Chinois. Ils débarquent en masse. Népalais et

Chinois sont payés à vil prix mais font tourner les chantiers.

*
**

Devenus immensément riches, les Qatariens ont conservé leur réputation de tirer au maximum les prix et les salaires vers le bas. Dans les autres pays du Golfe, on raille d'ailleurs leur radinerie légendaire et l'on prétend même « qu'ils sont capables de se voler... jusque dans leurs propres poches ! ».

7
La sécurité à tout prix

Au Qatar, une blague de potache peut valoir de sérieux ennuis. Ce pâtissier d'un grand hôtel de Doha s'en souvient encore. Un jour, il a l'idée de préparer un gâteau un peu spécial pour une jeune femme qui organise une fête avant son mariage. Son œuvre : une génoise rectangulaire sur laquelle est posée une poupée Barbie avec celle de Ken, son alter ego masculin, tous les deux enlacés sous un drap de sucre rose.

On éteint la lumière, le gâteau coquin arrive, il est parsemé de bâtonnets étincelants et de bougies, les convives sont ravis. Or, dans le restaurant, à la table d'à côté, des Qatariens religieux n'ont pas manqué une miette de la scène : le gâteau sexy les met hors d'eux.

L'histoire aurait pu s'arrêter là. Sauf que le lendemain, deux hommes débarquent incognito dans le restaurant et demande au responsable des cuisines que le pâtissier refasse le même gâteau qui a eu tant de succès la veille. Flatté, et sans se douter du piège, le pâtissier s'exécute volontiers et confectionne une nouvelle fois l'objet du délit. Il s'agissait en fait de membres de la police religieuse !

Toute l'équipe de cuisine est alors interpellée et jetée en prison. Le pâtissier, incarcéré pour outrage aux bonnes mœurs, est un franco-libanais. Il faudra toute la ténacité de l'ambassade de France pour le faire libérer après plusieurs jours d'emprisonnement. L'ambassadeur lui-même ira en pleine nuit faire le pied de grue auprès des services de sécurité pour savoir dans quelle prison il est détenu.

L'ambassade de France doit traiter régulièrement des affaires de ce type. Un jour, un photographe français travaillant pour Qatar Airways avait pris des clichés de l'aéroport de Doha sans se rendre compte que dans l'arrière-plan il y avait des avions militaires. Il a eu toutes les peines du monde à se disculper devant la police qui l'avait pris pour un espion.

Toujours à l'aéroport, un jeune Français qui attendait son vol écoutait de la musique avec un baladeur. Un agent de sécurité s'approche de lui et lui demande de retirer son casque car, selon lui, l'appareil est susceptible… de brouiller les radars de la tour de contrôle ! Le jeune homme refuse… Il s'est retrouvé directement au poste de police.

Il y a aussi la mésaventure de cette chercheuse française venue au Qatar pour un travail d'enquête. Le lendemain de son arrivée, elle est interpellée par la police et jetée en prison. Elle réalisait des interviews de terrain dans un quartier de « *Bidoun* », ces Qatariens sans nationalité qui sont au bas de l'échelle sociale et discriminés. Un sujet tabou pour le pouvoir qatarien… L'ambassade de France a eu connaissance de son cas deux jours plus tard. Encore une fois, l'ambassadeur a dû se déplacer en personne pour avoir de ses nouvelles et après moult démarches a réussi à la faire sortir. La jeune chercheuse est restée ensuite coincée plusieurs mois au Qatar avant de pouvoir rentrer en France.

Tous passés au scanner !

Pour tous les étrangers – Occidentaux, Arabes ou Asiatiques –, le Qatar, c'est un peu le royaume de Big Brother. Ici, on ne plaisante ni avec les mœurs ni avec la sécurité. Dès l'aéroport, le flux des entrées et sorties des passagers est soigneusement contrôlé. Une photo numérique est prise avant chaque départ. Pas question de sous-traiter le contrôle des passeports à des étrangers. La tâche est réservée à des Qatariens, hommes et femmes.

Dans l'émirat, les expatriés sont systématiquement fichés par ordinateur et sont soumis à leur arrivée à une prise de sang, dont les résultats alimentent une base de données ADN. En cas d'incident, la police peut facilement retrouver les fauteurs de trouble. Au quotidien, les étrangers sont épiés par les « moukhabarats », les services de renseignement, dont la moitié des membres est affectée à leur surveillance.

On ne les voit pas forcément, mais la pression est réelle, selon les témoignages de plusieurs expatriés. Sur le plan sécuritaire, le pays est tenu rênes courtes. Le téléphone est écouté et l'Internet surveillé. Les caméras vidéo sont omniprésentes dans les rues et les immeubles de Doha. La police est dirigée et encadrée par des Qatariens, donc les agents dans les rues – Pakistanais,

Soudanais, Palestiniens ou Égyptiens – ont tendance à faire du zèle. La recherche quasi obsessionnelle de la stabilité frise souvent la paranoïa.

Les autorités qatariennes ont gardé en mémoire la révolte de 9 000 travailleurs asiatiques du site industriel de Ras Raffan en avril 2006. Leur manifestation pour l'amélioration de leurs conditions de travail avait tourné à l'émeute. Le pouvoir qatarien n'avait pas hésité une seconde : il avait envoyé les soldats du bataillon Hamad, stationnés dans le nord, mater le mouvement de protestation. L'ordre a été rétabli après des tirs dans la foule !

Pour les Qatariens, pas question non plus de sortir des clous. Les rares opposants sont étroitement surveillés. Pour les intimider, les autorités emploient les grands moyens. Amnesty International a révélé le cas de ce poète qatarien arrêté le 16 novembre 2011 et mis au secret pendant six mois. Dans ses poèmes, Mohamed al-Ajami est accusé d'avoir « incité au renversement du régime » et « insulté l'émir ». Au Qatar, blasphémer ou critiquer l'émir est passible des tribunaux.

L'affaire remonte à 2010, où il avait rédigé des poèmes critiques envers le pouvoir. Puis, inspiré par la vague des Printemps arabes, Mohamed al-Ajami a écrit un texte intitulé *Le Poème du jardin*, où l'on découvre quelques vers enflammés : « Nous sommes tous des Tunisiens face à une élite répressive ! » Le poème a été lu en public et serait revenu aux oreilles des services de sécurité. Résultat : le poète persifleur a été condamné à la prison à vie au cours d'un procès ubuesque où le président du tribunal, un Soudanais, était lui-même juge d'instruction dans le dossier[1]. Deux experts en poésie du ministère des Arts et de la Culture ont certifié à la barre que les poèmes de Mohamed al-Ajami étaient subversifs...

Rien de tout cela ne filtre dans les médias locaux, encore moins sur Al-Jazeera, tout occupée à couvrir l'actualité des autres pays arabes mais étrangement myope sur la vie locale.

Pour assurer sa sécurité rapprochée, l'émir Hamad al-Thani dispose de sa garde bédouine (*Royal Guard regiment*). Il s'agit de 1200 hommes triés sur le volet, chargés de protéger les palais royaux et quelques ministères sensibles. L'émir a aussi confié des armes et des téléphones à certaines tribus pour pouvoir les mobiliser à tout moment en cas de coup dur. Ceux qui complotent sont mis en résidence surveillée, jetés en prison voire exilés. Sous sa bonhomie, l'émir sait aussi manier le bâton.

Depuis plusieurs années, il a confié les dossiers sécuritaires à son fils Tamim, le prince héritier, qui a reçu le titre de vice-commandant en chef des forces armées. C'est lui-même qui a diligenté l'enquête après l'incendie le 28 mai 2012 du Villagio (dix-neuf morts dont treize enfants), le plus grand centre commercial de l'émirat avec ses 150 000 m^2 de boutiques, de restaurants et de canaux à la mode vénitienne où l'on circule en gondole. À la suite de ce drame, tous les centres commerciaux de la capitale ont été fermés pour des inspections approfondies de leurs systèmes anti-incendie.

1. « Homme libre, toujours tu chériras l'émir », Benjamin Barthe, *Le Monde*, 3 décembre 2012.

La sécurité alimentaire... et hydraulique !

C'est aussi le prince Tamim qui est en charge du dossier de la sécurité alimentaire, un dossier vital pour l'avenir du Qatar. Il a placé l'un de ses proches, Fahad bin Mohammed al-Attiyah, à la présidence du Qatar National Food Security Programme (QNFSP). Tous les deux sont passés par l'académie militaire britannique de Sandhurst. Homme du sérail, Fahad bin Mohammed al-Attiyah a dirigé les forces spéciales qatariennes et reste le conseiller juridique du prince Tamim.

L'envolée des prix agricoles de 2007-2008, prélude à la crise financière mondiale, et l'accident de la plate-forme pétrolière de BP dans le golfe du Mexique ont suscité la prise de conscience de l'extrême vulnérabilité du Qatar dans deux domaines cruciaux : l'approvisionnement alimentaire et l'eau. L'émirat importe 90 % de ses besoins en nourriture. Compte tenu de la croissance démographique, la facture devrait exploser de plus de 150 % au cours des dix prochaines années. Le Qatar devra alors dépenser plus de 3 milliards de dollars par an pour nourrir sa population.

Quant à l'approvisionnement en eau, l'émirat vit dangereusement : cela peut paraître incroyable mais le pays ne dispose que de quarante-huit heures de réserves d'eau potable ! Le précieux liquide, qui sort des usines de dessalement de Ras Laffan, est produit en continu car l'eau dessalée se conserve mal dans les réservoirs. Si un tanker rempli de brut venait à s'échouer – accidentellement ou intentionnellement – devant Ras Laffan, le Qatar se trouverait dans une situation catastrophique, voire mortelle. Les usines de dessalement devraient s'arrêter, le pays serait paralysé et ses habitants plongés dans la panique. Un scénario catastrophe à conjurer à tout prix ! D'où les efforts déployés par l'émirat pour atteindre un mois d'autonomie en eau grâce à de nouvelles usines de dessalement fonctionnant à l'énergie solaire, au recyclage des eaux usées, à l'amélioration du réseau de distribution et à la réinjection d'eau dans les nappes phréatiques. Des réservoirs autour de Doha sont aussi prévus dans ce plan hydraulique.

Pour réduire le déficit alimentaire, le Qatar développe un programme de cultures sous serre. L'objectif est de parvenir à produire 20 à 30 % de l'alimentation localement, ce qui serait une prouesse technique dans cet environnement désertique. En attendant, le gros des investissements est consacré à l'achat de productions agricoles, de cheptels bovins et ovins et de terres à l'étranger (Afrique, Amérique latine, Australie, etc.). Cette mission a été confiée à l'agence HASSAD Food qui signifie « récolte » en arabe[1]. Mais ce système n'offre pas toutes les garanties de sécurité sur le long terme.

Le Qatar travaille aussi à la formation d'une sorte d'« OTAN de l'alimentation ». Un projet dont la gestion des aspects diplomatiques a été confié à Miguel Moratinos, l'ancien ministre espagnol des Affaires étrangères.

— L'idée centrale, explique-t-il, est de créer une alliance des pays arides pour la sécurité alimentaire en cas de crise, d'une attaque ou d'une

1. www.hassad.com

menace. Les pays de l'alliance seraient responsables de chaque pays membre et devraient l'aider en cas de difficulté.

Concrètement, des réserves stratégiques de céréales seraient disponibles dans les pays de l'alliance en cas d'urgence et un système de transport alternatif serait prévu pour venir en aide à un membre dont la sécurité alimentaire serait menacée. Une quinzaine de pays ont décidé de constituer le noyau fondateur de ce système mutualisé (Mexique, Namibie, Kazakhstan, Chili, Tunisie, Maroc, pays du Golfe, etc.). Le Qatar s'est engagé à financer les deux premières années de ce pacte inédit.

— Cette alliance représente clairement la vision de la nouvelle génération qatarienne, évidemment guidée par l'émir, analyse Miguel Moratinos. Médiation internationale, diplomatie culturelle et sportive, tout cela sert l'image du Qatar dans le monde. De l'achat de matériel militaire jusqu'à l'importation de blé, il s'agit de tout faire pour sécuriser le pays et les générations futures.

La sécurité extérieure : le talon d'Achille du Qatar

L'invasion du Koweït par l'armée de Saddam Hussein le 2 août 1990 reste un traumatisme pour le Qatar et les pétro-monarchies du Golfe. Un souvenir cuisant, révélateur de la fragilité de ces États, certes immensément riches mais incapables de se défendre eux-mêmes. Les troupes irakiennes n'ont mis que quelques heures pour s'emparer de l'émirat, la « 19e province » irakienne, selon la terminologie de Bagdad. Dans le Golfe, c'est la panique. Au Qatar en particulier.

— Les soldats pakistanais et les Indiens rentrent chez eux, se souvient un expert militaire : ils ne veulent pas mourir pour le Qatar. Les officiers qatariens se retrouvent à la tête d'une armée mexicaine. Ils n'avaient plus de pilote de chasse. Il leur restait un mercenaire français !

Beaucoup d'étrangers incorporés dans l'armée qatarienne refusent de se battre. Seules les unités composées de Jordaniens, de Yéménites, d'Omanais, et surtout de Soudanais, ne se défilent pas et demeurent à leur poste de combat.

Ces troupes d'origine arabe encadrées par des officiers qatariens se distinguent lors de la bataille d'Al-Khafji (29 janvier-1er février 1991) en Arabie Saoudite, premier grand engagement militaire entre l'armée irakienne et les troupes de la coalition « Tempête du désert ». Lors d'une percée surprise, les soldats de Saddam Hussein parviennent à occuper la ville saoudienne d'Al-Khafji, mais la localité est reprise par les *Marines* américains épaulés par l'aviation, et aussi par deux bataillons de la Garde nationale saoudienne et deux compagnies qatariennes de chars AMX-30.

Cet engagement au cours de la bataille d'Al-Khafji est l'unique fait d'armes des forces armées qatariennes[1]. En 2006, deux cents soldats qatariens sont venus renforcer la FINUL au sud-Liban après la guerre de trente-trois jours entre Israël et le Hezbollah. Le détachement de casques bleus

---

1. Le bilan de la bataille d'Al-Khafji s'établit à 43 morts et 52 blessés dans les forces de la coalition.

qatariens a été intégré au sein du dispositif français, le plus nombreux sur place.

Il faudra attendre 2011 et la guerre en Libye pour que l'armée qatarienne soit de nouveau active sur un théâtre d'opérations, via l'aviation et les forces spéciales qui comprendraient environ cinq cents commandos. En rentrant à Doha après la guerre du Golfe de 1990-1991, les militaires étrangers qui ont combattu sous le drapeau de l'émirat obtiennent la nationalité qatarienne. Comme dans le civil, la faiblesse des ressources humaines nationales est encore et toujours le point faible de l'émirat.

L'armée du Qatar est lilliputienne, à l'instar de son territoire de 11 437 km^2, soit à peine plus grand que la Corse. Officiellement, elle compte 14 000 soldats. Dans la réalité, c'est plutôt 10 000 hommes. La troupe est composée à 90 % d'étrangers, principalement des Pakistanais et des Soudanais. Tous les postes d'officiers et de commandement sont occupés par des Qatariens. L'aviation dispose de moins de trente pilotes de chasse nationaux qui se forment en France chaque année. L'armée de l'air, c'est environ 1 300 personnes.

Comme dans l'économie, les autorités appliquent une politique de « qatarisation » des unités. Problème : les officiers sont tous des nationaux, et la troupe des soldats d'origine étrangère. Le différentiel ne tient pas seulement à la nationalité mais au style de vie. Les officiers qatariens sont grassement payés, les soldats étrangers perçoivent des soldes modestes. Trouver des fantassins qatariens relève du miracle !

Pendant la guerre en Libye, les participants à l'opération *Unified Protector* ont reçu des primes, notamment tous ceux qui étaient stationnés sur la base aérienne de Crète. Le dispositif qatarien, inséré dans la coalition, comprenait deux cent soixante militaires et mécaniciens étrangers, surtout des Pakistanais et des Indiens en charge de la maintenance des six Mirage 2000-5 sur les douze que compte l'armée de l'air qatarienne. Pour eux, le bonus financier s'est élevé à environ 250 euros par jour. Une belle enveloppe pour ceux qui sont restés plusieurs mois en Crête.

Au quotidien, il n'est pas aisé de motiver les hommes. Si certains militaires qatariens sont avides d'apprendre au contact des armées occidentales, la plupart ne pensent qu'aux permissions et à profiter du système. Le rythme de travail n'est pas accablant : un officier qatarien travaille cinq demi-journées par semaine. Il est censé prendre son service à 6 heures du matin et terminer à 13 heures. En fait, le plus souvent, il arrive entre 7 heures et 7 h 30, fait la prière « *al-dhour* » vers midi et puis rentre chez lui. Son travail est terminé. L'absentéisme est un vrai problème.

Les militaires d'origine étrangère, qui n'ont pas le passeport qatarien mais qui sont nés à Doha, disposent d'un statut amélioré. Ils peuvent monter en grade et exercer des responsabilités, alors que les étrangers, eux, n'évoluent pas : soldats ils ont été recrutés, soldats ils resteront tout au long de leur carrière. Il y a des chiites dans les rangs de l'armée, mais ils ne sont pas nombreux, même s'ils sont bien intégrés. Dans les hautes sphères du pouvoir qatarien, on préfère qu'ils se consacrent au business. C'est moins sensible…

Pour pallier la faiblesse de la ressource humaine, la solution serait de naturaliser ponctuellement des étrangers pour accélérer la « nationalisation » des unités. Or le pouvoir qatarien rechigne : dans cette société tribale, le lien du sang prime sur toute autre considération. Une option supplémentaire serait de féminiser certains postes. Là encore, ça bloque. Les mentalités locales ne sont pas encore mûres pour une telle évolution.

Ainsi, l'armée qatarienne a acheté à la société française Cassidian, une filiale d'EADS, un système de surveillance des côtes et des frontières baptisé *National Security Shield* (Bouclier national de sécurité) ou projet Oryx qui pourrait se prêter à la féminisation puisqu'il s'agit en fait de postes dans des centres de commandement confinés et remplis d'écrans d'ordinateur. Or, même pour ces emplois non combattants, les responsables ne sont pas très partants pour intégrer des femmes.

Les seules Qatariennes dans l'armée sont employées comme infirmières dans les hôpitaux militaires ou dans les services de santé. En comparaison, les Émirats arabes unis, eux, ont fait un choix radicalement différent : ils ont créé une académie militaire pour les femmes et certaines d'entre elles sont devenues officiers.

Le Qatar rechigne aussi à mettre en place un système de mercenariat. Là encore, les Émirats arabes unis ont franchi le pas : ils ont recruté des soldats non arabes, dont des Sud-Américains (Colombiens) et des Sud-Coréens. C'est la société américaine Blackwater qui fournit ces militaires privés, regroupés dans un bataillon. Cette « légion étrangère » a pour mission de défendre les installations vitales du pays, de lutter contre le terrorisme ou encore de mater une éventuelle révolte de migrants asiatiques[1].

Dans le domaine sécuritaire, le Qatar reste traditionnel et ne fait appel à des spécialistes étrangers qu'au cas par cas. Et puis surtout, les Qatariens sont habitués à un style de commandement classique. Les officiers ne pourraient pas traiter des soldats professionnels aguerris appartenant à de puissantes sociétés militaires privées de la même manière que les recrues arabes ou asiatiques, plus dociles et malléables.

Pour parvenir à mettre sur pied une armée de 25 000 soldats – c'est l'objectif affiché des autorités –, plusieurs bureaux de recrutement ont été ouverts dans Doha. On met aussi le paquet sur la formation. Plusieurs projets sont dans les tuyaux, mais comme souvent au Qatar, une fois annoncés publiquement, ils ont du mal à aboutir. L'armée qatarienne voulait monter un centre médical militaire d'excellence en coopération avec la France. Ce projet n'avance guère, tout comme celui d'une sorte d'école de guerre qui fait encore défaut au Qatar[2]. L'officier qatarien en charge de ce dernier projet est parti pour la guerre en Libye, et ensuite plus rien… Il n'y a pas de suivi dans la durée faute d'une ressource humaine assez nombreuse. Les deux seuls centres de formation qui ont effectivement vu le jour sont l'Air Academy,

---

1. « *Secret desert force set up by Blackwater's founder* », *New York Times*, 14 mai 2011.

2. Le Qatar est le seul pays du Golfe qui n'a pas d'école de commandement et d'état-major.

qui forme des pilotes d'hélicoptères, et l'école du génie qui enseigne les techniques du déminage des IED (*Improvised Explosive Device*, engins explosifs placés sur le bord des routes).

Mais pourquoi développer une telle armée, alors qu'on sait qu'elle ne pourrait pas faire le poids face à un agresseur extérieur ?

— Il y a plusieurs raisons, analyse un observateur étranger. Il y a d'abord la défense du territoire, ensuite le soutien aux forces de sécurité intérieure, mais aussi une question d'image et de prestige. Les Qatariens veulent faire bonne figure dans le dispositif militaire du Conseil de coopération du Golfe, le bouclier de la péninsule.

Il faut tenir son rang face aux frères arabes, c'est une question d'honneur et de prestige.

Et puis l'avenir sécuritaire de la région est incertain et volatil. L'émirat ne peut pas se permettre d'avoir une armée de pacotille. Il faut donc recruter, construire de nouvelles casernes, et surtout acheter du matériel et des équipements militaires les plus sophistiqués. Au cours de la prochaine décennie, le Qatar envisage d'acquérir pour 20 milliards de dollars d'armes en tout genre.

Ce budget colossal fait saliver les pays occidentaux. Toutes les catégories d'armement sont concernées : frégates et corvettes pour la marine, hélicoptères, chasseurs bombardiers et drones pour l'aviation, chars, véhicules blindés, artillerie, systèmes de défense antiaériens pour l'armée de terre.

Dans ce dernier secteur, le Qatar a signé fin 2012 un méga-contrat avec la société américaine Lockheed Martin pour deux batteries de missiles antimissiles balistiques de haute altitude (*Terminal High Altitude Area Defense*, THAAD), soit douze rampes de lancement, cent cinquante intercepteurs et des radars[1]. L'achat d'armement est avant tout un acte politique.

Depuis les années 1970-1980, l'armée qatarienne s'est traditionnellement équipée en matériels et systèmes français, mais avec ses besoins en très forte croissance elle est de plus en plus « polygame » et diversifie ses fournisseurs. Parrains de la sécurité du golfe Persique, les États-Unis restent un partenaire clé pour le Qatar.

L'atout maître des Américains au Qatar, c'est la base aérienne d'Al-Oudeid, située au beau milieu du désert. Dans le passé, la France avait été approchée pour installer une base similaire dans l'émirat, mais Paris avait décliné l'offre de service, expliquant que cette implantation militaire pourrait doublonner avec celle de Djibouti[2].

La base d'Al-Oudeid abrite le siège du commandement aérien du « US CENTCOM », qui a piloté les opérations en Irak et traite le théâtre d'opérations afghan, et le CENTCOM avancé des forces spéciales. Une quarantaine de Britanniques et une poignée de Français sont intégrés dans ces états-majors dans le cadre des opérations en Afghanistan.

La piste d'envol de 5 kilomètres d'Al-Oudeid est la plus longue de la région. Environ 10 000 militaires américains sont stationnés là, et l'on peut

1. « Antimissile : Qatar et Émirats commandent aux USA pour 7,6 milliards de dollars », AFP, 6 novembre 2012.
2. Nicolas Sarkozy a passé outre à cet argument et a donné son feu vert pour l'implantation d'une base aéronavale à Abu Dhabi aux Émirats arabes unis, inaugurée le 26 mai 2009.

accueillir une centaine d'avions militaires. La base vit en autarcie complète. Les GI's disposent sur place de leurs supermarchés, restaurants, salles de sport et de cinémas.

Al-Oudeid est une enclave offshore qui n'a quasiment aucun contact avec le monde autour. Pour des raisons de sécurité, les règles de circulation à l'extérieur de la base sont très strictes.

— Pour les Qatariens, c'est comme si cette base n'existait pas, explique un diplomate européen. On n'en parle pas. Les militaires américains sont invisibles. On ne les voit jamais circuler dans Doha.

Les Américains ont signé des accords de sécurité et de défense avec la plupart des pays de la région, des SOFA ou « *Statut of forces agreement* » qui précisent le cadre juridique de la présence de l'US Army à l'étranger. Le Qatar a réussi à négocier l'un des plus avantageux pour lui et à imposer certaines conditions à Washington. Ainsi, Doha a insisté pour introduire une clause particulière : selon cet article, aucun officier de l'US Army n'est autorisé à donner une interview télévisée avec en toile de fond le centre-ville de Doha ! Les Américains doivent rester cachés à tout prix...

Si la base d'Al-Oudeid est bien connue, celle de Silia, dans le sud du Qatar, l'est beaucoup moins. Il s'agit d'une emprise de l'armée qatarienne, un camp où l'armée américaine dissimule une trentaine d'entrepôts. Protégée par deux batteries de six missiles Patriot, elle permet de mettre sur pied une brigade blindée de deux mille soldats en quatre jours. En fait, résume une source militaire, « le Qatar a délégué la défense de son territoire aux États-Unis ». Sur le papier, ce rôle est pourtant dévolu à une brigade d'AMX.

Faible, minuscule et richissime, le Qatar a besoin d'intéresser les grandes puissances à sa sécurité.

— On peut nous envahir en un clin d'œil, reconnaît Mohamed al-Marri, présentateur sur Al-Jazeera. Notre armée, c'est un régiment saoudien. Si nous voulons affronter un ennemi en tête à tête, nous sommes perdants à coup sûr. En revanche, si cet ennemi voit tous nos alliés, il réfléchira à deux fois avant de nous attaquer !

Le Qatar a souscrit plusieurs polices d'assurance. Outre le parapluie américain, l'émirat a noué des alliances militaires avec la Grande-Bretagne, l'ancienne puissance coloniale, et avec la France. C'est en 1994 que Paris et Doha ont signé un accord de défense commune.

Créées en 2004, les Forces de sécurité intérieure (« *Lakhwiya* ») sont encadrées et formées par la gendarmerie française. Fortes de plusieurs milliers d'hommes, les FSI comptent aussi une unité style GIGN. Composée uniquement d'autochtones, elle agit comme garde prétorienne du pouvoir et dépend directement du prince héritier Tamim. Chargées de sécuriser des grands événements, de rétablir l'ordre en cas de troubles, de lutter contre le terrorisme, les FSI sont une nouvelle digue de sécurité érigée par les autorités. Leur développement est l'une des priorités du pouvoir qatarien.

Pour sécuriser les Jeux asiatiques de 2006, le Qatar a fait appel à la France. Dans la plus grande discrétion, Paris a dépêché une section de radars tactiques RASIT à la frontière entre l'émirat et l'Arabie Saoudite pour empêcher toute intrusion saoudienne. Une compagnie du 2e régiment de dragons spécialisée dans la lutte nucléaire, radiologique, bactériologique et chimique (NRBC) en cas d'attaque non conventionnelle a été mise à la disposition du Qatar. Composée de quatre-vingts hommes, elle a été positionnée dans une caserne de pompiers à proximité du principal site des Jeux asiatiques. Quelques avions de surveillance aérienne et des équipes du GIGN ont complété le dispositif qui a été entièrement payé par le Qatar.

Vu de Doha, la principale source de danger vient de l'Iran voisin. Le géant perse n'a que du mépris pour les Arabes du Golfe qu'il considère comme des « mangeurs de sauterelles » ! Le Qatar sait qu'il ne ferait pas le poids face à une attaque iranienne. Certes, le site de Ras Laffan au nord de l'émirat, qui concentre sur trente kilomètres de long les installations de liquéfaction de gaz, les raffineries, les centrales électriques, les usines de dessalement, est protégé par des batteries de missiles américains Patriots. Mais si par malheur Ras Laffan était frappé par une bordée de missiles iraniens, l'émirat s'écroulerait comme un château de cartes. Les expatriés partiraient aussi vite qu'ils sont venus, laissant le Qatar à son triste sort…

Les Qatariens sont conscients de la capacité de nuisance de Téhéran. En août 2012, une cyberattaque orchestrée depuis l'Iran a perturbé les ordinateurs de Ras Gas, l'une des principales compagnies de liquéfaction de gaz. Le virus informatique, baptisé « Shamoon », a aussi contaminé l'Aramco, la société pétrolière saoudienne. Depuis les côtes iraniennes, une dizaine de stations de brouillage perturbent la diffusion d'Al-Jazeera. Face aux provocations iraniennes, le Qatar fait le dos rond.

Dans la crise à Bahreïn, où Manama accuse Téhéran d'agiter les chiites contre la monarchie sunnite, le Qatar a joué profil bas par rapport aux Saoudiens ou aux Émiriens, qui ont envoyé leurs blindés sur place dans le cadre de l'opération « Bouclier de la péninsule ». Doha s'est contenté de dépêcher une poignée d'officiers au sein de l'état-major intégré du Conseil de coopération arabe du Golfe (CCAG) installé à Riyad et n'a déployé aucune troupe au sol chez son voisin.

— Le Qatar ne peut pas se permettre d'entrer en conflit avec l'Iran, dont il a une peur bleue, analyse un expert militaire.

Autre scénario redouté : des frappes israéliennes sur les sites nucléaires iraniens pourraient entraîner des représailles contre le Qatar. L'émirat n'est pas très rassuré non plus par le grand frère saoudien, même si les relations se sont améliorées depuis quelques années. En 2006, Riyad a refusé que la flamme des Jeux asiatiques transite sur son territoire. Au Qatar, on a le complexe d'un petit pays entouré de géants aux visées parfois douteuses.

Si d'aventure le royaume wahhabite, dirigé par des octogénaires, était secoué par des troubles internes, liés à la minorité chiite très présente dans la partie orientale du pays, là où se concentrent les réserves de pétrole, le Qatar pourrait subir une onde de choc et devenir une victime collatérale. Certes, ce n'est pas le scénario le plus probable, mais chez les militaires qatariens, explique un observateur, « on suit de très près l'évolution de la maison des Saoud et on surveille les tribus à cheval des deux côtés de la frontière, qui pourraient être instrumentalisées par Riyad ».

Au-delà de cet environnement régional inconfortable, l'obsession du régime qatarien, c'est le risque terroriste. Le 19 mars 2005, un attentat a stupéfié le pays. Un kamikaze égyptien, employé de Qatar Petroleum, a fait exploser une voiture piégée contre un théâtre fréquenté par des Occidentaux, tuant un Britannique et faisant une douzaine de blessés. Une première sur le sol de l'émirat qui se croyait à l'abri de tels actes de terreur.

L'opération terroriste s'est produite deux jours après un message de menace d'al-Qaida, mais les autorités locales s'empressèrent de la qualifier d'acte isolé.

Plus vraisemblablement, il s'agirait d'une réaction « au fait que le Qatar avait dû restreindre les vivres aux islamistes, en raison des nouvelles contraintes imposées par les Américains relatives aux mouvements de fonds vers les intégristes », avance un bon connaisseur du dossier sécuritaire.

Depuis cet attentat, la sécurité s'est renforcée de plusieurs crans, notamment autour des ambassades. Il faut dire que tout le développement du Qatar repose sur la confiance des étrangers dans le pays. La sécurité et la stabilité sont vitales pour l'économie de l'émirat.

— Au Liban, après un attentat, les gens reprennent une existence normale, explique un membre de la famille royale, ils sont habitués, et malgré la violence la vie continue. Au Qatar, ce n'est pas le cas. Nous ne sommes pas préparés à ça.

En septembre 2012, le régime syrien est parvenu à pirater le service d'information sur les téléphones portables d'Al-Jazeera et à diffuser une fausse information SMS prétendant que le Premier ministre Hamad Bin Jassem avait été tué dans un attentat et que Cheikha Moza, la femme de l'émir, avait été blessée. Il a fallu plusieurs heures avant que les autorités réagissent à cette intox de l'armée électronique de Bachar el-Assad.

— Ça a créé la panique, explique notre membre de la famille royale. Ici tout le monde regarde Al-Jazeera et tout le monde a cru que c'était vrai. Pendant trois heures, il y a eu un silence radio des autorités, y compris de la part d'Al-Jazeera. On a eu l'impression d'un vide au sommet du pouvoir.

*
**

C'est tout le paradoxe du Qatar : un nano-pays qui a des ambitions de géant, mais dont tout le développement repose sur une sécurité sans faille. L'émirat ressemble à une voiture de sport : extrêmement rapide, magnifique, tape-à-l'œil… mais le moindre de grain de sable peut casser le moteur ! Dans l'environnement agité et dangereux du Moyen-Orient, le Qatar concentre sur lui toutes les attentions et suscite tous les ressentiments.

8

Ami avec tout le monde

Sammy Ravel, un diplomate israélien, se souviendra longtemps de cet appel en catastrophe du Qatar. Deux jours avant la première visite officielle que Shimon Pérès, le ministre israélien des Affaires étrangères, doit effectuer à Doha, les Qatariens s'alarment : « Nous n'avons pas l'hymne national de votre pays, s'il vous plaît envoyez-le-nous par fax immédiatement ! »

Pas d'hymne national. Et pour cause ! Et en ce printemps 1996, le Qatar, comme l'immense majorité des pays arabes, n'entretient pas de relations diplomatiques avec l'État hébreu. Mais pour accueillir Pérès, qui vient inaugurer le bureau d'intérêt commercial israélien à Doha, le protocole doit être impeccable. Prise d'armes, drapeaux des deux pays hissés et *L'Hatikva* joué par une fanfare militaire à l'aéroport : rien n'est laissé au hasard[1].

Après Oman, le Maroc et la Tunisie, Doha accepte d'ouvrir une représentation diplomatique, que Sammy Ravel dirigea entre 1996 et 1999. L'aboutissement de plusieurs années de contacts

1. Entretien de Sammy Ravel avec l'un des auteurs, Paris, juillet 2012.

plus ou moins secrets entre les deux pays, facilités par les États-Unis et organisés, côté israélien, par de jeunes diplomates qui croyaient en la paix (Uri Savir, le directeur général du ministère des Affaires étrangères et Sammy Ravel, qui s'était rendu sur place en éclaireur).

Le rapprochement a commencé par une rencontre entre Shimon Pérès et l'ambassadeur du Qatar aux Nations unies à New York en septembre 1993, en marge de la signature des accords d'Oslo entre Yitzhak Rabin et Yasser Arafat.

Des contacts suivirent, initiés par l'incontournable chef de la diplomatie qatarienne, Hamad Bin Jassem, mais jusqu'en 1995 les choses ne bougeront guère, l'émir Khalifa s'y opposant. Il ne voulait surtout pas déplaire à ses voisins saoudiens, qui voyaient d'un mauvais œil cette ouverture vers « l'entité sioniste ». Avec le nouvel émir Cheikh Hamad, aucun scrupule : au contraire, ce dernier se réjouit d'agacer ainsi le grand frère saoudien.

— Dès que Khalifa a été renversé, nous sommes allés à Doha, confirme Sammy Ravel.

Malgré les attentats anti-israéliens commis par les islamistes palestiniens du Hamas et les mesures de rétorsion prises par l'État hébreu, le déblocage se poursuit sous l'impulsion de l'émir, de HBJ et du frère de Cheikha Moza, Khaled el-Misnad, qui avait été ambassadeur aux États-Unis. Il se tenait au côté de HBJ lors d'une rencontre en Espagne pendant laquelle le Premier ministre avait prévenu secrètement les Israéliens du coup d'État de 1995 qui allait porter Cheikh Hamad au pouvoir[1].

---

1. Entretien avec un membre de la famille régnante, Doha, octobre 2012.

Quelques mois plus tard, un membre de la famille al-Thani assista aux obsèques d'Yitzhak Rabin, assassiné par un extrémiste juif. Des enfants al-Thani iront ensuite se faire soigner discrètement dans les services spécialisés du très renommé hôpital Hadassa de Jérusalem.

Mais c'est surtout dans le domaine des affaires que la glace se brise. Et face à leur nouveau partenaire, les Qatariens sont très demandeurs. L'émir et ses proches « expriment ouvertement la perspective de marchés de fourniture de pétrole à Israël, d'implication de l'industrie pétrochimique israélienne au Qatar, de la création commune d'une ferme expérimentale de culture en climat désertique, de projets dans l'aéronautique et le tourisme avec la compagnie Qatar Airways, et par-dessus tout d'un projet de gaz naturel liquide entre le Qatar, Israël et la Jordanie d'un montant supérieur à cinq milliards de dollars[1] ».

C'est là qu'intervient la multinationale américaine Enron, liée au lobby pro-israélien de Washington. Depuis plusieurs années, elle sert en fait de *go between* entre HBJ et les Israéliens. Un pipeline devrait relier Doha à Haïfa, le port au nord de l'État hébreu, où un terminal de « regazification » devrait être construit pour permettre aux cargos de décharger le gaz naturel liquéfié, avant de repartir pour l'Europe.

Mais à Doha, l'initiative déplaît au ministre de l'Énergie, Abdallah al-Attiyah. Profitant de sa position privilégiée, Enron était en effet intervenu sans le moindre appel d'offres, imposant son

1. Sammy Ravel relata son expérience au Qatar dans un livre en hébreu, *Israël sur le front du golfe Persique*, Éditions Yédiot Books, 2009.

prix et son projet. La faillite d'Enron aura finalement raison de ce très lucratif projet gazier qataro-israélien. Mais la relation entre États survit.

En revanche, le mur de méfiance n'est pas facile à ébranler dans la population.

Après l'élection du « faucon » Benyamin Netanyahou au poste de Premier ministre en juin 1996, les relations se poursuivront mais plus fraîchement. À Doha, Ravel est toujours considéré comme l'émissaire de Shimon Pérès. Mais au fur et à mesure que le processus de paix s'enlise, la presse locale dénonce « l'ambassade colon d'Israël à Doha ».

— On avait enlevé le drapeau frappé à l'Étoile de David, se rappelle Sammy Ravel, qui continuait toutefois d'aller en famille, le week-end, faire du 4 x 4 dans le désert.

Très vite éclate au grand jour la contradiction entre un accueil officiel encore correct et un traitement médiatique qui l'est beaucoup moins.

— La presse pouvait écrire les choses les plus horribles sur Israël, se souvient le diplomate, qui garde en mémoire l'accueil en grande pompe réservé au révisionniste Roger Garaudy lors de sa visite au Qatar. Al-Qaradaoui l'avait reçu comme un héros lors d'une grande réception au Sheraton, relayée le lendemain dans la presse. C'était d'autant plus troublant qu'il avait été reçu, aussi, par la famille royale.

Les relations se tendent durant la seconde Intifada palestinienne au début des années 2000. Al-Jazeera diffuse en boucle des images d'activistes palestiniens tués par des soldats israéliens. Déjà mauvaise dans le monde arabe, l'image de l'État hébreu devient carrément abjecte, vue de la lucarne de Doha. Pourtant, contrairement au Maroc, à la Tunisie et à Oman, le Qatar ne ferme pas la représentation diplomatique israélienne. Pendant quelques années encore, discrètement, quelques agents calfeutrés dans un immeuble en périphérie de Doha vont faire semblant de relancer le commerce entre les deux pays. Au bout du compte, l'offensive israélienne contre le Hamas dans la bande de Gaza en décembre 2008 et janvier 2009[1] entraînera le gel des relations diplomatiques. Mais entre le Qatar et Israël, tous les ponts ne seront pas rompus.

Être ami avec tous pour ne pas avoir d'ennemi

C'est en effet l'un des principaux credo de l'émir : être ami avec tout le monde. Et à défaut d'être ami avec tout le monde, au moins parler à tout le monde pour n'avoir aucun ennemi. Cheikh Hamad l'affirme clairement lors d'un entretien publié dans le *Financial Times* le 24 octobre 2010 : « Notre politique c'est d'être ami avec tout le monde. Nous recherchons la paix. Cela ne veut pas dire que si deux camps s'affrontent, nous devons prendre parti en faveur de l'un des deux. Non, nous aimons être en liaison avec les deux parties. »

Cette recherche du dialogue vise à se protéger contre des régimes ou des mouvements parias. Quelles que soient les difficultés, le Qatar garde

1. 1 300 Palestiniens et 13 Israéliens tués.

le contact avec l'Iran, le Hezbollah libanais, le Hamas, les talibans, les chebabs somaliens. Tout en discutant avec les ennemis de ceux-ci : États-Unis, Israël, Afghanistan…

En 2011, le Qatar a ouvert un bureau taliban à Doha, avec l'aval américain, pour que les deux parties se parlent. En décembre 2012, la diplomatie conciliatrice de Doha a largement œuvré en coulisses pour convier un représentant de la « *choura* » pakistanaise de Quetta, l'une des plus radicales, à une conférence de réconciliation sur l'Afghanistan[1], à Chantilly, près de Paris.

Non seulement le Qatar parle aux parias, mais bien souvent il les accueille. La liste de leurs hôtes est longue : Khaled Mechaal, le chef du bureau politique du Hamas et ami personnel de l'émir, les anciens diplomates de Saddam Hussein – Naji Sabri, reconverti en professeur d'université à Doha, Riyad al-Qaïssi, Amer Saadi, ex-conseiller scientifique du dictateur irakien devenu collaborateur de la cheikha, mais aussi Saggida, la veuve de Saddam qui vit avec ses filles dans une résidence à Doha. Tout le monde, ou presque, le sait. Mais pas question de les voir : tous ces hôtes ont signé un accord avec les autorités leur interdisant de rencontrer un journaliste.

On pourrait ajouter l'islamiste algérien Abbassi Madani, longtemps hébergé au Sheraton, dont le fils a ouvert une chaîne de télévision à Londres. Puis l'ancien chef des services de renseignement du colonel Kadhafi, Moussa Koussa, et le gendre de Ben Ali, Sakhr el-Materi, que Doha aurait expédié finalement aux Seychelles, avant la visite

1. Entretien avec un diplomate français, Paris, le 11 janvier 2013.

à l'automne 2012 du président tunisien Moncef Marzouki.

L'hospitalité qatarienne est même allée jusqu'à accorder l'asile à l'ex-président tchétchène Zelimkhan Iamdarbiev que les services de renseignement russes ont finalement assassiné en 2004, après avoir dissimulé un engin explosif sous sa voiture qui sautera un vendredi lorsqu'il se rendra à la mosquée. « On avait pourtant dit aux Russes qu'on l'hébergeait et qu'ils devaient attendre… », confia peu après le prince héritier Tamim à un ami.

La diplomatie du carnet de chèques

À quoi leur servent tous ces hôtes encombrants ? À se protéger contre des ennemis potentiels, et à contrer le risque islamiste que leur politique d'ouverture vers l'Occident fait planer sur Doha.

Les autorités utilisent leurs « hôtes » pour faire passer des messages. Quand l'émir a voulu imposer le droit de vote des femmes, contre la volonté d'une majorité de Qatariens, Cheikh Hamad a demandé à Youssef al-Qaradaoui d'aller prêcher dans les mosquées en faveur du vote féminin. « Vous êtes une protection contre l'extrémisme, m'a dit il y a quelques années l'émir », avoue le célèbre prédicateur égyptien, proche des Frères musulmans, réfugié au Qatar depuis 1961[1]. Chaque semaine, pendant une heure, Cheikh Youssef est la vedette de « La charia et la vie »,

1. Entretien avec un des auteurs, Doha, décembre 2006.

une émission d'Al-Jazeera très regardée dans le monde arabe.

De la même manière, lorsque les relations avec l'Algérie se tendent, Doha propose les services de Cheikh al-Qaradaoui, qui est alors acheminé à Alger dans l'avion du président Bouteflika, histoire d'aller prêcher la réconciliation nationale avec les islamistes locaux.

Al-Qaradaoui est l'une des principales cartes du Qatar pour se prémunir contre les attentats islamistes, mais on l'a vu, là encore, cela ne marche pas à tous les coups puisqu'en 2005 un kamikaze se fit exploser dans un théâtre de Doha. Le contrôle des hôtes en les hébergeant ne fonctionne pas toujours.

« Parler à tout le monde nous permet d'avoir une politique dynamique », soutient-on à Doha. Dans les crises, la diplomatie qatarienne se veut conciliatrice. Le ministre des Affaires étrangères Hamad Bin Jassem se retrouve à faire la navette à Gaza entre Ismaël Haniyeh, le Premier ministre palestinien du Hamas, et le président de l'Autorité palestinienne Mahmoud Abbas. Au Liban, en 2006, Doha utilisera ses contacts avec Israël pour être le premier pays arabe à rompre le blocus aérien imposé par l'État hébreu.

— Nous sommes pour une diplomatie ouverte, et non plus, comme le sont trop souvent les Arabes, pour une diplomatie du secret, explique un diplomate qatarien.

Au Conseil de sécurité de l'ONU, Doha ne craint pas de voter contre le candidat arabe à la succession de Kofi Annan, un Jordanien avec lequel les relations à l'époque étaient exécrables. Et pour « ne pas déplaire à Téhéran », Doha peut très bien être le seul des quinze membres dudit

Conseil à ne pas approuver une résolution sur le nucléaire iranien. Car en cas d'attaque américaine ou israélienne sur l'Iran, le Qatar redoute la riposte de Téhéran contre les installations gazières de Ras Laffan, la poule aux œufs d'or du Qatar.

Avec son voisin iranien, les relations se veulent donc cordiales. Le partage de l'énorme gisement de gaz de North Field dans les eaux du Golfe oblige le Qatar à la prudence. Mais les Iraniens reprochent à leurs voisins de pomper dans leur champ, alors que l'embargo qui les frappe les empêche de les imiter. « C'est autant de moins pour les Iraniens qui se font gruger », relève un trader pétrolier. En 2004, les gardiens de la Révolution ont d'ailleurs détruit une plate-forme d'extraction qatarienne, histoire de rappeler leur pouvoir à l'émirat.

Bref, entre Doha et Téhéran, on se toise mais personne n'est dupe.

— Vous savez, raconte HBJ à ses interlocuteurs, je vais régulièrement à Téhéran, et j'adore m'entendre dire : « On ne vous tirera pas dessus. » Je sais qu'ils mentent, et ils savent que je ne les crois pas[1].

En 2008, les bons offices du Qatar ont permis de sceller un accord de réconciliation entre factions libanaises. La recette est simple : on enferme les protagonistes dans le salon d'un grand hôtel, on met la pression et à la fin la diplomatie du chéquier est censée faire le reste. À Beyrouth, on se souvient que le général Michel Aoun, dernier à vouloir céder, ressortit du bureau de HBJ visiblement satisfait du deal trouvé.

---

1. Entretien avec un diplomate français, juillet 2012.

Au Soudan[1] et en Érythrée, le Qatar a aussi œuvré à un rapprochement entre ennemis. En Érythrée, un appui français a permis de calmer la situation à la frontière entre Djibouti et Asmara, où des affrontements armés avaient éclaté en 2009. Une fois de plus, la puissance de l'argent qatarien a opéré ; même si elle est insuffisante, cette pacification tient encore. Sur le plan financier, l'Érythrée est tenu à bout de bras par le Qatar, où se rend très régulièrement le président Issayas Afewerki pour alimenter les caisses de son pays[2].

Les inconvénients du système

Mais la diplomatie du carnet de chèques a ses revers. Le cas du Yémen est sans doute son plus cuisant échec. À deux reprises, en 2008 et en 2010, le Qatar a largement arrosé les rebelles houthis du Nord, qui réclament une autonomie au pouvoir de Sanaa, tenu à l'époque par le président Ali Abdallah Saleh, lequel s'était vu offrir un avion par l'émir Cheikh Hamad. En donnant de l'argent aux Houthis, les Qatariens pensaient calmer les insurgés et les encourager à entrer en négociation avec Saleh. Mauvais calcul ! Les rebelles ont pris l'argent, et ils ont acheté des armes, qui se sont retournées ensuite contre les troupes de Saleh, et aussi contre les soldats saoudiens voisins, auxquels Doha se réjouissait de

1. Un accord de paix sur le Darfour a été signé le 14 juillet 2011, à Doha, entre le Soudan et les rebelles.
2. Entretien avec un diplomate français le 14 janvier 2013.

« faire la nique » dans leur arrière-cour yéménite. Mais cette fois, le calcul n'a pas marché[1].

Jamais à court d'idées, les responsables qatariens en ont tiré la conclusion que l'argent seul ne permet pas d'influencer le cours des événements. Après une première expérience de soldats qatariens envoyés au sein de la Force des Nations unies au Liban après le conflit de 2006, Doha s'est mis en tête de bâtir une force de projection hors de ses frontières. Sur le terrain, le militaire viendrait compléter l'action du diplomate en coulisses. Doha réalise ainsi la jonction entre le *soft* et le *hard power*.

La montée en puissance du général al-Attiyah, chef d'état-major, en est l'illustration vivante. L'exemple libyen lui a donné raison. Pour compter sur un théâtre d'opérations, des forces spéciales seules sont inopérantes, il faut un bataillon et des blindés. D'où les clins d'œil adressés à la France pour les aider à constituer cette force de projection.

Un militaire français se confie :

— Les Qatariens veulent créer une brigade d'intervention terrestre avec des moyens projetables. Elle serait composée d'infanterie mécanisée, d'un bataillon de chars Leclerc et de l'artillerie. Ils ont de grands projets, mais ils ont du mal à choisir entre du matériel allemand et le canon de char français Caesar.

Renforcer leur diplomatie multidimensionnelle un peu floue par une composante militaire semble un pari fou, quand on connaît la valeur des soldats qatariens.

1. Entretien avec un militaire français familier de la péninsule Arabique, Paris, le 7 janvier 2013.

— Pour quel projet ? Et quels sont aujourd'hui nos vrais amis ? s'interroge un membre de la famille régnante. À un moment donné, nous étions amis avec le régime yéménite et avec le régime soudanais. Leurs dirigeants maintenant sont démonétisés. Dans les années 1980 et 1990, nous avons utilisé l'Irak pour jouer contre l'Arabie Saoudite. Mais Saddam Hussein nous a forcés à choisir notre camp. Quand on a eu l'incident frontalier avec les Saoudiens au début de la décennie 1990, on s'est rapprochés au maximum des Iraniens. On fournit du gaz à la Corée du Sud, mais nos dirigeants visitent la Corée du Nord. Il y a quelques années, alors qu'on avait des problèmes avec les États-Unis, on a immédiatement répondu en ouvrant une ambassade de Cuba à Qatar. Pour quel objectif ? Peut-on dire qu'il y a une stratégie derrière tout cela ? Non, c'est de la réaction à chaud.

*
**

Cela dit, que reste-t-il aujourd'hui du rapprochement avec Israël ? À l'image des responsables israéliens, Sammy Ravel est assez sévère sur ses anciens hôtes.

— Avec les révoltes arabes, le Qatar fait un calcul froid, fondé sur un certain pragmatisme. Je ne suis pas sûr qu'il y ait beaucoup d'idéologie, contrairement à ce qu'on dit souvent à propos de leur aide aux islamistes un peu partout. Quoi qu'il en soit, leur politique nous déçoit. Israël n'apprécie pas leur soutien aux Frères musulmans, ni le rôle qu'Al-Jazeera a joué aussi bien pendant la guerre en 2006 au Liban que pendant les affrontements en 2008 à Gaza. Grâce à eux, les islamistes palestiniens du Hamas se sont renforcés au détriment de Mahmoud Abbas. À la fin des années 1990, nous pensions qu'ils seraient plus impartiaux.

Certes, le Qatar cherche à réconcilier les frères ennemis palestiniens. Mais cette quête ne doit pas occulter un élément clé : le Qatar s'est toujours montré plus proche du Hamas que de l'Autorité palestinienne, sur laquelle la communauté internationale mise pour un rapprochement historique avec Israël.

Depuis au moins cinq ans, le Qatar ne verse aucun argent à l'Autorité palestinienne, même si Doha avait pris un engagement contraire à la conférence des donateurs qui s'est tenue en 2007 à Paris. Au Quai d'Orsay, certains diplomates le regrettent, tandis que d'autres pensent qu'il ne faut pas fâcher « nos amis qatariens » en rappelant cette évidence !

À croire que Doha joue le Hamas contre l'Autorité palestinienne et son président Mahmoud Abbas, qui a pourtant travaillé dans sa jeunesse au Qatar, où plusieurs de ses fils sont encore installés.

9
Le Qatar en guerre

L'année 2011 a profondément changé le Qatar. Avec l'organisation de la Coupe du monde 2022, l'entrée en guerre en Libye a constitué l'autre événement qui a bouleversé la donne. Pour la première fois, le minuscule émirat s'est retrouvé engagé dans un conflit hors de ses frontières. En fournissant armes et argent aux rebelles libyens après les avoir entraînés, Doha a mis un pied dans « la cour des grands » aux côtés des États-Unis, de la Grande-Bretagne et de la France, qui ont renversé le « bouillant » colonel Muammar al-Kadhafi au pouvoir depuis quarante-deux ans à Tripoli. Vu de Doha, il y aura un avant et un après 2011.

En Libye : le baptême du feu

Pourtant, lorsqu'en février 2011 éclatent les premières manifestations anti-Kadhafi, le Qatar maintient un profil bas lors de la première réunion de la Ligue arabe consacrée à la Libye. « Il faut condamner Kadhafi », enjoint Amr Moussa, le secrétaire général de la Ligue, au diplomate irakien Qaïs al-Azzawi, dont le pays préside la

134e session de l'organisation à son siège du Caire, le 22 février.

— Vous avez entendu les déclarations de Kadhafi et de (son fils) Saïf al-Islam qui comparent les Libyens à des « rats » ? s'alarme Amr Moussa.

Face à ces mises en garde, le Qatar et l'Arabie Saoudite demeurent réservés. Prudents, ils ne souhaitent pas intervenir[1].

Le jour du vote de la résolution, Amr Moussa donne la parole au représentant égyptien, puis au tunisien, qui tous les deux condamnent le régime libyen. Le Soudanais ironise : « Après quarante ans de pouvoir, Kadhafi découvre que les Libyens sont des rats ! » Le Koweït enchaîne sur un ton très anti-régime. Le Saoudien et le Qatarien, eux, ne disent rien, mais ils votent le texte de la résolution, qui accorde quelques jours seulement à Kadhafi pour arrêter les combats, sinon il sera exclu de la Ligue arabe.

Finalement, le dirigeant libyen est banni. Et dans les jours qui suivent, les Qatariens commencent à prendre des initiatives, forts de l'appui des six pays membres du Conseil de coopération du Golfe, de la Jordanie, du Maroc et de trois pays pauvres – Djibouti, la Somalie et les Comores. Au total, Doha dispose donc d'un réservoir de onze voix sur vingt-deux au sein de la Ligue arabe.

Mais, comme d'habitude, l'activisme du Qatar fait « ricaner », en coulisses, ses voisins saoudiens. « Doha veut faire son numéro pour exister », murmure-t-on à Riyad, qui boudera la conférence de Paris sur la Libye[2]. Les Saoudiens

---

1. Entretien avec un diplomate arabe, Paris, septembre 2012.
2. Entretien avec un diplomate, Paris, juillet 2012.

dénoncent « le fricotage du Qatar avec des gens qui ne sont pas fréquentables », comme le chef militaire rebelle Abdelhakim Belhadj, un djihadiste ayant combattu en Afghanistan[1].

L'Arabie, qui ne pouvait supporter Kadhafi[2], n'ignore pas que Cheikh Hamad n'a pas toujours été son ennemi juré. Vicieusement, le bouffon de Tripoli l'avait fait savoir aux Saoudiens en transmettant à certains services de renseignements occidentaux – France, États-Unis – mais aussi aux Saoudiens eux-mêmes l'enregistrement de quelques-unes de ses conversations avec Cheikh Hamad, dont celle-ci.

— Écoute, il faudrait que tu envahisses cette province orientale saoudienne[3], c'est la meilleure façon de faire tomber la dynastie des Saoud ! recommande Kadhafi.

— C'est une très bonne idée, répond l'émir dans un éclat de rire. Mais les dirigeants saoudiens sont si âgés qu'il n'est même pas nécessaire d'envahir une partie du territoire !

Ces discussions n'ont évidemment pas plu aux responsables saoudiens, qui le font savoir à l'émir

1. Après avoir affronté les Soviétiques dans les années 1980 en Afghanistan, Belhadj sera l'un des fondateurs puis l'émir du Groupe islamique combattant en Libye. Arrêté en 2003 par la CIA en Malaisie, il est interrogé puis torturé à Bangkok, avant d'être remis aux services de renseignement de Kadhafi en 2004. Il restera emprisonné jusqu'en 2009, date à laquelle Saïf al-Islam négociera une trêve avec le Groupe islamique combattant.

2. À plusieurs reprises, les services libyens avaient cherché à tuer un responsable saoudien.

3. Peuplée de chiites et abritant les principaux puits de pétrole, cette région est le théâtre de fréquentes manifestations contre la monarchie sunnite.

du Qatar lors d'une réunion du Conseil de coopération du Golfe chez eux à Riyad. Cheikh Hamad y est accueilli par le prince héritier Nayef[1], le monarque pouvant difficilement se déplacer.

— Viens ici, toi ! s'écrie Nayef.

— Qu'y a-t-il ?

— Le roi est dans la pièce à côté. Tu vas te mettre à genoux devant lui, et tu vas implorer son pardon !

Puis le prince héritier saoudien prend Hamad par le bras, et lui redit :

— Tu te mets à genoux, et tu lui demandes pardon !

— Non, je ne vais pas lui demander pardon, mais je vais lui parler, promet l'émir du Qatar.

Cheikh Hamad se dirige alors vers le roi Abdallah.

— Vous savez, ne prenez pas trop au sérieux cette discussion, vous connaissez ce fou de Kadhafi, on a un peu plaisanté…

Abdallah fit un peu la tête, puis d'un geste de la main il signifia que l'affaire était oubliée.

Au printemps 2011, au fur et à mesure que Kadhafi intensifie la répression de ses opposants, il devient évident que sans un armement et un entraînement des rebelles, les frappes de l'OTAN ne feraient que renforcer le statu quo entre Tripoli et ses adversaires. Mais Américains et Européens estiment qu'il est trop risqué pour eux d'armer eux-mêmes les insurgés.

---

1. Demi-frère du roi Abdallah, Nayef bin Abdul Aziz, est mort en juin 2012 à l'âge de 79 ans.

Doha saisit l'opportunité et offre ses services. Difficile pour la France, les États-Unis et la Grande-Bretagne de dire non. Le Qatar a été le premier pays arabe à reconnaître le Conseil national de transition (CNT), tout en apportant la caution arabe à la résolution de l'ONU qui instaura une zone d'exclusion aérienne pour défendre les civils tout en autorisant des frappes contre des cibles militaires liées au régime.

À partir d'avril, pas moins de vingt mille tonnes d'armes partent du Qatar à destination de la Libye, avec le consentement des Américains, des Français, des Britanniques et des Émirats arabes unis. « Nous avons vidé les stocks du Moyen-Orient », se souvient un pilote qatarien. Mais pas seulement : certaines pièces sont aussi parties de France, où des entreprises en ont bien profité.

— Au début, précise un militaire français, les Qatariens donnaient de l'argent aux rebelles en leur indiquant la boutique où ils pouvaient acheter des armes à l'étranger. Et puis après, ils en ont livré directement eux-mêmes.

Régulièrement, les chefs d'état-major des quatre nations se rencontrent pour faire le point avec leur homologue qatarien, le général Hamad al-Attiyah. Tout le monde est plutôt content de l'action du Qatar.

Jusqu'à la chute de Tripoli, le 22 août, retransmise en direct sur la chaîne qatarienne Al-Jazeera, au moins dix-huit avions transportent des fusils d'assaut, des lance-roquettes RPG et d'autres armes légères, mais aussi des véhicules militaires ainsi que des uniformes aux insurgés libyens.

Six des douze Mirage 2 000 qatariens sont engagés dans les opérations au côté de l'OTAN.

Ils larguent des bombes. Ils réalisent des missions de combat. Leurs pilotes participent à leur première guerre ! « C'étaient les seuls à se poser sans contremesures aux commandes de leurs deux C-17 américains Globemaster », se souvient un militaire à Paris. Un détachement de deux appareils français encadrait toutefois leur atterrissage dans les zones de contact avec les rebelles.

Par ailleurs, via le Soudan, une douzaine de convois logistiques financés par le Qatar et contenant des munitions parviennent aux insurgés. Mais il n'y a pas que des armes dans les soutes. L'aide financière du Qatar se montera à plusieurs dizaines de millions de dollars, acheminées par valises grâce à leurs forces spéciales, déployées sur le terrain auprès des rebelles.

Ce sera l'autre apport précieux du Qatar. Plusieurs centaines d'hommes feront de l'appui et du renseignement en différents points du territoire libyen. Infiltrées à Tobrouk, les forces spéciales du Qatar se sont rapidement déportées dans le djebel Nefoussa plus à l'ouest, où le chef d'état-major s'est rendu à plusieurs reprises.

Là, les Qatariens participent à la désignation des unités, qui reçoivent les missiles antichars livrés par la France[1].

— L'OTAN s'est rendu compte de l'intérêt de les avoir avec eux parce que les Qatariens et les

1. Au total neuf cargaisons ont été parachutées par l'aviation française (Philippe Gélie, *Le Figaro*, 29 juin 2011). Outre les quelque 8 000 missiles sol-air qui disparaîtront ensuite des stocks de l'armée libyenne, une partie des armes reçues par les groupes choisis par les Qatariens s'évaporeront également, perturbant le désarmement des milices par le CNT à la chute du régime Kadhafi.

Émiriens étaient pratiquement les seuls à avoir des hommes sur le terrain. Des commandos, mais aussi des médecins et des logisticiens qui avaient des informations de première main qu'ils faisaient remonter au QG de l'OTAN, se rappelle un militaire à l'état-major à Paris.

En parallèle, une soixantaine de soldats qatariens ont aidé les rebelles à établir des centres de commandement à Benghazi, à Zintan dans la montagne, et plus tard à Tripoli. Ils ont été assistés par une trentaine d'agents de liaison français, britanniques et par une poignée d'Américains[1].

Seulement le gros de l'aide qatarienne n'est pas allée au CNT, l'organe pourtant reconnu par la communauté internationale, mais directement aux rebelles islamistes, dont Belhadj. En coulisses, un autre intégriste, Ali al-Salabi[2], a joué un rôle clé, orchestrant lui-même plus d'une douzaine de convois depuis le Qatar – émirat qui l'avait hébergé pendant des années – tandis que sur place les membres de son réseau ont distribué argent et armes aux miliciens islamistes.

Très vite pourtant, cette aide pose problème[3]. À partir du mois de mai, les autres chefs rebelles se plaignent de manquer d'armes et de médicaments,

---

1. La France a déployé au total une cinquantaine de membres des Forces spéciales sur le territoire libyen.

2. Après avoir été détenu par Kadhafi, Ali al-Salabi partit en Arabie Saoudite étudier la théologie islamique. Il fut ensuite hébergé par le Qatar où il se lia au cheikh Youssef al-Qaradaoui des Frères musulmans.

3. *Wall Street Journal*, 11 octobre 2011 : « *Tiny Kingdom's huge role in Libya draws concerns.* » (« L'énorme rôle du micro-émirat en Libye suscite des inquiétudes. »)

tandis que les déserteurs de l'armée libyenne ont le sentiment amer de s'être fait piéger. Toujours en mai, un émissaire du Premier ministre Mahmoud Jibril s'installe à Doha pour faire du lobbying afin de récupérer de l'armement pour le compte du CNT. Mais il ne parvient pas à convaincre Doha d'élargir son aide : au total, seuls cinq des dix-huit convois aériens d'armes sont passés par la filière CNT.

À la fin de l'été, le CNT et des officiels occidentaux commencent à se plaindre publiquement d'un Qatar qui n'aide que ses amis islamistes, au détriment de l'embryon de gouvernement provisoire adoubé par la communauté internationale.

Même si la CIA compte peu d'agents en Libye, dès le mois d'avril, Barack Obama a reproché à l'émir du Qatar de ne pas coordonner son action avec les États-Unis, et critiqué un manque flagrant de « transparence ». En fait, les Américains n'ont jamais su précisément quels étaient les vrais destinataires des armes que le Qatar livrait au nom des Occidentaux en Libye.

Depuis, certaines de ces armes sont allées au nord-Mali, que les djihadistes contrôlaient jusqu'à ce que des frappes militaires françaises soient déclenchées contre leurs bastions à partir de la mi-janvier 2013. D'autres ont été acheminées en Syrie au profit des rebelles[1].

Les Français, eux aussi, ont fait de surprenantes découvertes.

— Les radios qatariennes qu'on a retrouvées aux mains des rebelles étaient du matériel Thalès,

---

1. Cette dispersion explique en grande partie l'opposition américaine à armer les rebelles qui se battent contre le régime de Bachar el-Assad à travers la Syrie.

de couleur sable, les seules qu'on ait vendues au Moyen-Orient. Le Qatar les avait puisées sur ses stocks, relève un ancien membre des Forces spéciales françaises.

Un industriel, de son côté, déplore ce type de transfert, interdit dans les contrats de livraison d'armes.

Mais le principal grief des Français à l'encontre du Qatar est ailleurs.

— Les Forces spéciales qatariennes devaient intervenir en coordination avec les nôtres, se souvient un militaire français. Il y a bien eu coordination au début, mais rapidement les Qatariens ont joué perso : on aide qui on veut et on ne rend pas compte de ce qu'on fait. Ce n'est pas ainsi que l'on opère.

Paris s'est agacé de ce manquement à la parole donnée. Début octobre, le président de la République Nicolas Sarkozy l'a clairement dit à l'émir du Qatar quand il l'a reçu à l'Élysée. D'autant que sur le terrain, les combattants islamistes multipliaient les casus belli avec le Conseil national de transition, qui avait fort à faire pour canaliser l'influence des prestigieux bataillons d'Ali al-Salabi et d'Abdelhakim Belhadj, les « nouveaux caïds » proches du Qatar dans la nouvelle Libye.

Quelques semaines plus tard, lorsque Nicolas Sarkozy et David Cameron, le Premier ministre britannique, se sont rendus à Benghazi pour célébrer cette nouvelle Libye, ils n'ont pas invité Cheikh Hamad à se joindre à eux. Ce dernier en a été vexé. D'autant que sur place, Nicolas Sarkozy s'est lâché auprès de plusieurs de ses interlocuteurs en leur conseillant de « ne pas écouter les Qatariens ». La pique est revenue aux oreilles des dirigeants de Doha qui ont réclamé des explications.

À l'état-major, en cette fin d'année 2011, on ne se prive pas de critiquer le Qatar.

— Ils mettent leurs mains partout en Libye, se plaint un haut responsable. Y compris pour financer la coopération militaire que certains pays entendent nouer avec les nouvelles autorités libyennes.

Il s'agissait de la Jordanie.

Lors des réunions mensuelles à Doha ou Abu Dhabi entre les quatre chefs d'état-major, les Qatariens énervent leurs voisins émiriens, inquiets de leur appui aux islamistes dont ils se méfient chez eux[1].

Mais l'indomptable Qatar fait encore cavalier seul lorsqu'il cherche à contrôler la transition politique, après la mort de Kadhafi. Doha voit d'un mauvais œil le rapprochement avec l'Égypte amorcé par le nouveau tandem dirigeant la Libye, Moustapha Abdeljalil et Mahmoud Jibril, il fait donc le forcing pour imposer les islamistes qui lui sont proches à des postes clés du gouvernement. Face au refus de Jibril, Doha riposte en lançant une campagne anti-CNT sur Al-Jazeera.

Au sein du Conseil national de transition, les dénonciations de l'influence grandissante du Qatar se multiplient. Le 11 octobre 2011, le ministre des Finances et du Pétrole, Ali Tarhouni, demande aux alliés du CNT de « frapper avant d'entrer dans notre maison ».

Les Occidentaux laisseront les Libyens monter au créneau. Rien ou presque ne transpirera publi-

1. Entretien avec un haut responsable militaire français, Paris, juin 2012.

quement en France, aux États-Unis ou en Grande-Bretagne. Avec les Printemps arabes qui se multiplient, on aura encore besoin du Qatar en Syrie, notamment, où la révolte se militarise en cette fin 2011.

*
**

Dans les allées du pouvoir à Doha, pendant ce temps, on dresse le bilan de cette première intervention militaire hors de l'émirat. Il est positif, au-delà même des espérances.

— L'émir s'est rendu compte que dans l'outil militaire, il y a un retour de notoriété qu'il n'avait pas imaginé, analyse un diplomate sur place.

Ses pilotes ont effectué des missions d'attaque au sol et des bombardements, ce qui était nouveau pour des professionnels qui ont l'habitude de s'entraîner au-dessus d'un territoire de la taille d'un aéro-club ! Ils se sont joints à l'OTAN en se pliant à des contraintes très fortes en matière de codes et de standards. Ils n'ont pas démérité et les plus jeunes se sont même pris au jeu[1].

Mais ce qui a le plus flatté l'ego de l'émir, c'est d'avoir vu son petit pays intégré pour la première fois la « *war room* » de l'OTAN, tandis qu'à Paris, des militaires qatariens entraient au CPCO, le Centre de planification et de commandement des opérations.

— Alors que les États-Unis ont sponsorisé les Émirats, nous en avons fait de même avec le Qatar, ils nous en sont extrêmement reconnaissants, cela

1. Entretien avec un militaire français, Paris, septembre 2012.

restera un moment clé dans la relation franco-qatarienne, affirme un militaire présent dans le saint des saints du ministère de la Défense.

Bref, l'émir n'a pas à rougir de cette première. Certes, son rêve secret d'établir un grand port en Libye pour acheminer le gaz qatarien vers le Maghreb ne s'est pas réalisé.

Depuis longtemps en effet, les dirigeants qatariens avaient en tête de construire une réplique libyenne de leurs installations de Ras Laffan. Ils avaient sollicité des partenaires européens, pour la logistique d'un tel investissement qu'ils étaient prêts à financer. Mais cela ne s'est pas fait.

Quoi qu'il en soit, au sein du pouvoir, la Libye permit à chacun de remplir sa mission.

— Celui qui a dit : « On soutient l'ONU, et on s'engage militairement dans la coalition », c'est l'émir. Celui qui a mis en œuvre l'engagement des troupes, c'est son ami de toujours le chef d'état-major al-Attiyah. Celui qui a bâti la coalition diplomatique en lien étroit avec la France, c'est le Premier ministre et ministre des Affaires étrangères, Hamad Bin Jassem. Et enfin, celui qui a noué le contact avec les tribus libyennes en les recevant à Doha, c'est le prince héritier Tamim. Cela a donné une politique cohérente.

Mais risquée, on le verra.

En Syrie : de l'amour à la haine

Dans la foulée de la crise libyenne, la nouvelle diplomatie de combat du Qatar s'est exercée contre le régime syrien de Bachar el-Assad, qui réprime dans le sang le soulèvement de son peuple depuis mars 2011.

Après avoir mis un pied dans la cour des grands à l'occasion de l'affaire libyenne, Doha a tenu à conserver cet acquis en se donnant un rôle de premier plan en Syrie : le Premier ministre et ministre des Affaires étrangères, Hamad Bin Jassem, déploie un activisme diplomatique sans égal et le Qatar apporte un soutien résolu à l'opposition syrienne.

Pourtant, beaucoup plus encore qu'avec la Libye du colonel Kadhafi, le Qatar a entretenu pendant de longues années d'excellentes relations avec Bachar el-Assad. Une véritable lune de miel, dont les responsables qatariens ne se cachaient pas le moins du monde, qui mêlait intérêts financiers, relations « familiales » très étroites, et volonté d'agacer l'Arabie saoudite en lui disputant son influence traditionnelle au Liban, l'arrière-cour de la Syrie au Levant depuis plus de trente ans.

C'est d'ailleurs après l'assassinat de Rafic Hariri, le Premier ministre libanais, à Beyrouth en février 2005, que le Qatar plante une première banderille dans la politique saoudienne au pays du Cèdre. Alors que Riyad accuse Damas, Doha profite de la brouille saoudo-syrienne pour se rapprocher d'Assad.

Un an après, à l'été 2006, le Qatar est l'un des très rares pays arabes à soutenir le Hezbollah dans la guerre qui l'oppose à Israël. Tandis que le monde sunnite conduit par l'Arabie reste saisi de peur par la quasi-victoire du mouvement chiite soutenu par l'Iran, la chaîne de télévision qatarienne Al-Jazeera, elle, chante les louanges de « la résistance libanaise face à l'agression israélienne ». Quelques jours après le cessez-le-feu, l'émir Hamad est le premier chef d'État arabe à effectuer un déplacement à Beyrouth. Il ne vient pas les mains vides : les millions de dollars de la reconstruction pleuvent sur la banlieue sud de Beyrouth et le sud du Liban – les deux fiefs du Hezbollah – détruits par l'aviation israélienne. De Bir al-Abed à Nabatiyeh, les pancartes « Merci le Qatar » fleurissent.

En parallèle au soutien de Doha à la politique syrienne au Liban, les relations familiales s'intensifient. Les deux premières dames multiplient les rencontres, le plus souvent à l'abri des regards indiscrets. Asmaa el-Assad est la seule *first lady* invitée, en 2010, au mariage de Hind, la fille de Moza. De leur côté, Bachar et Hamad parlent business.

Doha finance les études en vue de la construction de deux autoroutes qui traverseront la Syrie d'est en ouest et du nord au sud. Qatar Dyar, le bras armé des investissements immobiliers de Doha à l'étranger, est dépêché à Damas pour préparer l'édification d'un gigantesque centre commercial de 40 000 mètres carrés, sorte de réplique du Solidere libanais que Rafic Hariri a bâti dans le centre de Beyrouth au milieu des années 1980.

Un second établissement commercial est prévu à Homs, dans le centre de la Syrie : il portera le nom de « Grand rêve de Homs ». Mais pour cela, il faudra détruire une partie du centre-ville. Tant pis si les commerçants râlent en manifestant contre le projet. Les autorités syriennes cèdent à leurs partenaires qatariens les plans du sous-sol de la ville, truffé de galeries qu'utiliseront quelques années plus tard les rebelles pour fuir les bombardements de l'armée de Bachar el-Assad. Damas soupçonne en effet ses ex-amis qatariens d'avoir livré ces plans aux insurgés.

Damas, Alep, Palmyre : les richesses architecturales de la Syrie enchantent la famille al-Thani, éprise d'Histoire. L'émir se fait construire un mini-palais en dehors de Damas, sur la route de Beyrouth. Moza en fera de même, ainsi qu'HBJ. Ces résidences n'ont jamais été vraiment habitées, mais elles ne seront pas endommagées, malgré la rupture des relations entre les deux pays.

Pour financer ces projets, une holding est constituée. Le Qatar apporte 2,5 milliards de dollars en cash, la Syrie l'équivalent en terrains. Doha implante à travers le pays la Qatar national Bank (QNB). Le cousin de Bachar el-Assad, Rami Makhlouf, connu pour être le coffre-fort du régime, prend 50 % des parts de la QNB en Syrie. D'autres proches du président syrien investissent ou placent leur pactole à Doha. Au total, les investissements du Qatar en Syrie sont estimés à plus de 6 milliards de dollars[1].

Sur le plan politique, en cette année 2008, le Qatar parraine le retour de la Syrie sur la scène internationale. Doha trouvera en Nicolas Sarkozy un relais idéal. HBJ, comme on l'a vu, a joué un rôle non négligeable pour convaincre Paris de tourner la page de l'ostracisme pratiqué par Jacques Chirac à l'encontre de Bachar el-Assad. En contrepartie, HBJ persuade son ami Assad d'ouvrir une ambassade de Syrie au Liban. « C'était une demande française », se rappelle un Syrien proche du régime. Paris avait besoin d'un geste pour faire accepter à l'opinion son brusque revirement vis-à-vis de Damas. L'accueil de M. et Mme Assad en grande pompe aux festivités du

1. C'était l'époque où la Syrie était vue, en Europe et en France en particulier, comme une terre d'investissements.

14 juillet 2008 avait été accueilli avec scepticisme par la presse française.

Malgré ces réserves, Nicolas Sarkozy se rend à Damas en septembre et il obtient que le Hamas livre une preuve de vie de l'otage franco-israélien, Gilad Shalit, qu'il détient dans la bande de Gaza depuis deux ans. La vidéo sera transmise par le biais de Khaled Mechaal, chef du bureau politique abrité par Damas et ami personnel de l'émir du Qatar. Les négociations n'avanceront pas pour autant[1], mais Paris se félicite de ce geste fortement médiatisé. Le nouvel axe Paris-Damas-Doha est prometteur. Il va bientôt compter un quatrième membre : la Turquie.

En septembre 2008, le Premier ministre turc Recep Erdogan se joint au sommet réunissant à Damas les dirigeants syrien, français et qatarien, consacré à la relance des pourparlers de paix israélo-syriens pour laquelle Français et Turcs se disputent les faveurs d'Assad. Afin de faire avancer la paix au Moyen-Orient, l'axe Damas-Paris-Doha-Istanbul devait se substituer à l'ancien, contrôlé par l'Égypte et l'Arabie Saoudite – rivaux du Qatar. Là non plus, rien n'avancera. Mais Assad saura parfaitement instrumentaliser ses courtisans, prêts à faire le chemin de Damas pour exister : la France sarkozyenne, forte de ses prétendues bonnes relations avec Israël, dans un rôle moteur entre l'État hébreu et la Syrie ; et le Qatar pour reléguer au second plan les poids lourds saoudiens et égyptiens et devenir avec la Turquie le nouveau pôle central des sunnites au Moyen-Orient.

---

1. Shalit sera libéré quatre ans plus tard.

C'est cette même ambition qui avait poussé le Qatar à rassembler en mai 2008 à Doha l'ensemble des factions libanaises, en vue d'une réconciliation, après les affrontements qui avaient ensanglanté Beyrouth quelques semaines auparavant. Et là, le succès fut au rendez-vous, non sans que la Syrie, qui disposait encore de puissants alliés au Liban, ait donné son aval. Neuf ans après les accords de Taëf – en Arabie Saoudite – qui avaient mis un terme à la guerre civile libanaise, c'était Doha qui était désormais à la manœuvre au pays du Cèdre. L'Arabie ne pouvait qu'être furieuse, d'autant que quelques mois plus tôt le Qatar avait discrètement encouragé ses amis intégristes palestiniens du Hamas à faire sauter le pacte de Médine de réconciliation entre factions palestiniennes signé sous les auspices de Riyad.

En décembre 2008, la guerre d'Israël contre le Hamas dans la bande de Gaza replace le couple qataro-syrien sur le devant de la scène. L'émir Hamad et Bachar el-Assad soutiennent de façon ouverte les islamistes palestiniens. Estimant que le silence arabe est inacceptable, l'émir convoque un sommet début janvier à Doha. Mais les Saoudiens et les autres pays du Golfe n'y participent pas, refusant d'adouber le Qatar comme parrain des islamistes palestiniens.

Quelques semaines plus tard, l'axe Damas-Doha subit un premier refroidissement lors du sommet économique arabe, qui se tient fin janvier à Koweït. Tout le monde est au rendez-vous, y compris le roi Abdallah d'Arabie Saoudite qui crée la surprise en se réconciliant publiquement avec Bachar el-Assad dans l'espoir de l'écarter de l'influence iranienne[1]. Le vieux monarque sort de la salle des conférences main dans la main avec le raïs syrien et Hosni Moubarak, le président égyptien. Les dirigeants du Qatar sont abasourdis.

— Bachar n'a jamais voulu perdre complètement les Saoudiens, parce qu'il sait que la force du monde sunnite se trouve à Riyad. Il a toujours flirté avec les Qatariens et les Turcs, mais il savait très bien que c'est avec l'Arabie Saoudite que tout se joue, reconnaît un proche du dirigeant syrien.

À partir de là, les relations syro-qatariennes vont se rafraîchir, d'autant qu'Assad se rend à son tour à Djedda et que le monarque saoudien, lui, effectue une visite à Damas. Sur le terrain, les projets de développement en subissent le contrecoup et marquent le pas.

Au printemps 2011, alors qu'Assad affronte ses premières manifestations populaires qu'il réprime violemment, le Qatar lui dépêche à plusieurs reprises le Premier ministre HBJ ou le prince héritier Tamim pour le convaincre de lâcher du lest. Il faudra attendre presque six mois pour que Doha « divorce » d'avec Damas, prenant alors le contrepied systématique de la politique menée par Assad, et soutenant sans états d'âme ses opposants. Le journaliste britannique Robert Fisk (*The Independent*) relate dans un article en date du 28 août 2012 son entretien avec le ministre syrien des Affaires étrangères, Walid Mouallem, à Damas, au cours duquel ce dernier raconte

1. Le président syrien l'avait traité de demi-homme au plus fort de la crise qui suivit l'assassinat de Rafic Hariri.

sa rencontre en novembre 2011 à Doha avec l'émir du Qatar.

— Si vous acceptez l'initiative (arabe), je changerai l'attitude d'Al-Jazeera et je dirai à al-Qaradaoui de soutenir la réconciliation, je mettrai plusieurs milliards de dollars pour la reconstruction de votre pays, a promis Cheikh Hamad au chef de la diplomatie syrienne.

Et Mouallem de s'étonner :

— Alors que j'attendais de rencontrer Cheikh Hamad, j'ai entendu l'émir donner instruction qu'une aide de 150 millions de dollars soit accordée au chef du parti islamiste tunisien Ennahdha, Rached Ghannouchi, qui me précédait chez Hamad.

Pourquoi ce retournement ? Plusieurs explications peuvent être avancées.

L'émir n'aurait pas digéré que Damas ait finalement œuvré contre la réconciliation des frères ennemis libanais sous la houlette de Saad Hariri, qui était devenu Premier ministre en 2009.

Ce premier soufflet infligé aux Qatariens s'est accompagné d'une « déception irréversible » quand l'émir s'est rendu compte que toutes les promesses de Bachar restaient lettre morte et qu'il mentait autant à sa « famille qatarienne » qu'à tous les autres médiateurs. Dans ce pays de la parole donnée, le non-respect des promesses laisse des traces indélébiles. L'émir s'est senti trahi dans la confiance politique et financière qu'il avait placée en Bachar.

Contrairement à ce qui est souvent avancé, la motivation anti-iranienne de l'engagement du Qatar en Syrie ne semble pas le principal moteur de l'action de Doha. La fracture sunnite-chiite paraît moins déterminante pour le Qatar que pour les autres pays du Golfe, notamment l'Arabie Saoudite. Le Qatar, même s'il est fièrement sunnite et wahhabite, n'a pas hésité une seconde à soutenir le Hezbollah en 2006 et jusqu'à la veille de la crise syrienne. Il s'est engagé mollement à Bahreïn lors de l'intervention armée du Bouclier de la péninsule Arabique pour mater la révolte. L'émir a même été jusqu'à tenter une médiation, vite avortée, par l'Irakien Moqtada Sadr interposé, pour calmer le jeu à Bahreïn. C'est dire combien la politique du Qatar est avant tout déterminée par le pragmatisme et une faculté extraordinaire de Cheikh Hamad à saisir toutes les balles au bond.

— Pour autant, affirme un diplomate français à Doha, l'émir doit sans cesse naviguer dans sa prise de décision entre sa forte intuition en politique étrangère et ses impératifs domestiques, qui l'obligent à composer avec la frange la plus wahhabite de sa population, laquelle aimerait le voir se ranger du côté des groupes radicaux sunnites en Syrie.

Une diplomatie de combat

Dès la rupture consommée avec Bachar el-Assad, le Qatar n'a ménagé aucun effort pour intervenir sur tous les plans. Doha a d'abord œuvré pour amener la Ligue arabe à se positionner contre le régime de Damas.

Pas moins de vingt réunions ont été organisées en douze mois au siège de la Ligue au Caire. Le Premier ministre qatarien Hamad Bin Jassem a été choisi président du Comité des ministres arabes des Affaires étrangères sur le dossier syrien.

Après l'échec des médiations arabes, le Qatar et l'Arabie Saoudite ont voulu jouer un rôle capital. À partir de là, les chaînes de télévision, Al-Jazeera côté qatarien et Al-Arabiya pour les Saoudiens, se sont mobilisées à fond contre le régime syrien.

Dès qu'une délégation arabe présentait des objections sur la stratégie de la Ligue vis-à-vis de la question syrienne, les pays du Conseil de coopération du Golfe montaient au créneau. Pas forcément le Qatar ou l'Arabie. « Les Émiriens, par exemple, appelaient directement le président algérien Bouteflika », se souvient un diplomate au Caire.

Mais la puissance motrice était bel et bien le Qatar. Au siège de la Ligue au Caire, certains accusent HBJ d'avoir « acheté » Nabil al-Arabi, son secrétaire général. Il y a eu quatorze réunions ministérielles arabes à Doha et non pas au Caire, se plaignent-ils. Mais on verra plus loin que les Qatariens savent parfaitement recevoir leurs hôtes ! Des diplomates pestent : « Le siège de la Ligue c'est le Caire, pas Doha ! » Nabil al-Arabi leur répond que « le Qatar préside la session et que, HBJ ayant à un moment donné subi une opération chirurgicale, il est plus pratique d'être à Doha ».

Quand il s'est agi d'exclure la Syrie de la Ligue, trois pays ont émis des réserves : l'Irak, l'Algérie et le Liban. Qaïs al-Azzawi, l'ambassadeur d'Irak auprès de l'organisation panarabe, raconte :

— J'ai essayé de mobiliser des pays contre cette exclusion. J'ai fait du lobbying. J'ai contacté les représentants du Yémen, de l'Égypte, du Soudan et de la Tunisie. Tous m'ont dit qu'ils étaient contre l'exclusion. Or, à l'instant du vote, tous ont finalement soutenu l'éviction de la Syrie ! Vous savez, les Qatariens aident beaucoup la Tunisie, l'Égypte et le Soudan. Je pense qu'on peut parler d'une forme de « chantage » du Qatar vis-à-vis de ces pays pour les rallier à ses positions. Il y a aujourd'hui un malaise vis-à-vis du Qatar parmi les diplomates arabes de la Ligue. Les Qatariens sont jugés trop arrogants.

Lakhdar Brahimi, l'émissaire des Nations unies et de la Ligue arabe pour la Syrie, l'a constaté le 13 septembre 2012 lorsqu'il a fait escale au Caire avant de se rendre à Damas pour discuter avec Bachar el-Assad. Peu après son arrivée en Égypte, HBJ l'a convoqué dans sa suite de l'hôtel Four Seasons où il est descendu. « S'il veut me voir, il n'a qu'à venir à mon hôtel », a répondu le diplomate algérien. Finalement, HBJ s'est déplacé pour une rencontre à trois, avec al-Arabi chez Brahimi. Mais ce dernier a dit « non » aux exigences de son hôte qatarien qui voulait ne lui donner que quelques semaines pour remplir sa mission. Faute de quoi « les pays européens voudront mettre sur pied une zone d'exclusion aérienne », lui aurait lancé HBJ, alors que ceux-ci n'en ont jamais vraiment eu la volonté. « Je ne travaille pas comme ça », a rétorqué Brahimi au grand manitou de Doha. « Je suis l'envoyé personnel du Secrétaire général de l'ONU, je ne veux pas qu'on me fixe des limites », expliqua le vieux briscard de la diplomatie algérienne[1].

1. Entretien avec un proche de l'envoyé spécial de l'ONU, Paris, 10 octobre 2012.

En parallèle à son forcing auprès de la Ligue arabe, le Qatar a pris toute sa part dans la coordination avec la communauté internationale (aux Nations unies ou auprès du Groupe des amis de la Syrie), en soutenant l'opposition syrienne par tous les moyens : mobilisation des artistes, soutien institutionnel, financier et politique au Conseil national syrien, captation à Doha du maximum des déserteurs, préparation d'un document pour une « autorité de transition », mobilisation financière des hommes d'affaires syriens. Bref, « tout est entrepris pour que Doha soit considérée comme la capitale de l'opposition, où l'avenir de la Syrie est pensé et préparé », affirme un télégramme diplomatique de l'ambassade de France au Qatar[1].

Comme en Libye, un homme a joué un rôle important dans cette mobilisation : Azmi Bishara, ancien député arabe israélien expulsé de l'État hébreu pour ses contacts avec le Hezbollah et récupéré par Doha, où il dirige un centre de recherches. Mais en Syrie, son implication auprès des opposants date surtout du début de la crise. Ensuite, Bishara, un proche de Tamim, dut battre en retraite devant HBJ, qui prit en main le dossier.

C'est donc avec un volontarisme évident que les Qatariens ont mené cette diplomatie de combat. Pourtant, et comme souvent au Qatar, ajoute le télégramme diplomatique précité, « Doha a longtemps gardé deux fers au feu, en appliquant sans enthousiasme les sanctions qu'il avait pourtant

1. « Le Qatar et la Syrie : histoire d'un désamour. Réflexions sur l'engagement qatarien dans la crise syriennne. » 11 octobre 2012.

réclamées contre le régime de Damas. Il a fermé les yeux sur les tractations financières plus ou moins douteuses de certains membres de la famille régnante, très engagés en Syrie. Ainsi une banque qatarienne ayant pignon sur rue – la Qatar national Bank – n'a-t-elle arrêté de travailler avec Damas que sur injonction américaine adressée à la banque centrale qatarienne (et encore en gardant ouvertes quelques agences). De la même manière, certaines sources laissent entendre que les biens de Bachar et de la famille Makhlouf au Qatar ne seraient toujours pas mis sous séquestre ».

L'appel aux armes

Sur le plan militaire, le Qatar a été le premier à brandir la menace d'une intervention armée. L'émir a très tôt parlé de « troupes arabes » à la chaîne américaine CBS. Le Premier ministre lui a emboîté le pas et a précisé sa pensée, en demandant le déploiement de troupes de maintien de la paix. Les dirigeants qatariens n'ont eu de cesse de plaider pour le recours au chapitre VII de la charte des Nations unies, prévoyant l'usage de la force, dans toutes les enceintes internationales, persuadés que Bachar ne pouvait céder qu'à la force.

Soucieux dans un premier temps d'éviter d'être taxé de va-t-en-guerre, Doha a hésité à armer l'opposition. Les Qatariens ne voulaient pas être de nouveau soumis à l'opprobre après les critiques acerbes dont ils avaient fait l'objet en Libye, et être accusés de soutenir les islamistes et al-Qaida.

Il aura fallu l'échec de la mission Annan et la succession de massacres de civils sans intervention de la communauté internationale pour que le Qatar se décide à armer l'opposition sur le terrain à la veille de l'été 2012.

Les forces armées qatariennes sont alors discrètement entrées en action en parallèle à l'action diplomatique. « Des détachements des forces spéciales auraient été déployés aux frontières turque et jordanienne de la Syrie, peut-on lire dans le télégramme. Malgré leurs tentatives répétées, les Qatariens n'auraient cependant pas pu entrer en Syrie. »

Pas sûr : dès le mois de septembre, des responsables onusiens présents en Syrie affirmaient que des forces spéciales du Qatar étaient bel et bien sur place. Un membre de la famille régnante nous a confirmé l'information.

Ayant apparemment tiré la leçon de la Libye, les Qatariens assuraient aux ambassadeurs à Doha « sélectionner soigneusement » les destinataires des armes pour éviter leur dissémination ou leur confiscation par des éléments dangereux. Devant un diplomate français, le Premier ministre HBJ a reconnu « des erreurs commises en Libye ». Sous-entendu : on promet de ne pas recommencer.

Sur le terrain, la promesse semble une fois de plus être restée lettre morte. À partir du milieu de l'été 2012, les Qatariens ont activement participé au travail de la « *war room* » mise sur pied à Adana en Turquie avec le soutien des Saoudiens. Cette « salle des opérations » a permis aux Turcs de superviser le flot des armes essentiellement légères – Kalachnikov et quelques roquettes antichars ou antiaériennes – que les rebelles se procuraient au marché noir grâce à l'argent que des émissaires saoudiens, libanais ou qatariens leur apportaient.

Mais dès la fin du mois d'août, des dissensions sont apparues entre Qatariens et Saoudiens. Les Frères musulmans, soutenus par le Qatar et la Turquie, voulaient contrôler la filière d'acheminement des armes aux rebelles, afin de renforcer leur influence sur le terrain. Ce qui a provoqué la colère des Saoudiens. Pendant quelques semaines ensuite, chacun des parrains de la rébellion agira en solo, n'aidant que ses partisans sur le terrain – le Qatar surtout les Frères musulmans, les Saoudiens surtout les salafistes. Les autres – les militaires qui ont fait défection – se sont retrouvés au pain sec. « Veut-on faire de la Syrie un nouvel Afghanistan ? » se demandaient alors certains opposants hostiles aux islamistes.

Mais en Syrie, comme en Libye, les porteurs de valises qatariens ne reculent devant aucune ficelle. « Lorsqu'un chef d'un groupe armé qui a cinquante ou cent hommes sous ses ordres refuse de travailler avec l'émissaire du Qatar qui vient le voir, celui-ci prend contact avec son adjoint et lui propose une importante somme d'argent. En général, le numéro deux accepte, il fait scission et crée son propre groupe, ce qui renforce l'émiettement de l'insurrection[1]. »

Où sont les promesses de HBJ ? Comme en Libye un an plus tôt, le jeu trouble du Qatar continue.

En parallèle, les Qatariens veulent acquérir des armes auprès de leurs partenaires occidentaux

1. Entretien avec un expert étranger. Damas, le 26 septembre 2012.

pour les livrer aux rebelles. À qui vont-ils s'adresser ? À leurs amis français.

Au cours d'une rencontre entre François Hollande et HBJ à l'automne 2012, le président de la République aurait confirmé les opérations clandestines engagées entre les services français et qatariens en appui à l'opposition syrienne.

Au ministère de la Défense, on a pris acte de la demande qatarienne de fournir du matériel de transmissions – appareils de vision nocturne et radios – pour les insurgés. Paris a déstocké des centaines de pièces. Soucieux de pouvoir écouter les conversations des rebelles, les techniciens français ont reconfiguré les appareils radio réclamés par nos amis qatariens. Tout cela a bien sûr coûté de l'argent : environ 14 millions d'euros, selon un membre de l'état-major. Peu importe, il s'agit d'aider les combattants de la liberté syriens. Problème : lorsque la marchandise a été prête, les Qatariens n'ont plus voulu payer la facture. Mi-janvier 2013, au ministère de la Défense, nombreux sont les militaires à l'avoir mauvaise contre Doha. Que faire ? « C'est tout le problème, soupire l'un d'eux. Vous savez, on ne peut rien refuser au Qatar ! »

Un pari risqué

L'émir est obsédé par la Syrie.

— C'est aujourd'hui un combat personnel, Hamad contre Assad, l'un d'eux partira. Et l'émir sait que si Bachar survit, il le lui fera payer, c'est pourquoi il mobilise toute cette énergie pour le faire tomber, assure un de ses lointains cousins.

En s'engageant autant en Syrie, Cheikh Hamad a fait un pari sur l'avenir. Après la Libye, il veut continuer d'apparaître comme un acteur majeur de la communauté internationale, au moins sur les dossiers du Moyen-Orient. Mais dans le même temps, il prend de gros risques.

Si la tragédie syrienne aboutit dans un temps assez rapproché à la chute du régime, si celle-ci donne lieu à une transition maîtrisée, évitant les dérives d'un islamisme radical et le chaos des affrontements communautaires, l'émirat sera alors bien placé pour jouer un rôle dans la reconstruction du pays, à laquelle ses immenses ressources financières lui permettront d'apporter une part considérable et économiquement profitable.

Sur le plan politique, le Qatar pourrait alors se prévaloir de n'avoir jamais cessé de soutenir la révolution et d'avoir refusé de s'accommoder de la tragédie subie par le peuple syrien. C'est la thèse défendue par le Premier ministre et l'émir lui-même. Ils ont décidé d'intervenir en Syrie, sans considération pour les états d'âme de leur population de souche, liée de longue date à ce pays par des mariages mixtes, des séjours de chasse de la famille régnante et des intérêts financiers, on l'a vu.

Mais au-delà de cet aspect qui ne constitue pas une préoccupation pour un pouvoir absolu, les risques pris sont beaucoup plus importants que dans le cas libyen, le Qatar n'étant pas à l'abri d'actions violentes de la part d'un régime poussé dans ses retranchements.

Outre la Syrie, d'autres pays ont intérêt à se venger. L'Irak par exemple. Bagdad détiendrait des preuves que ses voisins qatariens alimentent en argent les terroristes du groupe Jabhat al-Nosra, émanation syrienne d'al-Qaida en Irak, placé en décembre 2012 par les États-Unis sur la liste des organisations terroristes[1]. C'est en substance les critiques voilées du prince héritier Tamim, plus prudent, mais qui n'a pas la main sur le dossier.

D'autre part, « si la crise dure et surtout si le conflit s'enlise, il n'est pas exclu que les équilibres internes au Qatar en soient ébranlés. En effet, la lutte feutrée entre un Premier ministre – à la manœuvre sur la Syrie – et un prince héritier – engagé différemment sur ce dossier – pourrait s'en trouver affectée », prévient un diplomate européen à Doha.

Le premier scénario est loin en effet d'être certain. Dans le cas de l'enlisement, le Qatar se verra reprocher de n'avoir pas su influer sur le cours des choses. Il sera aisé de se gausser de ce petit pays qui n'aura jamais brandi qu'un sabre de bois.

Dans le cas de la radicalisation islamiste, il sera un bouc émissaire facile pour ceux qui l'accuseront d'avoir favorisé cette dérive par son soutien indiscriminé à tous les opposants.

Dans le cas du chaos marqué par la multiplication des groupes armés incontrôlés, son plaidoyer en faveur de l'armement de l'opposition et son action en ce sens pourront lui être reprochés comme ayant favorisé la dissémination des armes en de multiples mains non fiables. Dans tous les cas, il s'expose à la jalousie de nombre de ses partenaires arabes qui vivent mal l'émergence

1. Entretien avec un diplomate irakien, Paris, janvier 2013.

politique de ce petit pays comme un acteur régional majeur.

Bref, pour le Qatar, l'engagement en faveur de la révolution syrienne est lourd d'incertitudes. L'émir en est conscient. Mais on peut penser que dans le contexte syrien marqué par un haut degré d'imprévisibilité, il souhaite s'en tenir à deux principes qui guident son action depuis le début des révolutions arabes : être du bon côté de l'Histoire et ne pas apparaître complice d'un régime dont la violence contre sa propre population révolte la majorité de l'opinion arabe. C'est là affaire peut-être de morale. C'est aussi naturellement affaire d'intérêts. Et tant pis si l'on prend des risques : « Quand on veut jouer dans la cour des grands, on prend des claques de grand », confie-t-on au diwan.

Mais une fois de plus, « vu de Doha, l'action des Qatariens relève de décisions prises à l'intuition par une poignée d'hommes sinon par le seul émir. Le pouvoir ne semble pas planifier sur le long terme et agit dans le seul feu de l'action, ce qui constitue sa faiblesse », conclut le télégramme diplomatique français.

10

La French Qatari Connection

« Au secours, on vole le palais de l'émir ! » L'alerte est lancée en plein été par l'Élysée. Mi-août 2009, la somptueuse résidence de Cheikh Hamad à Mouans-Sartoux, sur les hauteurs de Cannes, est cambriolée. À Paris, le « Château » s'alarme. « Il faut mettre tous les moyens nécessaires pour retrouver les voleurs ! » insistent les conseillers de Nicolas Sarkozy auprès des autorités locales, gendarmerie en tête, qui est priée de s'activer. Cette propriété, Hamad l'avait acquise quelques années auparavant dans un quartier de résidences grand standing près de Mougins.

On a longtemps soupçonné un employé de maison de l'émir, originaire d'un pays asiatique, d'avoir voulu se payer sur la bête, histoire de compenser un maigre salaire par un vol de quelques pièces de mobilier de valeur. Bref, plus de peur que de mal…

Mais l'affaire illustre une nouvelle réalité : en France, tout ce qui touche à l'émir du Qatar est sacré ! Et pour cause : depuis l'élection de Nicolas Sarkozy en mai 2007, Doha et Paris vivent une véritable lune de miel.

L'émir est le premier dirigeant arabe à avoir été reçu par le nouveau président français. On verra pourquoi plus loin. Et jamais la relation n'aura été aussi intense sur les plans politique et diplomatique. Sans compter une relation quasi fusionnelle sur le plan humain entre le président et le sulfureux HBJ, le Premier ministre qui, on l'a vu, a acquis un hôtel particulier à deux pas de l'Élysée.

Cette proximité rejaillira sur les ministres qui effectueront quantité de déplacements à Doha entre 2008 et 2012. Chaque fois, l'ambassadeur de France doit les accompagner chez l'émir. Gilles Bonnaud effectuera ainsi pas moins de quarante-huit visites au diwan de Cheikh Hamad entre 2008 et 2011. On frisait parfois l'hystérie. « Certains en avaient perdu le sens commun », raconte un témoin de l'époque.

À Paris, Mohamed Kuwari, de loin le plus actif des ambassadeurs arabes dans la capitale, multiplie les dîners où se mêlent le Tout-Paris politique, la fine fleur de la finance et de l'industrie, intellectuels et journalistes ! Bref, le Qatar est un must sur les agendas. Dans ces réceptions, des épouses d'hommes politiques se lâchent parfois, faisant, sans vergogne, des appels du pied aux diplomates de l'émirat.

Le public français découvrira cette langue de terre au moment de la libération des infirmières bulgares détenues par le colonel Kadhafi le 24 juillet 2007[1], mais la relation entre Paris et Doha remonte à bien plus loin…

1. Cinq infirmières bulgares et un médecin d'origine palestinienne furent accusés de plusieurs crimes par les autorités libyennes, dont la contamination par le VIH d'au moins 393 enfants. Elles furent extradées vers la Bulgarie le 24 juillet 2007 au terme d'une longue procédure diplomatico-judiciaire.

Une relation stratégique au-delà des alternances politiques

Nouée il y a quarante ans, la relation franco-qatarienne a traversé les changements de pouvoir et les préférences politiques. Dès son indépendance en 1971, le Qatar a cherché à garantir celle-ci vis-à-vis de ses voisins saoudiens et émiriens. Sans rompre avec l'indispensable puissance américaine ni avec l'inévitable influence britannique, Doha s'est alors doté de nouvelles alliances. En nouant un partenariat avec le Qatar, la France, de son côté, a cherché à renforcer ses positions dans la région du Golfe, dont l'importance allait croissant, notamment pour la sécurité de ses approvisionnements énergétiques. Pour les deux pays, cette relation revêtait donc un caractère stratégique.

— C'est Pompidou qui a ouvert les relations en disant au Qatar que nous avions une politique arabe et que, par conséquent, nous devions être présents dans cette zone anglo-saxonne, insiste un ancien ambassadeur de France à Doha. Après, c'est sous Giscard qu'on a eu les premiers contrats. Sous Mitterrand, nous avons fait la guerre du Golfe. Avec Chirac, les relations étaient très bonnes. Quant à Dominique de Villepin, il est membre du conseil d'administration de la Qatar Museum Authority.

Si ce partenariat se développe sur la base d'intérêts mutuels bien compris, il s'est aussi nourri d'un élément affectif fondé sur le goût des élites qatariennes pour l'Hexagone et la connaissance qu'ils en ont acquis au fil de leurs séjours ou de leurs acquisitions immobilières.

En 1994, le ministre français de la Défense François Léotard a officialisé ces bonnes relations en signant un accord de défense avec le Qatar, dont près des trois quarts de l'équipement militaire sont d'origine française. Entre Khalifa, le père de l'actuel émir, et Léo, le courant était très bien passé.

— François Léotard a d'entrée de jeu dit à l'émir, se souvient un diplomate : « Vous savez, je connais l'arabe. J'ai été coopérant à Beyrouth. » Et il a commencé à lui réciter le *Je vous salue Marie* en arabe. L'émir l'a interrompu et emmené contempler une photo de lui, jeune, en train de monter un pur-sang à cru. François Léotard avait su briser la glace.

Et un contrat pour la livraison de douze Mirage avait conclu cette visite fort réussie.

Depuis, les relations entre les forces armées des deux pays sont très nourries dans les domaines de l'information, du renseignement et de l'entraînement. Elles ont atteint, on l'a vu, un nouveau stade lors de l'engagement des forces qatariennes au côté des troupes françaises lors des opérations de Libye en 2011.

Bref, comme le signale l'ambassadeur de France à Doha Jean-Christophe Peaucelle dans un télégramme diplomatique en date du 25 mai 2012[1]. « La concertation politique régulière a atteint un niveau inégalé au cours des dernières années (libération des infirmières bulgares, recherche d'une solution politique au Liban, médiation au Darfour) et tout spécialement depuis l'année dernière à la faveur des révolutions arabes. »

---

1. « La France et le Qatar à l'aube du nouveau quinquennat. »

Le Qatar derrière la libération des infirmières bulgares

Avant son élection à la présidence de la République en 2007, Nicolas Sarkozy connaissait peu le Qatar. Même s'il avait visité l'émirat en tant que ministre de l'Intérieur, il n'y avait pas développé de liens particuliers. C'est son très discret secrétaire général de l'Élysée, Claude Guéant, qui jouera les missi dominici entre Paris et Doha, où il se rendra à partir de 2007, le plus souvent dans un avion privé accompagné du courtier Babacar Madani[1].

À Doha, jusque-là, on pariait plutôt sur l'ennemi juré de Sarko à droite, le très flamboyant ministre des Affaires étrangères Dominique de Villepin, ami de la famille, et régulièrement invité à participer au Doha Forum annuel. Mais à partir de 2006, un duo de diplomate et d'industriel a convaincu l'émir et HBJ que Nicolas Sarkozy était le meilleur candidat de la droite en 2007.

Trois semaines après l'élection présidentielle, l'achat de quatre-vingts Airbus A-350 par Doha pour un montant de 16 milliards de dollars rapproche le nouveau locataire de l'Élysée des dirigeants qatariens. L'affaire n'était pas gagnée d'avance. En effet, HBJ, le Premier ministre, préférait acquérir des Boeing auprès des Américains. Mais au bout du compte l'émir, sous d'aimables pressions de certains de ses amis français, a décidé d'acheter les Airbus, en réclamant une contrepartie formelle : être le premier chef d'État arabe reçu par Nicolas Sarkozy après l'élection

1. Entretien avec un diplomate, Paris, octobre 2012.

présidentielle française. Le 30 mai, l'émir et HBJ déjeunent donc à l'Élysée, qui, dans un communiqué officiel, se félicite de la prochaine signature, le 3 juin à Doha, d'un contrat entre le Qatar et la société EADS relatif à la couverture radar du territoire qatarien. Les deux dirigeants ont par ailleurs « approfondi leur concertation politique et confronté leurs analyses sur la Syrie et l'Iran », ajoute le communiqué.

Puis survient la douloureuse affaire des infirmières bulgares. Flanqué de Claude Guéant, Cécilia, l'épouse du président, part pour Tripoli. En vain. Guéant appelle ses contacts industriels à Paris. Il se plaint que « Kadhafi ne veut rien entendre[1] ». L'un d'eux lui suggère de solliciter « leur nouveau copain », l'émir du Qatar, qui a ses entrées partout.

— Personne ne pourra négocier avec Kadhafi, ajoute cet interlocuteur, qui connaît bien les dirigeants qatariens. Mais si le président appelle l'émir, lui saura traiter avec Kadhafi. Et les Qatariens, qui adorent jouer les médiateurs dans les crises, seront très contents de nous aider.

Après avoir eu Nicolas Sarkozy au téléphone, Cheikh Hamad charge son vibrionnant Premier ministre Hamad Bin Jassem de « régler le problème ». HBJ passera une nuit entière à négocier avec les Libyens. L'Union européenne, de son côté, était déjà en pourparlers bien avancés avec Kadhafi, mais l'administration de Bruxelles ne parvenait pas à lever dans les délais impartis les sommes nécessaires à l'indemnisation des vic-

1. Entretien avec l'un de ces industriels contactés par Claude Guéant.

times libyennes. Doha avancera donc l'argent promis à Tripoli par l'Union européenne en échange de la libération des infirmières bulgares[1].

« C'est le gouverneur de la banque centrale qatarienne, Saud bin Abdel Rahman, qui est parti en avion privé régler Kadhafi », assure un industriel familier du Qatar. À combien se monte la rançon ? On évoque le chiffre de 450 millions d'euros.

Mais l'argent n'est qu'un des piliers d'un deal à trois bandes, dont la philosophie peut être résumée ainsi : le Qatar paie la facture à la Libye du colonel Kadhafi ; ce dernier promet en échange de conclure avec la France un certain nombre de contrats (aéronautique, nucléaire...) ; enfin, Paris facilitera les investissements du Qatar dans l'Hexagone, grâce à la convention fiscale exonérant les plus-values et en lui permettant d'entrer au capital d'entreprises qui intéressent Doha. Sur le plan diplomatique, le Qatar aidera également la France sur des dossiers comme celui qui vise au rapprochement entre la Syrie et Israël, en jouant de son influence auprès de son allié Bachar el-Assad, ou celui qui tente d'isoler l'Iran, véritable obsession du chef de l'État français.

Dans la réalité, cette « relation très forte » entre Paris et Doha se traduit par des déplacements très fréquents de HBJ à Paris, sans que le Quai d'Orsay soit mis dans la boucle. Au cours de l'un d'eux, le Premier ministre qatarien a reçu l'un des auteurs de ce livre dans son hôtel particulier de la rue de Courcelles.

1. *L'Express*, 24 juillet 2007. « Les infirmières bulgares peuvent remercier le Qatar ».

Banques, nucléaire et PSG

En 2008, alors que la crise bancaire affecte les établissements français, Claude Guéant s'inquiète de la mauvaise santé de la BNP. Il charge un de ses amis d'organiser une rencontre entre son P-DG, Michel Pébereau, et HBJ. Mais la réunion ne se passe pas très bien. Pébereau se serait montré volontiers « arrogant » face à HBJ. À sa sortie, celui-ci lâche : « Ce sont des Martiens, jamais on n'aidera la BNP. » Peu après, HBJ ira secourir la banque Barclays et le Crédit suisse.

En France, cette dernière banque est dirigée, à l'époque, par François Roussely, ancien haut fonctionnaire et prédécesseur de Claude Guéant à la tête de la Police nationale, avant d'être chargé par le gouvernement Fillon d'un rapport sur l'avenir du nucléaire français. Il sera un pion très utile aux Qatariens pour tenter d'entrer au capital d'Areva, avec le concours de l'Élysée, alors en froid avec Anne Lauvergeon, la patronne du groupe nucléaire français.

En 2009, les services de Nicolas Sarkozy annoncent le processus d'ouverture du capital d'Areva, et choisissent peu après, sans consulter Anne Lauvergeon, le Koweït et Qatar comme nouveaux actionnaires du groupe. Après avoir stoppé le processus, François Roussely annonce en 2010 que le Qatar ne veut plus monter au capital d'Areva, mais que l'émirat souhaite en fait s'approprier sa division « Mines ». Ce à quoi Mme Lauvergeon s'opposera catégoriquement, estimant qu'il s'agissait d'une activité stratégique que le groupe français ne pouvait pas laisser filer entre des mains étrangères.

— HBJ et Sarko voulaient casser Areva, commente un industriel qui rappelle le contexte. À l'époque, Areva se battait contre EDF, dont le président Henri Proglio est un ami de Nicolas Sarkozy. « Il s'est passé quelque chose entre François Roussely et le Qatar », jure-t-on chez Areva, qui dénonce un conflit d'intérêts entre le président d'une banque dont un des actionnaires est précisément le Qatar, et Areva.

Il aura fallu une intervention conjointe du Premier ministre François Fillon et de la ministre de l'Économie Christine Lagarde pour empêcher in extremis l'arrivée du Qatar fin 2010 dans le capital du fleuron français du nucléaire !

Si en cette fin 2010, HBJ a raté son entrée dans Areva, les dirigeants qatariens se consolent avec leur victoire dans la course à l'attribution de la Coupe du monde 2022. Et là encore, nous sommes sur le terrain décidément très fertile des échanges de bons procédés franco-qatariens !

Certes, il y a eu l'*ikramiyah* (c'est-à-dire le don bédouin) versé à Zidane et probablement à certains membres de la FIFA, mais cela ne suffisait pas. Au sein de la FIFA, Doha devait récolter le maximum de votes, auprès notamment des pays africains. Et sur ces terres d'influence traditionnelle de la France, le président Sarkozy a été utile au Qatar, en poussant ses homologues du continent noir à voter pour Doha[1].

---

1. Selon *France-Football* du 29 janvier 2013, la désignation du Qatar par la FIFA est entachée de « corruption » et de « compromission ». L'hebdomadaire produit un mail de Jérôme Valcke, secrétaire général de la FIFA : « Ils ont acheté le Mondial 2022. »

Mais l'affaire avait d'autres ramifications, footballistiques, qui nous conduisent au Paris Saint-Germain, que Doha rachète en juin 2011. Quelques années auparavant, en 2008, lorsque le club de foot de la capitale est passé dans le giron du fonds d'investissement Colony, Jassem, un frère de Tamim, s'est laissé convaincre par un intermédiaire français et s'est montré intéressé par le PSG. Le prince héritier a alors appelé un de ses partenaires à Paris : « Que penses-tu du PSG ? – C'est la pire des affaires, lui a répondu ce dernier. Il y a plein de supporters racistes dans les tribunes ! » Tamim a freiné les ambitions de son frère... Pourtant, au cours des années qui vont suivre, l'Élysée souhaite toujours que le Qatar regarde en direction du PSG. Mais le dossier traîne. Après l'attribution de la Coupe du monde au Qatar, Nicolas Sarkozy convoque quelques amis du Qatar à l'Élysée.

— On leur a eu la Coupe du monde, j'attends qu'ils reprennent le PSG, nous a dit Sarko, se souvient un des participants à la réunion. « Il faut que les négociations aboutissent », a ajouté Nicolas Sarkozy.

Entre le président français et le Premier ministre qatarien, le courant est vite passé : même sens de l'opportunité, même absence de complexes face à l'argent et même quête de coups politiques.

Un visiteur régulier de HBJ raconte :

— HBJ appelait directement l'Élysée s'il voulait quelque chose. Et dans l'autre sens, ça fonctionnait de même. Si les Français avaient besoin d'une aide, ils appelaient les Qatariens.

« C'était en effet très personnalisé entre HBJ et

Sarkozy », confirme un diplomate[1]. Quitte parfois à ce que l'émir rabroue son Premier ministre.

Au cours de ces années, Carla Bruni Sarkozy sera amenée elle aussi à aider le Qatar. À l'automne 2009, la première dame a été invitée à inaugurer un centre médical à Doha. Les autorités qatariennes l'auraient largement remerciée pour sa venue, qui allait faire couler beaucoup d'encre à Doha mais également au Quai d'Orsay, nous y reviendrons plus loin… Après sa défaite en 2012, Nicolas Sarkozy n'a pas coupé les ponts avec le Qatar, où il s'est rendu à deux reprises, à l'automne 2012. Selon nos informations, l'ancien président de la République, devenu avocat d'affaires, travaille à l'acquisition par Doha de la filiale marocaine de Vivendi. Le Qatar a fait une offre d'achat. Mais le roi Mohammed VI est réticent, craignant les liens entre le Qatar et les islamistes.

Rachida Dati s'entiche du Qatar…

Que s'est-il passé entre Rachida Dati et le Qatar ? Plus de cinq ans après sa première visite à Doha, personne, parmi les diplomates ou expatriés présents sur place à l'époque, n'est encore en mesure de répondre avec précision. « Mais il s'est passé quelque chose, c'est sûr », se souvient un témoin des fréquents séjours de la ministre de la Justice, qui va s'enticher de ce bout de désert à plus de six mille kilomètres de Paris, au point

1. Sollicités, Nicolas Sarkozy, Claude Guéant et Jean-David Lévitte, le conseiller diplomatique de l'ancien chef de l'État, n'ont pas souhaité répondre à nos questions.

d'y venir quasiment toutes les semaines pendant quelques mois.

Tout commence en janvier 2008 lorsque Rachida Dati participe à une conférence régionale sur la justice dans le monde arabe. Réunion sans autre intérêt que de faire se rencontrer les acteurs arabes du monde de la justice. Elle s'y rend donc sans enthousiasme. Miracle ! Rachida est accueillie comme une princesse par le procureur général du Qatar, Ali bin Fetais al-Marri, jeune homme dynamique et excellent francophone, après ses années d'études à Clermont-Ferrand, Paris et Grenoble. Un vrai francophile qui s'est un peu approprié la relation judiciaire avec Paris. À cette époque, la coopération se résumait à un échange de lettres de bonnes intentions entre l'ancien garde des Sceaux Dominique Perben et son homologue qatarien.

— Rachida est couverte de cadeaux, se remémore notre témoin, il se passe quelque chose.

Enchantée, la ministre de la Justice repart de Doha pleine d'idées. Elle propose que la conférence ne se réunisse plus tous les cinq ans, mais chaque année ! Sans consulter les autres pays arabes, un secrétariat franco-qatarien de ladite conférence est institué chez le procureur général par un échange de lettres entre Français et Qatariens ! Mme Dati et son partenaire al-Marri ne s'arrêtent pas là : un poste de magistrat de liaison est créé à Doha[1]. Dans la foulée, Rachida veut une école régionale de la magistrature, toujours à Doha bien sûr. Bref, « tout ce qu'al-Marri lui demande, elle le lui donne. Il se sent dans la toute-

1. La France en avait déjà un basé à Amman pour l'ensemble du Moyen-Orient.

puissance avec elle, et elle se sent très heureuse de toutes ses gratifications », se rappelle notre témoin.

Et devinez qui arrive au secrétariat régional de la conférence ? La sœur de Rachida, Najat Dati, qui s'installe dans un bureau du procureur général. L'ambassade de France ignore si elle est juriste. Tout comme d'ailleurs les autres pays arabes, court-circuités eux aussi, puisque c'est le Qatar qui paie.

Le magistrat de liaison français est prié de ne pas poser ses bagages chez le procureur, contrairement à ce que stipule pourtant sa fiche de poste délivrée par les autorités françaises. Il gênerait sans doute Mme Dati sœur. « Je vous souhaite bon courage, vous allez voir les inepties de Rachida Dati », lui murmure avant son départ Patrick Ouart, conseiller justice de Nicolas Sarkozy.

Gilles Bonnaud, le nouvel ambassadeur de France, est au bord de la crise de nerfs. Pensez-donc ! Antoine Sivan, son prédécesseur, a laissé son épouse sur place. Or celle-ci est l'une des meilleures amies de Rachida, laquelle récupérera ensuite son mari comme conseiller diplomatique lorsque celui-ci quittera le Qatar !

À Doha, Mme Sivan est hébergée dans une villa de M. al-Marri. Qui plus est, Mme l'ambassadrice continue à circuler avec la voiture du nouvel ambassadeur. Il faudra une intervention un peu musclée de Paris pour lui faire comprendre qu'elle ne peut plus faire de l'ombre à Gilles Bonnaud. « Elle laissa un chat crevé dans la résidence de ce dernier », se souvient un expatrié. Évidemment tout cela se sait dans le microcosme de Doha. Belle image de la France à l'étranger…

Pendant ce temps, Rachida débarquait presque tous les week-ends à Doha. Et dans son sillage se faufilaient son père, un frère, et sa sœur que certains diplomates croisaient dans les ascenseurs d'hôtels de Doha. Ça jasait dans la communauté française !

La garde des Sceaux ignore superbement son homologue qatarien, ainsi que le président du Conseil de la magistrature et le directeur de l'École de la magistrature. Tous vont découvrir en lisant la presse locale que Mme Dati et M. al-Marri s'apprêtent à réformer la justice et que de l'ordre va être mis dans la boutique !

Certes, il y a du pain sur la planche. « Dans un souci d'équilibre, la justice au Qatar est répartie entre quatre tribus qui s'observent et se jalousent », résume un juriste étranger.

Rapidement, l'incohérence des projets du couple Dati al-Marri éclate au grand jour. En son nom, des missi dominici français démarchent les pays arabes. Au Caire, la réponse est cinglante :

— Vous voyez la tour en face ? Nous, on met tout le Qatar dans deux tours comme celle-ci. Vous nous voyez envoyer un magistrat de liaison au Qatar, alors que nous, l'Égypte, sommes historiquement l'École du Caire, issue de la campagne d'Égypte et du code civil de Napoléon, et que nous avons fait rayonner le code civil ? Nous trouvons votre demande énorme.

Puis les Égyptiens ajoutent :

— Votre école régionale de la magistrature, mais vous rigolez ! D'abord, il faudrait que ce soit une école de procureurs et de juges, ensuite vous imaginez des grands pays comme l'Arabie Saoudite ou l'Égypte envoyer former leurs magistrats au Qatar, non mais vous rêvez !

Leurs voisins émiriens ne disent pas autre chose :

— C'est à nous d'avoir cette école régionale puisque nous avons la Sorbonne.

Bref, les ennuis commencent. D'autant que le procureur al-Marri n'a pas que des amis au Qatar. À cette époque, le fils du ministre des Finances, Youssef Kamal, avait été arrêté au volant de sa voiture sous le tunnel du mont Blanc. Faute d'accord de coopération judiciaire entre la France et le Qatar, al-Marri ne trouva rien de mieux que d'envoyer deux policiers qatariens récupérer le fiston à Paris, avant de débarquer à l'aéroport de Doha entourés des deux gros bras… Le père en garda un souvenir amer… et lorsque Français et Qatariens allèrent lui présenter leur projet d'école de la magistrature, Youssef Kamal répondit par un grand sourire : « Très bien mais ce sera comme tous les autres projets communs : *fifty-fifty*. » L'ambassade de France dut multiplier les télégrammes diplomatiques pour expliquer à Paris l'incongruité de la chose.

Finalement, quand Michèle Alliot-Marie succède en 2009 à Rachida Dati, « le délire » cesse. Les 5 et 6 décembre, MAM, en visite à Doha, fixe un nouveau cadre à la coopération judiciaire franco-qatarienne : « Voilà le cadre dans lequel nous allons travailler », affirme Mme Alliot-Marie, puis elle se tourne vers le procureur al-Marri : « Et ce n'est pas la peine de téléphoner à l'Élysée, car je peux vous assurer que les choses ont été mises au point en haut lieu. » MAM avait pesé auprès de Nicolas Sarkozy pour stopper les « folies » de son ex-ministre de la Justice.

Mais jusqu'à la fin 2009, on pouvait encore apercevoir Mme Dati venir à titre privé à Doha. Elle apparaissait en compagnie d'Alain Delon dans la loge VIP de l'hippodrome de Doha où couraient des chevaux qu'on lui avait présentés.

Impossible bien sûr de savoir si, comme l'a dit la presse, Zohra, sa fille, a pour père le procureur général du Qatar ou un membre de son entourage. Même si un soir la panique s'est emparée de ses propres gardes de sécurité qui l'avaient perdue pendant quatre heures… avant une réception à la résidence de l'ambassadeur dans le quartier des tours de West Bay. Mais une chose est sûre : « Il fallait faire plaisir au Qatar dans l'espoir d'avoir quelque chose ailleurs. Il y avait une contrepartie qu'on ignorait », affirment les témoins de cette très étrange amitié. Toujours le fameux « donnant-donnant », caractéristique des relations franco-qatariennes de l'époque.

Des ministres « perdent la tête »

Comme l'Irak de Saddam Hussein dans les années 1990, le Qatar fait « délirer » une décennie plus tard nombre d'officiels français.

Lorsque Bagdad était soumis à un implacable embargo international imposé après son invasion du Koweït, les aigrefins de tout poil s'y succédaient dans l'espoir d'obtenir une obole ou des coupons de vente de pétrole à des prix préférentiels. Les Irakiens tiraient le diable par la queue, mais, grâce à l'or noir, Saddam, lui, était riche, et fidèle à la tradition bédouine : le père nourricier arrosait largement ses obligés. Au Qatar, c'est le gaz, on l'a vu, qui permet aux dirigeants d'aider les amis. Du moins c'est ce que pensaient certains hommes politiques français. Deux d'entre eux vont particulièrement se signaler par leur cour assidue auprès des élites qatariennes. Il s'agit des ex-ministres Éric Besson (Intégration) et Thierry Mariani (Transports), qui fut d'ailleurs membre du lobby pro-irakien avant la chute de Saddam Hussein.

Tous les deux nourrissent une passion pour le sport. C'était leur porte d'entrée à Doha. Cheikh Saud à la tête de l'Autorité du sport – l'équivalent d'un ministère – s'en souvient encore.

Peu importe que MM. Besson et Mariani aient en charge un secteur sans lien avec le sport, à chacune de leurs visites à Doha ou presque, rendez-vous est pris avec ce cousin de l'émir, plutôt conservateur.

Après deux ou trois banalités prononcées, Éric Besson lui parle systématiquement football, comme s'il cherchait à assurer ses arrières lorsque la vie devrait l'éloigner de la politique. Mais quand son hôte s'aperçut qu'il avait soutenu la loi sur le voile en France, il lâcha : « C'est dommage que je ne l'aie pas su avant. »

Le ministre profitait de ses séjours pour organiser des soirées avec des footballeurs étrangers recrutés par le Qatar. Parfois sa fille l'accompagnait à Doha où il demandait à ses hôtes de lui prévoir des balades à cheval. Revenu en tant que ministre de l'Énergie, il stupéfia son environnement en avouant son ignorance de la signification de GNL, le gaz naturel liquéfié qui fait la fortune du Qatar. « Il refusa même de participer à une conférence avec d'autres ministres », se souvient un ancien diplomate. Bref avec Éric Besson, l'image de la France en prit un coup dans l'aile !

Habitué au lobbying en Irak, Thierry Mariani cherchait lui aussi à rencontrer Cheikh Saud. « Peut-être parce que dans Transports, il y a sports », lui fit remarquer un jour un Qatarien. Mariani, lui, s'était clairement positionné comme l'intermédiaire potentiel de sociétés amies en France qui auraient aimé développer leurs affaires au Qatar. Il s'agissait d'entreprises qui équipaient les stades en caméras de sécurité. Dommage que le ministre des Transports ne se soit pas renseigné auprès de l'ambassade de France : on lui aurait expliqué que les stades du Qatar étaient déjà équipés de ce genre de caméras. « Des vrais Pieds nickelés », soupire un expatrié français à Doha. Au fil de ces visites, Cheikh Saud commençait, lui, à être un tantinet irrité. « J'imagine que c'est une simple visite protocolaire », lâchait-il à ses collaborateurs.

— Cette cour un peu lourde, ça marchait peut-être il y a trente ans, observe un vieil expatrié, mais cette époque est révolue. Aujourd'hui, les jeunes Qatariens sont formés dans les universités américaines. Et le pays est courtisé par la Terre entière !

— Mais il semble que les Français soient obsédés par les rétrocommissions, nous confiait à l'automne 2011 un proche de l'émir, sans en dire plus.

La liste est longue des députés, anciens ministres, courtiers en tout genre à avoir été invités à une de ces conférences que Doha organise presque chaque semaine. Ségolène Royal, Bertrand Delanoë, le juge Marsault, Éric Raoult et tant d'autres. Plus discret, Jean-François Copé y a fait plusieurs séjours lui aussi.

— Ne vous inquiétez pas, assure un diplomate qatarien, nous savons très bien qui aime le Qatar et qui aime l'argent du Qatar !

Sarko se paie la tête de son ambassadeur

Nicolas Sarkozy n'a jamais été très à l'aise avec les dirigeants arabes du Golfe, sauf justement avec ses amis qatariens qui ne prennent pas la mouche quand il leur refuse un café brûlant ou montre ses semelles à ses hôtes en croisant ses jambes, une insulte chez les Bédouins attachés à certains codes.

Ce 18 novembre 2009, le chef de l'État doit s'arrêter à Doha pour récupérer Carla, son épouse, qui a été invitée à participer à une manifestation de Cheikha Moza. Sarko arrive d'Arabie Saoudite, où il est allé discuter business dans la ferme du roi au sud de Riyad, la capitale. Sachant que les Saoudiens ne sont pas les meilleurs amis du Qatar, le président impose une ligne rouge : « Je me pose à Doha, je salue mes hôtes, et je repars immédiatement. » Sarko est pressé, d'autant que le soir, il doit assister à une rencontre sportive à Paris. Au pire, le président consent à une rapide halte au salon VIP de l'aéroport. Mais pas plus. Il s'agit de ne pas indisposer nos amis saoudiens auxquels la France tente désespérément de vendre du matériel militaire.

Pas de chance ! L'émir Hamad est rentré spécialement d'un court déplacement à l'étranger pour voir son ami Sarko. Et il l'attend avec Carla chez son épouse Moza.

Panique sur le tarmac ! L'ambassadeur Bonnaud ne sait trop comment réagir. Il flaire le pataquès...

— Il faut organiser le cortège et avertir le président du changement de programme, lui souffle un de ses conseillers, tandis que le représentant qatarien des Affaires étrangères commence à faire des bonds.

— C'est une visite privée, insiste ce dernier. Il ne peut y avoir que trois Français dans le convoi.

— Pas possible ! lui répond un militaire français. Il nous faut absolument sept places pour les conseillers du président (Claude Guéant, Jean-David Lévitte, l'amiral Guillaud, le chef d'état-major des armées, etc.).

— Non, rétorque le représentant qatarien.

— C'est pas négociable, tranche le militaire qui remplace au pied levé l'ambassadeur Bonnaud en voie de liquéfaction.

Sur ces entrefaites, HBJ, le Premier ministre, arrive.

— On fait quoi ? demande-t-il.

Alors que l'avion est en phase d'approche au-dessus de Doha, Guéant, Lévitte et Guillaud joignent leurs efforts pour avertir le président qu'il va devoir s'arrêter plus longtemps que prévu à Doha.

Sarko explose de colère. Et à sa descente d'avion, Gilles Bonnaud se fait remonter les bretelles !

— C'est quoi, ce changement ? fulmine Nicolas Sarkozy.

— Je ne sais pas, répond l'ambassadeur au pied de la passerelle.

— Mais à quoi vous me servez en tant qu'ambassadeur si vous ne savez rien ! lui lance le président.

Puis Sarko salue HBJ qui lui dit que Carla l'attend chez Moza.

Panique dans le cortège. Rien n'a été préparé. Sarko est pris dans les embouteillages. Pas de motards pour ouvrir la voie. Dans la voiture le président enrage, lui qui ne devait rester qu'un quart d'heure.

Sarko et HBJ arrivent finalement chez l'épouse de l'émir. Dans leur sillage, MM. Lévitte, Guéant et Guillaud courent pour entrer dans la salle de réception avant que la sécurité ne referme la porte.

Au bout du compte, Sarko restera quarante minutes avec ses hôtes. À sa sortie, l'amiral Guillaud laisse tomber :

— Là, l'ambassadeur, il est mort !

De retour sur le tarmac, Carla remercie l'ambassadeur Bonnaud :

— Vous m'avez très bien accueillie.

Sarko, lui, remonte dans l'avion sans lui serrer la main.

Gilles Bonnaud est alors convaincu que cette affaire va lui coûter son poste. Finalement, ce sera Brice Hortefeux, le ministre de l'Intérieur qui sauvera sa peau.

Les socialistes font la même chose sans le dire

Quelques minutes avant de recevoir le Premier ministre Hamad Bin Jassem pour la première fois à l'Élysée, le 7 juin 2012, François Hollande, le nouveau président de la République, interroge son ambassadeur au Qatar.

— Si vous aviez à me parler du Qatar en deux phrases, que me diriez-vous ?

— Monsieur le président, répond Jean-Christophe Peaucelle, je vous dirais 120 milliards d'euros d'investissements sur les grands projets dans les dix ans à venir et 20 milliards d'achats militaires en cinq ans.

François Hollande sourit :

— Vu comme ça, votre argumentaire est facile.

Pourtant lorsqu'il succède à Nicolas Sarkozy, le candidat socialiste nourrit les plus grandes réserves à l'égard du Qatar. « D'abord, c'étaient les copains de Sarko, donc les dirigeants qatariens n'étaient forcément pas très fréquentables pour les socialistes », se rappelle un patron du CAC 40 qui plaida la continuité auprès du nouveau chef de l'État.

Pour les socialistes, la stratégie du Qatar est floue. Un de leur ministre le confie clairement à Mohamed Kuwari, leur ambassadeur à Paris, peu après la victoire de Hollande.

— Nous avons deux problèmes avec le Qatar, lui dit ce ministre.

— Lesquels ? demande l'ambassadeur.

— D'abord le sport… Vous savez le football, c'est sensible. Il faudrait au moins que le P-DG du PSG, Nasser al-Khelaifi, parle français.

— Mais vous savez il l'apprend, répond le diplomate. Il a un professeur particulier, et puis il parle anglais. Nous avons la Coupe du monde 2022 et nous avons choisi la France pour préparer cet événement, notamment via des partenariats avec les grands groupes français.

— Deuxième problème, poursuit le ministre. Quelle est la stratégie du Qatar ? Vous financez les islamistes, notamment en Tunisie, tout cela nous dérange un peu…

— Vous avez des preuves ? lui rétorque l'ambassadeur. Nous parlons avec tout le monde. Il faut jouer le jeu de la démocratie. Le modèle d'Ennahdha est rassurant, nous voulons l'appliquer à d'autres pays.

À Doha, pendant ce temps, le pouvoir affirme vouloir nouer très vite des relations de confiance avec le président de la République et le nouveau gouvernement. Mais dans l'entourage de l'émir, on s'inquiète du manque d'appuis chez les socialistes, même si à Paris leur ambassadeur a déjà rencontré François Hollande et si Laurent Fabius est venu à Doha, au printemps, assurer d'« une continuité républicaine » en cas de victoire de son candidat.

Un fils de l'émir se confie à un homme d'affaires : « Comment peut-on faire ? Nous n'avons pas beaucoup de contacts chez les socialistes. »

Lorsqu'il rédige son télégramme diplomatique trois semaines après l'élection de François Hollande, Jean-Christophe Peaucelle ne dit pas autre chose, entre les lignes bien sûr. Parmi les propositions de l'ambassadeur de France au Qatar : « Prévoir rapidement une prise de contact au plus haut niveau. (...) Les responsables qatariens (...) sont en attente (...). Vu de Doha nous aurions intérêt à utiliser les fréquents passages des autorités qatariennes à Paris pour répondre à cette attente. »

En fait, l'ambassadeur n'a qu'une crainte : que les socialistes boudent le Qatar. Son message subliminal est donc le suivant : « Ne crachez pas sur ce que la droite a fait. Continuez à soigner le Qatar. Nous en avons besoin. »

Son télégramme rappelle en effet « les enjeux cruciaux » de la relation franco-qatarienne. « Dans le domaine de la défense, nous sommes à la veille de décisions déterminantes pour le renouvellement des équipements militaires qatariens. » « Nos entreprises, qui bénéficient d'un a priori politique favorable, espèrent recevoir "la part du lion", selon les mots du chef d'état-major qatarien. » Enjeu : les 20 milliards d'euros dont il parlait à François Hollande.

Dans le domaine économique, « nos entreprises (luxe, construction, sécurité, environnement, transports...) font face à une concurrence très vive. Or si la qualité et compétitivité des offres seront déterminantes, il y a tout lieu de penser qu'un facteur politique pourra aussi intervenir dans l'attribution des marchés ». Bref, il faut se montrer réceptif envers le Qatar.

Finalement, la France de François Hollande ne fera pas moins de Qatar que celle de Nicolas Sarkozy. Mais sans doute de façon plus discrète, c'est-à-dire avec moins de publicité.

Bien sûr, le président veut renouer avec l'Arabie Saoudite et les Émirats arabes unis, nos autres partenaires dans le Golfe. C'est là que François Hollande a choisi de se rendre au cours de ses premiers déplacements dans la péninsule Arabique. Les Qatariens auraient aimé que le choix fût différent. Mais, pragmatiques, ils ne s'en sont pas offusqués.

Dès l'automne 2011, la signature de l'accord sur les banlieues, on le verra plus loin, les a renforcés dans la conviction que leur puissance financière les rendait quasi indispensables aux dirigeants français.

Certes, moins de ministres font aujourd'hui le déplacement à Doha. Mais un an bientôt après la nouvelle donne en France, c'est la realpolitik qui prime, même si, entre centres du pouvoir, les analyses ne sont pas absolument convergentes.

— L'Élysée veut garder un lien fort avec le Qatar, assure un diplomate au cœur du dossier. On y estime qu'on a besoin du Qatar en Syrie ou ailleurs. Les dirigeants de ce pays sont utiles pour faire passer des messages. Ils nous ont été très utiles pour organiser la conférence sur l'Afghanistan. Ils nous ont été utiles dans les tentatives hélas infructueuses pour obtenir la libération de Denis Allex, l'agent de la DGSE en Somalie[1].

Au Quai d'Orsay, en revanche, Laurent Fabius se montre un peu plus réservé, en raison de l'engagement de Doha en faveur des islamistes liés aux Frères musulmans, que ce soit en Égypte, en Tunisie ou en Syrie.

Enfin, les services de renseignement, eux, sont encore plus réservés. Ils observent avec inquiétude ce que font les agents qatariens sur quelques théâtres sensibles d'opérations, au Sahel en particulier, théâtre de « la nouvelle guerre française contre le terrorisme ».

Autour de François Hollande, on n'ignore pas le trouble suscité dans l'opinion et dans la presse par certains aspects de la politique du Qatar. Et ce sont même deux députés de droite qui ont suggéré à l'automne la création d'une commission d'enquête parlementaire sur les investissements du Qatar en France. Celle-ci s'est finalement

1. Celui-ci a été tué mi-janvier 2013 par ses ravisseurs au cours d'une tentative avortée des forces spéciales françaises pour le récupérer.

transformée en une simple mission d'information. Tout de même : le pouvoir français a créé en ce début d'année 2013 un centre de réflexion pour répondre à la question « Que faire avec le Qatar ? ».

Le fonds pour les banlieues...

Le fonds pour les banlieues financé par le Qatar a déclenché un tsunami de polémiques : non content de « racheter » la France, l'émirat serait le fer de lance de l'islamisation des quartiers populaires des grandes villes de l'Hexagone ! En pleine campagne présidentielle de 2012, l'affaire fait grand bruit. Le Qatar est montré du doigt.

— Je ne sais pas si les autorités qatariennes auraient beaucoup apprécié si la France avait proposé de monter un fonds pour financer des projets pour les « *Bidoun* » de la banlieue de Doha, s'interroge un expatrié au Qatar.

Naïvement ou pas, le Qatar n'a pas compris à quel point son engagement en faveur des banlieues était un sujet sensible, même si ce n'est pas lui qui est à l'origine de l'affaire.

Au départ, c'est l'Association nationale des élus de la diversité (ANELD) qui a l'idée, en 2008 au début de la crise financière, de prendre langue avec les autorités qatariennes.

— À cette époque, on constatait que les banques ne prêtaient plus aux porteurs de projets dans les banlieues, se rappelle Kamal Hamza, conseiller municipal UMP de La Courneuve et président de l'ANELD. Nous avions déjà contacté les États-Unis et le Canada. On s'est dit : le Qatar investit partout en France, pourquoi ne pas le solliciter pour aider ceux qui veulent monter des entreprises dans les banlieues ?

Aussitôt dit, aussitôt fait. Une délégation de dix membres de l'ANELD représentant toutes les couleurs politiques et respectant la parité hommes-femmes est invitée à Doha pour rencontrer les autorités de l'émirat. Le Premier ministre Hamad Bin Jassem reçoit les élus brièvement mais il n'est pas très emballé par l'idée qu'il estime compliquée à mettre en œuvre.

En revanche, la délégation française trouve une oreille attentive et compréhensive chez l'émir qui la reçoit à déjeuner au palais.

— On lui a dit, se souvient Kamal Hamza : « Avec Zidane, vous avez pu gagner la Coupe du monde 2022. Or des Zidane, il y a en plein en banlieue. Ils sont moins connus que lui mais ils ont de vraies compétences. Pourquoi ne pas créer un fonds d'investissement pour aider les entrepreneurs dans les banlieues ? »

L'émir répond qu'il ne s'agit pas de charité :

— Il faut des projets sérieux qui tiennent la route et qu'ils soient pérennes. Si ce n'est pas sérieux, on ne finance pas, c'est l'image du Qatar qui est en jeu.

— À aucun moment, il n'a été question de religion ou de communautarisme, tient à préciser Faten Hidri, qui a participé à la délégation de l'ANELD. Simplement, l'émir a rappelé au cours de la conversation que les origines arabes de certains membres de la délégation étaient « importantes et qu'il ne fallait pas les renier ».

Pendant les deux heures que dure le déjeuner, on parle de la France et de football. L'émir explique qu'il « aime bien le club de Marseille mais qu'il a une préférence pour le PSG parce que le Qatar a investi dedans ». Après une journée de détente dans le désert, où Joaan, l'un des fils de l'émir, accueille les élus français sous une tente bédouine et les initie à la chasse au faucon, la délégation repart en France avec beaucoup d'espoir.

À Paris, les choses vont vite se gâter. L'ambassadeur, Mohamed Kuwari, annonce aux membres de l'ANELD lors d'un dîner que le fonds banlieues sera financé à hauteur de 50 millions d'euros. L'information est reprise dans *Le Parisien* et par l'AFP. Au seuil de la campagne électorale, l'affaire est instrumentalisée et provoque un déluge de réactions. « Encore une fois, il ne s'agissait pas de construire des mosquées ou des madrasas ou de distribuer des Corans dans les banlieues », souligne Faten Hidri qui regrette une maladresse dans la gestion médiatique du dossier.

Comme souvent, les Qatariens ont voulu aller trop vite, sans mesurer l'impact symbolique d'un tel projet dans l'opinion publique française chauffée à blanc par la campagne électorale.

Une fois l'élection passée et les socialistes de retour au pouvoir, le projet initial sera complètement reconfiguré : il s'agit maintenant d'un fonds franco-qatarien de 300 millions d'euros géré par la Caisse des dépôts et consignations. On ne parle plus de banlieues mais de « territoires déshérités ». Les responsables de l'ANELD s'estiment floués. Pour eux, il y a deux poids deux mesures : personne ne critique quand l'argent du Qatar prend des participations financières dans des entreprises stratégiques du CAC 40… mais pour aider les cités, l'argent du Qatar est devenu impur !

En réalité, cette affaire a surtout montré les carences du Qatar en matière de communication. Son image en a été profondément affectée dans l'opinion publique. Contrairement à ce qui a été dit, l'émirat n'avait pas la volonté d'islamiser les banlieues des grandes villes françaises. Elles le sont déjà – notamment depuis les années 1970-1980 avec l'argent de l'Arabie Saoudite – et n'ont pas attendu le Qatar pour découvrir l'islam.

À Doha, on a été surpris de l'ampleur des réactions qui sont venues non seulement de France mais aussi du Maghreb. Le roi du Maroc a fait passer un message courroucé aux autorités qatariennes. En substance : « Ne cherchez pas à manipuler les Marocains de France ! »

Vu du Qatar, le projet de fonds pour les banlieues avait aussi un usage interne. C'était un message adressé par la famille régnante au secteur conservateur de la société pour lui dire de manière implicite : vous voyez, nous n'investissons pas seulement dans le PSG et les hôtels de luxe, mais également dans des projets de développement concernant des populations arabo-musulmanes…

Ce n'est pas un mystère, Cheikha Moza apprécie les Français d'origine maghrébine, qu'elle recrute pour sa fondation. Elle avait même imaginé créer un prix littéraire en collaboration avec l'Académie française pour récompenser un auteur francophone d'origine arabe. Le prix aurait été doté de 200 000 euros. L'académicienne Hélène Carrère d'Encausse avait été approchée, mais n'avait pas donné suite. Le prix littéraire n'a jamais vu le jour... Pour la cheikha, le fonds « banlieues » aurait permis d'attirer certains cadres de confession musulmane, amorçant ainsi une immigration sélective vers le Qatar, afin de résorber son déficit en ressources humaines.

11

Racheter le monde ?

Pour comprendre la raison d'être des investissements du Qatar à l'étranger, deux facteurs doivent toujours être pris en considération : son énorme puissance financière, qui défie les règles traditionnelles d'appréciation de la rentabilité, et l'existence de véritables pulsions d'acquisitions, sans lien avec une stratégie bien définie, au-delà de celle que des conseillers en communication ont établie dans le cadre de la vision Qatar-2030 souhaitée par l'émir.

— La vraie histoire du Qatar, observe un banquier qui travaille avec Doha, c'est celle d'un nouveau riche puisque l'émirat n'a fini de rembourser sa dette extérieure qu'en 2003. Je dirais même d'un nouveau richissime, où le pouvoir est concentré entre trois ou quatre personnes. Ce qui en fait un cas sans doute quasi unique au monde.

Que faire de 40 à 50 milliards de dollars ? C'est la question que se pose chaque année le trio magique (émir-HBJ-Moza), auquel commence à se joindre Tamim, l'héritier. Bon an mal an, en effet, le gaz exporté génère quelque 50 milliards de dollars d'excédents budgétaires. Ils n'alimentent pas les comptes de l'État, couverts essentiellement par les revenus du pétrole, beaucoup plus faibles. Où va alors cette montagne de liquidités ?

Elle est reversée en grande partie dans le fonds souverain géré par l'Autorité des investissements du Qatar (*Qatar Investment Authority*, QIA), que l'émir a créée en 2005 pour faire fructifier ces excédents, destinés aux générations futures. Mais impossible d'avoir de vrais chiffres compte tenu d'une certaine opacité et d'une absence de publications financières.

Fin 2012, la QIA disposerait d'environ 120-130 milliards de dollars de réserves. C'est un montant très inférieur à celui d'Abu Dhabi (627 milliards de dollars) ou de la Norvège (656,2 milliards), mais le fonds souverain du Qatar a une particularité intéressante : il augmente très vite, de quelque 30 milliards chaque année, et il est surtout devenu l'un des plus actifs. Pour la seule année 2010, grâce à la QIA, Doha a investi pas moins de 17 milliards de dollars dans des projets industriels.

À qui appartient la QIA ? À l'État ? À la famille ? Un peu des deux. Mais là encore, nul ne le sait avec précision, opacité oblige, on y reviendra.

Le fonds souverain finance les projets que l'émir a souhaité voir réaliser dans le cadre de sa vision Qatar-2030, et dont les objectifs sont les suivants :

« Moderniser tout en préservant les traditions. »

« Répondre aux besoins des générations actuelle et future. »

« Gérer la croissance et l'expansion non régulée. Se protéger contre l'évolution des cours des hydrocarbures. »

« Contrôler la quantité et la qualité de la main-d'œuvre étrangère. »

« Veiller à la croissance de l'économie, au développement social et à la protection de l'environnement. »

Tous les experts le reconnaissent : Qatar-2030 est d'abord un instrument de communication à destination de la population, qui s'interroge sur la boulimie d'investissements tous azimuts de ses dirigeants. Bref, grâce à cette projection, ceux-ci rassurent les Qatariens en leur disant en substance : « Ne vous inquiétez pas, tous ces investissements sont faits pour vos enfants. Ils seront réalisés d'une manière progressive, sans dénaturer nos racines. Et en contrôlant les étrangers indispensables à notre développement, vous n'allez pas être dilués dans la masse. »

Le souci de se prémunir contre de nouvelles chutes des cours du gaz et du pétrole reste très présent dans l'esprit de l'émir, qui se rappelle les déboires des années 2000 lorsqu'il fut pris à la gorge et que toute sa stratégie de développement fondée sur le gaz faillit s'effondrer.

Le second volet de Qatar-2030 est destiné, lui, aux investisseurs occidentaux. Il vante les vertus du « développement humain grâce à l'éducation et à la santé », du « développement social en faisant évoluer la mentalité tribale » et du « dialogue des civilisations et la promotion de la connaissance des religions et des cultures ». Enfin, la protection de l'environnement est une vaste plaisanterie quand on sait que le Qatar est le plus gros pollueur de la région par tête d'habitant.

Le conseil d'administration de la QIA est présidé par le prince héritier, Tamim. HBJ, le Premier ministre, en est le directeur général. En dépit de leur rivalité, le duo s'efforce tant bien que mal de composer : on le constate dans certaines participations où HBJ a été à la manœuvre dans la décision d'investir, tandis que des proches de Tamim ont été nommés ensuite dans la gestion de ces affaires.

Le fonds a été scindé en deux entités : Qatar Dyar (QD) et Qatar Holding (QH).

Qatar Dyar gère les investissements immobiliers, et ceux effectués dans les infrastructures (c'est QD qui a signé, par exemple, la joint-venture avec le groupe français Vinci). Depuis 2011, son président du conseil d'administration est le ministre de l'Économie, Youssef Kamal[1], un homme de confiance de l'émir qui ne fait pas partie de la famille régnante, le dépositaire de nombreux secrets, celui qui signe les chèques destinés par exemple à financer les opposants syriens. Il a remplacé à ce poste HBJ.

Quant à la Qatar Holding, elle détient les participations stratégiques dans les sociétés étrangères, mais là c'est HBJ qui est resté le président du conseil d'administration. Et « Tonton », comme le surnomment certains capitaines d'industrie française, y a même renforcé son emprise.

— Pendant des années, la Qatar Holding s'abstenait de prendre des participations dans des sociétés pétrolières et gazières, analyse un banquier à Doha. HBJ était barré par le ministre de l'Énergie, son vieil ennemi Abdallah al-Attiyah, qui avait créé une entité – Qatar Petroleum International – pour porter les projets d'investissements de Qatar Petroleum à l'étranger. Al-Attiyah étant sorti du paysage, comme par enchantement

1. Comme la plupart des dirigeants qatariens, il possède un appartement à Paris près de la place de l'Étoile.

la Qatar Holding commence à faire des investissements dans des groupes pétroliers comme Total, Exxon Mobil. On retombe dans les luttes de pouvoir intestines.

Quoi qu'il en soit, c'est encore et toujours HBJ qui propose la plupart des investissements du Qatar à l'étranger, sauf dans le sport où Tamim a pris la main.

— Youssef Kamal n'a plus de capacité décisionnaire, décrypte un banquier d'affaires à Paris, Hussein Abdallah : ce responsable des investissements n'est qu'une boîte à lettres. Bref, c'est HBJ et parfois Tamim qui décident, et in fine, l'émir valide, poursuit le banquier, qui connaît très peu d'exemples d'investissements qatariens où le processus de décision n'est pas venu d'en haut. Et ce ne sont pas leurs conseillers palestiniens, pakistanais ou même britanniques qui vont dire à HBJ ou à l'émir : tenez, vous devriez acheter telle ou telle entreprise.

Leurs cibles d'investissements

Banques

Le Qatar a investi, ces dernières années, au total 25,5 milliards de dollars, en ratissant à bon compte dans un secteur frappé par la crise de nombreuses institutions.

Crédit Suisse : Doha a acquis 6,17 % de son capital pour un investissement de 8,6 milliards de dollars.

Barclays : 6,8 % du capital. Investissement de 6,5 milliards de dollars.

Le Qatar est également entré au capital de deux banques grecques, Euro-Bank et Alpha-Bank, à hauteur de 17 %, pour un investissement de 800 millions de dollars.

Doha a encore acquis 2,1 % de la Banque agricole de Chine (2,9 milliards de dollars) et enfin 5 % de la Banco Santander (2,7 milliards).

Profitant de la crise bancaire des années 2008-2009, Doha a chassé les bonnes affaires dans ce secteur. Quand le cours de la valeur bancaire convoitée s'effondrait, le Qatar entrait au capital de l'établissement ; le plus souvent, via l'émission d'obligations. Ainsi, Doha apportait du cash à la banque sous forme d'obligations avec un taux de rémunération élevé et la possibilité de convertir ces obligations en actions. Un investissement à risques minima.

À l'égard des banques, le Qatar a suivi une stratégie de prises de participation dans des sociétés rencontrant des problèmes de cash-flow, tout en ayant des fondamentaux solides. Cela étant, Doha ne devrait pas continuer d'investir de façon massive dans le secteur bancaire. Il s'agissait avant tout de saisir une opportunité avec la crise.

Industrie-Énergie

27 milliards de dollars investis. En expansion, contrairement au secteur bancaire.

France :
Veolia : 0,96 milliard, 5 % du capital.
Vinci : 1,7 milliard de dollars, 5,8 %.
Total : 3,5 milliards, 3,8 %.

Espagne :
Iberdrola : 2,8 milliards, 6,16 %.

Pays-Bas :
Shell : 6,2 milliards, 3 %.

Allemagne :
Porsche-Volkswagen : 10 milliards de dollars d'investissement dans ces deux sociétés qui ont fusionné, soit 17 % de participation au capital de Volkswagen et 10 % de Porsche. Doha a profité de la fusion pour développer une activité de voitures haut de gamme et tenir compte du nombre important de voitures de luxe que les Qatariens achètent. Doha a placé le gendre de l'émir, le ministre du Commerce et mari de la princesse Mayassa, au conseil d'administration de Porsche-VW.

La plupart de ces choix s'expliquent par une logique industrielle simple : les entreprises partenaires doivent réaliser les investissements d'infrastructures du Qatar. Doha pense ainsi sécuriser un accès au savoir-faire, utile à son développement, et compenser ainsi son manque de ressources humaines. Dans la théorie, Vinci et Veolia, par exemple, seront associés à la construction des routes, des ponts et des autoroutes prévus d'ici la Coupe du monde de 2022. En mettant la main sur une portion – même réduite – du capital, les dirigeants qatariens comptent être mieux servis que les autres partenaires de ces sociétés. Enfin, un accord capitalistique peut entraîner un accord de partenariat stratégique. C'est en tout cas le souhait de plus en plus marqué du Qatar : il en a trouvé une traduction concrète avec Total, où Doha a pris un peu moins de 4 % du capital ces dernières années. Une bonne affaire pour les deux camps.

La multinationale française a vu dans ce partenariat une occasion de rééquilibrer son capital entre les pays où elle était très active et ceux où elle l'était moins, sachant qu'aujourd'hui l'actionnariat français ne représente plus qu'un tiers de ses fonds propres. Mais en faisant entrer le Qatar dans son capital, Total a essuyé les critiques des « politiques de tout bord » qui mettaient en garde contre le risque que des sociétés étrangères prennent le contrôle du groupe. Avec 4 % du capital entre les mains de l'émirat, Total estime que ce risque n'existe pas vis-à-vis du Qatar.

En échange des investissements que Total réalise au Qatar, la multinationale française aide l'émirat en Afrique. Celui-ci est quasi systématiquement associé aux affaires que le groupe noue sur le Continent noir. Le Qatar y trouve son compte, bénéficiant de l'expérience et des connaissances de la multinationale française en Afrique.

Compte tenu des énormes besoins d'investissements à venir en matière d'infrastructures, Doha devrait continuer de cibler des acteurs clés du secteur industriel au cours des prochaines années.

Immobilier

24 milliards de dollars investis. En croissance.

L'immobilier a toujours été un secteur de prédilection pour la Qatar Investment Authority, aussi bien localement qu'à l'étranger. Deux pays ont été ciblés : la France et la Grande-Bretagne. Outre-Manche, la QIA a profité de la faiblesse de la livre et d'une perspective de reprise du marché pour pratiquer une politique audacieuse d'acquisitions de biens : Chelsea Barrack (1,5 milliard de dollars), London Olympic Village (900 millions de dollars).

— Pour l'immobilier, Londres est la plus importante capitale, affirmait l'émir dans une interview au *Financial Times* le 24 octobre 2010. L'immobilier à Londres peut être en crise, il ne meurt jamais, ajoutait-il.

En France, l'intérêt s'est porté sur les hôtels de luxe que le Qatar a rachetés : Royal Monceau (330 millions de dollars), Hôtel du Louvre, Peninsula, Concorde Lafayette à Paris, et à Cannes : Carlton (715 millions de dollars) et Martinez.

— Et ils en rachèteront d'autres, prévient un de leurs relais à Paris. Ils aiment la belle pierre. Pour eux, ce sont des achats de prestige dans les capitales les plus visitées au monde.

Pour satisfaire leurs envies en matière d'investissements hôteliers, les dirigeants qatariens ont créé une structure spéciale, Katara, dont le patron n'est autre qu'un frère de HBJ.

Leur présence accrue en France s'explique également par la convention fiscale avantageuse que leur a consentie le gouvernement de François Fillon en 2008[1], qui exonérait le Qatar sur les plus-values de l'ISF. Son successeur socialiste n'entend pas la remettre en cause.

En fait, ce texte reprend une règle non écrite mais suivie par tous les pays au monde qui veut

1. Il s'agit d'un avenant à la convention fiscale du 4 décembre 1990 entre la France et le Qatar. Paris a signé le même type d'accord avec le Koweït en 1994, l'Arabie Saoudite et les Émirats arabes unis.

qu'on ne taxe pas les chefs d'État et de gouvernement. Cette tradition fiscale s'appelle la « haute courtoisie internationale » (HCI).

— Dans le cas du Qatar, explique un avocat fiscaliste parisien, la famille royale se confond avec l'État. Il y a eu une interprétation un peu extensive de la HCI. Si un membre apparenté à la famille de l'émir achète un hôtel particulier en France, on ne lui fera payer ni droits de mutation, ni ISF. Cela dit, cette règle s'applique aussi aux autres familles régnantes des monarchies du Golfe.

Pour la signature d'un tel texte, il faut en principe un délai qui peut atteindre jusqu'à cinq ans pour certains pays arabes. Pour le Qatar, il a été ratifié en moins d'un an. C'est la principale singularité de cette convention passée avec Doha. La convention est également avantageuse pour la France parce qu'elle sécurise le cadre fiscal des investissements français dans l'émirat.

Paris est intéressé en particulier par la clause relative à l'échange d'informations fournies par le Qatar au fisc français qui peut ainsi avoir connaissance des revenus et bénéfices des entreprises de l'Hexagone opérant au Qatar. L'idée est de pister les intermédiaires et les commissions sur les gros contrats, d'autant que le Qatar a levé le secret bancaire.

Matières premières

2,3 milliards de dollars. En hausse.

Objectif : renforcer son indépendance et sécuriser son approvisionnement alimentaire à des prix raisonnables. D'où la création par la QIA de sa filiale Hassad Food, dotée d'un financement d'un milliard de dollars pour réaliser des investissements dans les secteurs de l'agriculture et de l'élevage en Amérique du Sud, en Australie et au Soudan. Dans ce secteur, les investissements de la QIA sont loin d'être terminés, le Qatar ambitionne de développer 45 000 hectares d'exploitations agricoles localement d'ici 2020.

En parallèle, le fonds souverain a entamé une politique d'investissements dans le secteur des minerais en prenant 9,90 % du capital d'European Goldfield. Un bon placement compte tenu du renchérissement de l'or.

Télécommunications et médias

Deux milliards de dollars. La QIA est de plus en plus active dans ce secteur, et plus spécialement en France. La fin de l'année 2011 a été marquée par des prises de participation chez Vivendi (2 % pour 400 millions de dollars investis), France Télécom (1 %, 300 millions) et un renforcement de sa participation chez Lagardère (12,83 %, 900 millions).

Le secteur des télécommunications et des médias n'était pas, jusqu'à il y a peu, un axe stratégique pour la QIA, mais les derniers investissements couplés avec le déploiement des chaînes de sport à l'international marquent une nouvelle étape dans la stratégie du fonds souverain qatarien (voir chapitre 12).

Il convient de s'attarder sur les relations anciennes entre Lagardère et le Qatar, caractéristiques d'une volonté de Doha de s'intéresser de près à une firme stratégique qui partage avec l'émirat plusieurs activités (médias et sports notamment). Depuis la fin 2011, Doha est devenu le premier actionnaire du groupe.

Jean-Luc Lagardère découvre l'émir et HBJ au cours de la deuxième moitié de la décennie 1990, et rapidement le courant passe entre Cheikh Hamad et JLL, qui avait bien assimilé les codes d'entrée au Moyen-Orient. Lagardère lui présente des capitaines d'industrie européens comme l'Italien Giovanni Agnelli. Bien avant la naissance de la QIA, l'émir comprend tout l'intérêt qu'il a de faire de son ami français sa tête chercheuse en Europe. En 1999, les deux hommes commencent à évoquer une entrée du Qatar au capital de Lagardère. Lors d'un dîner au célèbre restaurant Taillevent à Paris, la discussion se précise :

— Alors on le fait, cet investissement ? lance Cheikh Hamad à Jean-Luc Lagardère.

— Je suis d'accord, répond JLL, mais j'ai une condition, je veux que ce monsieur ne soit en rien impliqué.

Il s'agissait de l'inévitable Hamad Bin Jassem, à l'époque ministre des Affaires étrangères, et l'homme à tout faire de l'émir.

Cheikh Hamad se retourne alors vers son cousin, qui, malin comme un vieux singe, désamorce aussitôt la critique.

— Altesse, dit-il en souriant, Jean-Luc a tout à fait raison. Il y a une telle alchimie entre vous que vous n'avez pas besoin de moi. Ce lien dépasse le cadre des investissements dont nous discutons depuis deux heures ! Moi je vous donne toute l'assistance logistique dont vous pouvez avoir besoin, mais c'est tout[1] !

---

1. L'entretien nous a été restitué par un proche ami de Jean-Luc Lagardère.

Jean-Luc Lagardère meurt au printemps 2003, avant que le deal soit finalisé. Son fils Arnaud lui succède, mais bientôt le groupe est mis sous pression et son jeune P-DG se retrouve confronté à un impérieux besoin d'un apport en fonds propres. Le Qatar entre au capital de Lagardère (7 %), mais l'action en quelques mois recule encore de 60 à 22 euros.

— Arnaud avait besoin du Qatar pour se légitimer au sein du groupe, car il avait peur d'être renversé du fait du système de la commandite[1] qui préside aux destinées de Lagardère, se rappelle un proche du fils Lagardère.

Le but n'était pas de les faire entrer au conseil d'administration, mais de les faire participer à un comité stratégique qui leur permettrait de voir toutes les acquisitions extérieures du groupe.

— Ils pouvaient faire ces acquisitions avec nous ou à côté de nous, précise l'ancien cadre du groupe. Et le Qatar bénéficiait des analyses que nous aurions réalisées sur toutes les cibles que le groupe lorgnerait. Cela représentait un vrai intérêt pour Doha[2].

Mais Arnaud Lagardère n'a jamais mis en place un tel partenariat. L'héritier n'a pas la même empathie que son père à l'égard des Qatariens, qu'il ne voit que rarement. Ses centres d'intérêt sont davantage tournés vers les activités médias et sports du groupe que vers sa composante industrielle. Or à l'époque déjà, les deux intéressaient le Qatar, qui avait lancé Al-Jazeera quelques

1. Avec relativement peu d'actions, on peut prendre le contrôle du groupe.
2. On appelle ce partenariat un sourcing : Abu Dhabi en a bénéficié en entrant dans Carlyle aux États-Unis.

années plus tôt et songeait alors – avec la création du fonds d'investissement en 2005 – à investir dans des groupes stratégiques pour son développement.

Lorsqu'en 2006 Arnaud Lagardère refuse que les Qatariens achètent à ses côtés Sport Five, une société d'acquisition de droits sportifs, les relations vont sérieusement se dégrader[1].

— Nous avons fait un deal avec Jean-Luc Lagardère sur le long terme. À sa mort, on nous promet la continuité, et voilà que notre partenaire nous refuse d'entrer avec lui dans Sport Five, pestent les dirigeants du Qatar.

Leur vengeance ne tardera pas. Elle éclatera lorsqu'un raider américain tentera en 2010 un coup de force contre l'actionnariat du groupe.

— Il était allé voir les Qatariens, qui étaient prêts à lui céder leurs actions et donc à faire sauter la commandite lors d'une assemblée générale des actionnaires qui aurait ainsi bouté Arnaud Lagardère hors de la direction du groupe, constate l'ancien cadre.

Un haut dirigeant de Lagardère transmit alors le message suivant à l'Élysée : « Dites à HBJ de se calmer. » La consigne sera finalement bien reçue à Doha. « Mais en échange, ajoute une autre source au sein du groupe, il a certainement fallu lâcher une contrepartie. »

Mais l'appétit d'ogre du Premier ministre n'est pas pour autant assouvi. Sa nouvelle cible ? EADS, fleuron aéronautique du groupe Lagardère : le Qatar va chercher à entrer dans son capi-

1. Ce veto a été considéré comme une erreur dans la mesure où le Qatar créera sa propre structure d'achats des droits audiovisuels, rivale du groupe Lagardère.

tal en 2011. Comment ? HBJ a proposé à la direction de Lagardère des obligations convertibles, mais à sa main, c'est-à-dire qu'au bout d'un certain temps elles se transformeraient automatiquement en actions, donc en fonds propres d'EADS. L'initiative aurait été poussée par l'Élysée, affirment aujourd'hui des cadres chez Lagardère. Mais aussi bien Lagardère que les autres actionnaires allemands du groupe ont fait barrage aux ambitions du Qatar sur EADS. Jusqu'à quand ?

Les conditions d'investissement

Comparées à d'autres fonds, les participations qatariennes dans les investissements étrangers sont souvent élevées (26 % de Sainsbury, 17 % d'Alpha-Eurobak, 10 % Porsche-Volkswagen, etc.). Doha cherche à influencer les prises de décision, en réclamant en général d'occuper un siège au conseil d'administration, malgré des moyens humains limités (Vinci, Veolia Environnement, Porsche, Crédit Suisse).

Sur le long terme, Doha veut se positionner comme un investisseur stable, nanti d'une stratégie de « *Buy and hold* » (acheter et tenir) : on investit, on est partenaire au conseil d'administration, on est là pour des années. La QIA a ainsi accepté à plusieurs reprises des restrictions de vente de ses participations en se pliant à des clauses de « *Lock-in* », c'est-à-dire un engagement à ne pas revendre des actions avant un certain temps (un an ou deux en général).

Enfin, le fonds souverain joue un rôle important dans le renforcement des relations diplomatiques du Qatar. Fréquemment, en visitant un pays, l'émir propose une joint-venture ou annonce un important montant d'investissements que le Qatar va lancer. C'est le cas dans les pays arabes, où ils ont encouragé la population à se révolter contre leurs anciens dirigeants (Égypte, Tunisie, Libye...). Mais pas seulement : en Bulgarie, le Qatar a investi 500 millions de dollars dans des projets immobiliers, au Maroc également, mais là, c'est plus politique.

— Dans le passé, raconte un officiel marocain, nous avions fermé le bureau d'Al-Jazeera à Rabat, car on se bagarrait souvent avec eux. Mais on va peut-être le rouvrir. En effet, l'émir a racheté un terrain de 34 000 hectares et investi 4 milliards de dollars dans un programme touristique entre Rabat et Casablanca, dont s'étaient retirés d'autres investisseurs arabes en raison de la crise. On a aussi besoin de leur argent.

Ajoutée à la force de frappe médiatique, la diplomatie du carnet de chèques conduit aussi à lever, parfois, certaines réticences.

En résumé, les investissements du Qatar dessinent une stratégie d'influence qui repose sur trois piliers : le premier, industriel, consiste à attirer du savoir-faire indispensable au développement du Qatar. Un deuxième, financier, lié souvent à l'immobilier, doit dégager des plus-values. Enfin un dernier, politique, vise à renforcer les liens avec tel ou tel pays.

De la théorie à la réalité

Derrière les objectifs affichés se cache parfois une réalité où l'improvisation le dispute aux savants calculs. Un tour d'horizon des investissements qatariens en France le confirme.

Vinci ? Le Qatar n'a jamais vraiment voulu investir dans Vinci. En 2009, Doha se laisse convaincre d'acheter la société Cegelec, mais faute de personnel qualifié, l'entreprise connaît vite des déboires, qui vont conduire les dirigeants qatariens à revendre Cegelec. À qui ? À Vinci, arrivé derrière le Qatar un an plus tôt lors de l'appel d'offres. Bref, résume un banquier, sur Vinci « la stratégie du Qatar, c'est je sauve mes fesses en revendant rapidement Cegelec ».

Depuis, Doha et Vinci ont créé une joint-venture, Qatar Dyar Vinci Company. Mais depuis 2011, l'alliance connaît des difficultés que résume ainsi un homme d'affaires qatarien :

— On avait promis à Vinci qu'il serait associé à tous les grands projets de développement dans son secteur au Qatar. Doha s'était engagé à offrir un milliard de contrats chaque année de gré à gré à Vinci. L'engagement fut tenu pendant un certain temps, mais depuis un an et demi, on fait marcher la concurrence, et Vinci se doit d'être concurrentiel, il n'a plus cette position privilégiée, d'où une crise de confiance entre Vinci et le Qatar, où le numéro deux Alain Bonnaud s'est rendu fin 2012.

En toile de fond de la crise, resurgit l'affaire de la construction du pont devant relier le Qatar à l'archipel de Bahreïn, pour laquelle une très importante commission fut versée à HBJ. La société française dépêcha sur place de nombreux expatriés dans l'espoir d'entamer les travaux. Mais ceux-ci n'ont jamais vraiment commencé. Et les circonstances politiques ne devraient pas changer la donne dans un proche avenir. Après avoir accepté que son vassal bahreïni soit désenclavé, l'Arabie Saoudite n'entend plus faire ce cadeau au Qatar. Le pont de l'Amitié risque d'attendre de longues années !

Pour Veolia, comme souvent, c'est le Crédit Suisse, dont le Qatar détient 6,1 % du capital, qui a joué le rôle moteur dans cette acquisition, en apportant un bloc d'actions disponibles sur Veolia. Mais le Crédit Suisse aurait largement surestimé la transaction. Du coup, le Qatar se retrouve propriétaire d'un bloc d'actions Veolia qui a perdu plus de la moitié de sa valeur depuis qu'ils l'ont acheté en avril 2010. Alors les Qatariens font contre mauvaise fortune bon cœur, répétant « qu'ils sont très contents de leur investissement dans Veolia parce que c'est stratégique pour [*eux*]. Même s'il a perdu de sa valeur on va le garder, cela nous permet d'avoir accès à la technologie occidentale dans le domaine du traitement des eaux ». À Doha, une joint-venture a tout de même été créée entre Veolia et le Qatar.

Barclays ? En difficulté début 2008, la banque avait besoin de conforter ses fonds propres, mais elle ne souhaitait pas faire appel au gouvernement britannique, préférant se retourner auprès d'investisseurs. Doha pensait réaliser un coup financier en achetant des actions alors à un cours historiquement bas. Mais six mois plus tard, le cours avait encore perdu 40 %.

Quant à leur prétention d'être au conseil d'administration d'une grande société européenne, la réalité, parfois, diffère là encore des objectifs affichés par Doha.

Prenons l'exemple de Suez Environnement (SE). C'est une fois de plus HBJ qui décide en

2008 de prendre 4 % du capital de l'entreprise française. Comme souvent, son fils Jassem agit en son nom. Sur le papier, il s'agit d'un marché gagnant-gagnant (« *win-win deal* »), comme les aiment les Qatariens ! Pour Suez, c'est l'assurance que ses concurrents ne mettront pas la main sur la société dans la mesure où ces 4 % du capital venus du Qatar s'ajouteront à un pacte d'actionnaires qui atteint désormais la barre de 48 %. Quant aux Qatariens, ils entrent de manière exceptionnelle en position volontaire et stratégique dans une société adaptée à leur développement. Tout se passe bien sauf que le jour de l'introduction en bourse, la banque Rothschild, opérateur du Qatar, reçoit l'ordre de ne plus acheter que 3 % de Suez Environnement. Une dispute aurait éclaté entre les investisseurs qatariens. Les 4 % étaient répartis en quatre petites structures d'investissement, mais au dernier moment l'une d'elles a renoncé à mettre de l'argent dans Suez Environnement. La prise de participation se limite donc à 3 %. Un accord oral est conclu entre Gérard Mestrallet, patron de Suez Environnement, et le Qatar pour que celui-ci dispose d'un siège au conseil d'administration de SE. Pas tout de suite pour ménager les formes, mais dans quelques mois. Finalement, rien ne se passera. « Les Qatariens sont vite passés à autre chose, ils n'ont même jamais réclamé leur siège au conseil d'administration de Suez Environnement », souligne un intervenant dans la négociation. Et deux ans plus tard, en 2010, Doha a revendu 2 des 3 %, quand la QIA est entré au capital de Veolia Environnement.

Qu'est-il arrivé ? En fait, poursuit l'intermédiaire :

— C'était HBJ le décideur. Et c'est bien le problème. Il a trouvé l'idée séduisante. Mais il est aussi Premier ministre, ministre des Affaires étrangères, il a son patrimoine privé de quelques dizaines de milliards, son yacht à décorer, ses jets privés. Bref, le père dit « on fait », mais derrière l'intendance ne suit pas, son fils n'a pas fait les efforts pour entrer au CA de Suez Environnement.

D'autres acquisitions répondent, quant à elles, à de simples coups de cœur, comme l'achat de la Société des bains de mer à Monaco, qu'ils ont rapidement revendue, en raison – encore et toujours – d'un manque de personnel compétent pour gérer l'affaire, ou encore du centre Kléber de conférences internationales à Paris, propriété du ministère français des Affaires étrangères. Pour cet achat de prestige, en 2009, c'est le duo émir et HBJ qui fut à la manœuvre.

Cheikh Hamad a tenu à visiter lui-même l'établissement avant de l'acheter pour 404 295 360 euros précisément, alors que le bâtiment avait été estimé 330 millions d'euros. Mais les Qatariens voulaient être sûrs de l'avoir. « Combien doit-on mettre ? » demandaient-ils à leurs négociateurs français. Plus de 400 millions ? « Alors mettez 404 295 360, comme cela on fera croire au monde entier qu'on a fait de savants calculs. »

Et tant pis pour les 4 millions d'euros en trop ! « Pour nous, c'est quoi ? Un demi-bateau de gaz liquéfié ? On en sort plusieurs par jour. Donc ne vous inquiétez pas. »

Un banquier qui les pratique décrypte :

— Ils sont tellement fiers quand ils acquièrent des biens comme le centre Kléber ou le Royal

Monceau ! Ils me rappellent ma fille de dix-neuf ans, quand elle s'est acheté un sac Dior. Ils se font plaisir.

Avec eux, les lois de l'économie sont inadaptées. Le banquier poursuit :

— Leurs calculs économiques ne ressemblent en rien à ceux des banquiers de Goldman Sachs ou de Lazard. Pour eux, l'argent c'est de l'argent de Monopoly. Ils en ont à volonté, contrairement à ce qu'on apprend dans les écoles de commerce, où l'argent est une ressource rare. Or eux ne sont pas contraints par l'argent. C'est la première fois que je me retrouve dans ce cadre-là.

Mais attention, les Qatariens ne sont pas philanthropes. Ils traînent même, on l'a vu, une vilaine réputation de pingres !

Pour minimiser les risques, la famille régnante n'hésite pas à acheter, pour elle-même, certains biens qu'elle pourra revendre au fonds souverain, si elle y trouve un intérêt financier. Ce qui fait de la QIA une caisse noire fort utile aux al-Thani. « Au cas où les choses tourneraient mal, ils se retrouveraient à l'étranger sans être démunis », observe un al-Thani, qui rappelle que l'ex-émir Khalifa était déjà parti avec la caisse en 1995, avant d'être déposé par son fils.

On l'a vu, le Premier ministre, Hamad Bin Jassem, et sa proche famille disposent de leur propre « véhicule » pour investir à l'étranger, Challenger. « Comme si François Fillon ou Jean-Marc Ayrault investissait en France avec l'argent de l'État », sourit un banquier qui leur est proche.

C'est grâce à Challenger que HBJ a massivement acheté, en France, des immeubles en particulier, mais pas seulement. Son patrimoine se chiffrerait, rappelons-le, en dizaines de milliards de dollars. Il associe ses fils à la plupart des deals qu'il négocie. Mais Jassem et Ahmed sont aussi de puissants dirigeants de banques au Qatar, notamment la Qatar Islamic Bank.

Ils ont le même profil que Tamim, des jeunes âgés d'une trentaine d'années, déjà très riches, et très bien formés.

— Mais ils se demandent tous les jours pourquoi ils doivent aller travailler, constate le banquier qui les connaît. Ils ne sont jamais pressés de prendre une décision. Nous ne sommes pas en présence d'incompétents, mais de gens qui n'ont pas la motivation, sauf pour les trucs qui les éclatent comme le PSG. Harrods et les marques de luxe, ça les amuse un moment, mais après ils s'en lassent. Donc ils cherchent des gestionnaires. Je vous raconte cela pour que vous compreniez bien pourquoi nous autres Occidentaux pouvons être agacés par cet attentisme. Fondamentalement, il faut se convaincre qu'au jour le jour, il n'y a pas forcément une stratégie très définie.

L'émir a puisé dans sa cagnotte personnelle pour acheter le siège du Crédit Foncier place Vendôme, non loin de son duplex de la rue de Rivoli.

D'autres membres éminents de la famille sont parties prenantes aux acquisitions, en particulier Cheikh Abdallah, l'ancien Premier ministre, qui possède l'hôtel Lambert sur l'île Saint-Louis à Paris. Il détiendrait QTel (Qatar Télécoms), qui est l'actif le plus important de la QIA.

Au-delà de ce qui est connu, il y a tous les investissements de la QIA qui n'apparaissent nulle part. Et même entre eux, rien n'est jamais complètement transparent. Qatar Luxury, par exemple, n'a pas été consulté quand la Qatar Holding a pris une participation dans le groupe de prêt-à-porter Valentino. « On retombe dans la querelle Cheikha Moza-HBJ, les rivalités de personnes prévalent dans certaines prises de décision », estime un homme d'affaires français à Doha.

***

Un examen détaillé des investissements du Qatar à l'étranger nous conduit à tordre le cou à quelques poncifs. Le Qatar n'a pas plus acheté la France que la Grande-Bretagne, comme les manchettes de la presse hexagonale le laissent parfois penser. La quinzaine d'acquisitions réalisée par Doha en France s'élève au total entre 12 et 14 milliards de dollars. En Grande-Bretagne, l'ensemble des investissements qatariens atteint presque le double, 23 milliards de dollars. Outre-Manche, ceux-ci ne soulèvent pas de polémique. Pas plus qu'en Allemagne, où leurs investissements sont certes plus concentrés sur le secteur automobile (10 milliards). Il convient en effet de mettre en parallèle à ces 12 milliards de dollars investis en France le montant des marchés que des sociétés françaises ont remportés depuis cinq voire dix ans au Qatar. Et il est loin d'être négligeable.

— Nous avons un vrai problème avec la société française, la presse et une partie du personnel politique, affirme un officiel qatarien.

À Doha, on a du mal à expliquer le « *Qatar bashing* » français.

— Ils ne comprennent pas notre agressivité à leur égard, confie un patron du CAC 40. Ils ne comprennent pas qu'on ne cesse de dire que leur pays va racheter la France. Mais qui va racheter les grands hôtels ? Aucun Français ; de toute façon, les Français n'ont plus les moyens d'y aller.

Un malentendu se creuse. Habitués à la tradition orale bédouine, les Qatariens ne voient pas la nécessité de communiquer[1]. « On fait du bien en France, on rachète des sociétés, on investit notre argent chez vous. Et en retour on se prend des coups », déplore avec amertume un de leurs diplomates.

— La France pour eux c'est historique, affirme un capitaine d'industrie. C'est vrai qu'ils considèrent que par rapport à sa capacité réelle, la France est un peu sous-cotée, donc ils ont intérêt à y investir maintenant. Mais le jour où on les embêtera vraiment trop, ils partiront[2].

---

1. L'ancien Premier ministre et ami du Qatar, Dominique de Villepin, cherche à établir un plan de communication pour restaurer l'image du Qatar en France. Un des principaux partenaires industriels du Qatar a également proposé ses services à l'émirat, en vain.

2. « C'est vrai que vous êtes quand même un peu fermés, vous les Français », répète souvent Cheikha Moza à ses interlocuteurs.

12

Les armes du « soft power »

Obsédé par la sécurité du Qatar et conscient de sa vulnérabilité, l'émir al-Thani a compris qu'il devait être inventif pour protéger son pays. Il est le premier dans la région à pressentir que les médias, le sport, l'éducation et l'art peuvent être des « armes » au service de la défense nationale.

Car même s'il la renforce et la modernise, l'armée qatarienne ne pourra jamais rivaliser avec celles de ses voisins. L'intelligence de l'émir est d'avoir perçu avant tout le monde que le « *soft power* » pouvait être redoutablement efficace dans le village planétaire du XXIe siècle. La puissance d'un pays ne se mesure pas seulement au nombre de ses blindés et de ses missiles ! L'influence et le pouvoir peuvent aussi se décliner de bien d'autres façons…

La révolution Al-Jazeera : la fin d'une épopée ?

À peine arrivé au pouvoir en 1995, l'émir al-Thani a un coup de génie. En Bédouin madré et visionnaire, il récupère une chaîne qui n'avait pas fonctionné en Arabie Saoudite à cause d'une censure tatillonne. Cette télévision s'appelle Al-Jazeera, dont le nom arabe signifie « l'île ». En relançant la chaîne, il vise à obtenir une notoriété internationale pour le Qatar. Le pari sera gagné au-delà de toutes ses espérances. Aujourd'hui, Al-Jazeera a fait connaître le Qatar aux quatre coins de la planète...

Constituée d'anciens journalistes et éditorialistes du service arabe de la BBC, la chaîne débarque sur les écrans en 1996. La plupart des nationalités arabes sont représentées dans la rédaction. Pas un journaliste qatarien, ils restent confinés dans les médias locaux. Mohamed al-Marri ne cache pas sa fierté d'être le premier et le seul Qatarien à présenter un journal d'informations politiques sur la chaîne.

— C'était un rêve pour moi d'intégrer Al-Jazeera, explique-t-il. Quand elle a été fondée, elle n'avait pas d'identité qatarienne et ne s'adressait pas au peuple qatarien. Son objectif était de dépasser en termes d'exigence professionnelle la BBC et de s'adresser à l'opinion publique arabe. Pour être opérationnelle tout de suite, elle a recruté les meilleurs professionnels.

Le projet n'allait pourtant pas de soi et il a fallu toute la ténacité de l'émir et de Cheikha Moza pour faire face aux critiques qui pleuvaient de toute part, des conservateurs locaux proches de l'Arabie Saoudite aux dirigeants arabes stupéfiés par la liberté de ton de la chaîne, jusqu'aux Américains qui voyaient d'un mauvais œil l'irruption d'une chaîne porte-parole des causes arabes, notamment palestinienne.

Le succès d'Al-Jazeera se révèle cependant foudroyant. La chaîne fait exploser le paysage audiovisuel arabe alors sous contrôle de gouvernements autoritaires. Les télévisions nationales servent à glorifier les dirigeants et à vanter les « réussites » des régimes en place. L'émir donne carte blanche à la rédaction d'Al-Jazeera qui peut dénoncer l'absence de démocratie dans le monde arabe[1]. À Doha, la rédaction ne se fait pas prier et s'en donne à cœur joie. Pour la première fois, les opposants des régimes arabes sont invités sur des plateaux de télévision. La révolution Al-Jazeera est en marche.

Vis-à-vis de l'extérieur, l'émir a toutefois posé une seule ligne rouge : pas de critique du roi d'Arabie Saoudite.

— Cette consigne a duré jusqu'au 11 septembre 2001, affirme un diplomate. L'émir Hamad a ensuite levé cet interdit et Al-Jazeera a donné la parole à des extrémistes saoudiens pour embarrasser Riyad dans sa relation déjà tendue avec Washington.

À l'intérieur, pas question non plus de critiquer l'émir et la famille régnante. Sous le soleil du Qatar, la liberté a ses limites.

La chaîne acquiert une réputation sulfureuse en diffusant les premières vidéos d'Oussama Ben Laden après le 11 septembre. Le chef d'al-Qaida prend alors l'habitude de passer par Al-Jazeera pour diffuser ses messages de propagande. En Occident, on accuse la chaîne d'être le relais médiatique de l'organisation terroriste. Al-Jazeera s'en défend, ce qui n'empêche pas les Américains de bombarder son bureau à Kaboul.

---

1. En octobre 2001, le président égyptien en visite dans les modestes locaux d'Al-Jazeera à ses débuts aurait dit : « C'est donc de cette boîte d'allumettes que vient tout ce vacarme ! »

Sa couverture de la deuxième Intifada palestinienne à partir d'octobre 2000 lui vaut des records d'audience. Grâce à une cohorte d'envoyés spéciaux sur le terrain, l'opinion publique arabe vit en direct les épisodes de cette nouvelle confrontation israélo-palestinienne. De Rabat à Damas, les gens sont scotchés devant leurs écrans de télévision et passent des nuits blanches.

2003-2004 est une période charnière pour Al-Jazeera. L'audience est maximale au moment de l'invasion américaine en Irak. Alors que la direction d'Al-Jazeera a transmis les coordonnées GPS de son bureau dans la capitale irakienne à Washington, Tarek Ayoub, un envoyé spécial, est tué délibérément par un bombardement de l'armée américaine. À Washington, les néoconservateurs américains ont la chaîne dans le collimateur. Hystérique, George Bush évoque même devant le Premier ministre britannique Tony Blair l'idée de bombarder Al-Jazeera ! Il renoncera à son projet délirant.

Dans l'histoire d'Al-Jazeera, Il y a un avant et un après-guerre d'Irak. Un nouveau directeur général est nommé en 2003. Il s'agit de Wadah Khanfar. C'est un Frère musulman palestinien originaire de Jénine en Cisjordanie. C'est lui qui va initier le tournant de l'islamisation à la ligne éditoriale. La chaîne donne de plus en plus la parole au Hamas palestinien et aux mouvements islamistes. « Il n'y avait pas d'ordre direct, mais plutôt une musique de fond, une ambiance », se rappelle un membre de la rédaction. Au fil des ans, les chrétiens sont écartés des directions des bureaux à l'étranger comme Akram Khouzam à Moscou ou encore Michel Kik à Paris.

Les Printemps arabes sont l'occasion pour Al-Jazeera d'occuper les devants de la scène médiatique. Curieusement, la chaîne, qui se veut le pouls de la rue arabe, rate en Tunisie les débuts de la révolution du Jasmin en décembre 2010.

— La chaîne n'a rien compris au début, affirme un journaliste d'Al-Jazeera. La rédaction en chef pensait que Ben Ali allait mater la révolte. Puis on a pris le train en marche. On a alors multiplié les interviews de responsables d'Ennahdha, le parti islamiste.

Mais le journaliste poursuit :

— Pour l'Égypte, on s'est rattrapés. La couverture a été maximale. À tel point qu'au sortir d'une réunion de direction de la chaîne, un responsable nous a dit : « Cette semaine sera décisive : soit Wadah Khanfar s'en va, soit c'est Moubarak ! » La Libye a été un tournant, notamment après la mort d'un caméraman de la chaîne. On est alors devenu partie prenante du conflit, il y a eu une forme de militantisme. Nous étions un média en guerre.

Paradoxalement, les révolutions arabes sont à la fois une nouvelle heure de gloire pour Al-Jazeera et sans doute le début du déclin de la chaîne arabophone. Elle a perdu beaucoup en crédibilité en tournant le dos au slogan qui a fait sa réputation : « L'opinion, et celle de l'autre ! » Désormais, elle colle à l'agenda des nouveaux gouvernements islamistes sortis des urnes et à celui de la politique étrangère du Qatar. En interne, la consigne est de ne pas trop critiquer ces autorités post-révolutionnaires issues des Frères musulmans : « Ils viennent d'arriver au pouvoir, laissons-les faire leurs preuves… » est le message transmis par la rédaction en chef. Sa couverture a minima de la crise à Bahreïn a aussi été critiquée en interne.

Chez les anciens d'Al-Jazeera, l'amertume et la désillusion sont bien réelles.

— Nous avons perdu beaucoup d'audience, au moins 30 %, après les Printemps arabes, avoue l'un d'entre eux. Notre crédibilité a diminué et, dans chaque pays, les gens regardent de nouveau leurs chaînes nationales.

Al-Jazeera n'est la plus la référence. Le canal historique semble à bout de souffle[1]. D'autres concurrents arabes sont apparus (Al-Arabiya, Al-Mayadeen, Sky News Arabiya, Kanat Abu Dhabi, Dubai TV, etc.) et les chaînes occidentales ont désormais leur version arabophone (BBC, France 24, Russia Today, Al-Horra, Deutsche Welle, etc.), sans parler des réseaux sociaux et d'Internet, nouveaux vecteurs d'information.

Dans cet environnement concurrentiel, l'un des volets de la stratégie d'Al-Jazeera est de diversifier son aire géographique. L'offensive a commencé avec la langue la plus parlée au monde, l'anglais. L'objectif d'Al-Jazeera English, lancé en 2006, vise à toucher un public plus large et à donner une autre image du groupe mais aussi à concurrencer les grandes chaînes anglo-saxonnes (CNN, BBC, Fox News, etc). Le succès est réel en Occident où la chaîne propose une vision origi-

1. La rédaction d'Al-Jazeera a subi de nombreux départs de journalistes insatisfaits de la ligne éditoriale, notamment de son parti pris dans la crise syrienne. Fin 2012, Aktham Suliman, correspondant à Berlin depuis 2002 pour Al-Jazeera, a annoncé sa démission, dénonçant les dérives rédactionnelles.

nale et professionnelle de l'actualité. Beaucoup de ses journalistes, présentateurs et reporters, sont des anciens de la BBC et de CNN.

Dans son expansion, Al-Jazeera a longtemps été écartée du marché américain. Elle cherchait une porte d'entrée. Finalement, c'est en rachetant Current TV, la chaîne de l'ancien vice-Président américain, Al Gore, pour 500 millions de dollars, qu'elle l'a trouvée. Cette nouvelle acquisition va lui permettre de toucher près de 40 millions de foyers américains contre moins de 5 millions aujourd'hui avec Al-Jazeera English.

D'autres chaînes régionales émettent déjà, par exemple en turc et en swahili. À l'automne 2011, Al-Jazeera Balkans a été lancée depuis Sarajevo. Elle est devenue le seul acteur à proposer un traitement régional et transcommunautaire depuis l'éclatement de l'ex-Yougoslavie. Les dirigeants d'Al-Jazeera pensent à l'espagnol et surtout au français. Mais l'idée n'a pas été vraiment appréciée à Paris.

— Sous Nicolas Sarkozy, l'Élysée a tout fait pour décourager le Qatar de créer une chaîne francophone, sur l'Afrique noire et le Maghreb, afin de ne pas concurrencer France 24, affirme un professionnel des médias. Le projet est reporté, mais il n'est pas abandonné.

Le redéploiement, c'est aussi de lancer d'autres marques. La Qatar Medias Corporation (QMC) a été créée en 2009 dans le but de regrouper l'ensemble des activités médias du groupe Al-Jazeera afin d'y donner une cohérence éditoriale et des synergies entre les trois grands pôles (information/documentaire, jeunesse et sports). Au sein de la famille régnante, l'émir supervise le pôle information ; Tamim, le prince héritier, le département sports ; et Cheikha Moza le secteur jeunesse avec Al-Jazeera Children[1]. On dit que l'accord entre la Qatar Foundation et le groupe Lagardère pour fonder cette chaîne pour enfants est une forme de contrepartie à l'entrée du Qatar dans le capital de Lagardère.

Le clan au pouvoir a choisi de faire évoluer le statut d'Al-Jazeera qui n'est plus public mais semi-public afin de lui donner plus d'autonomie pour lui permettre de s'adapter à l'évolution du marché médiatique. C'est l'émir Hamad qui nomme les membres du conseil d'administration de la chaîne, laquelle reste le lieu où s'affrontent les grandes influences de l'émirat, notamment celles de Cheikha Moza et celle de HBJ. Dans ce dispositif, le nouveau P-DG d'Al-Jazeera, Cheikh Hamad bin Tamer al-Thani est un maillon clé[2]. Cousin de l'émir, cet ingénieur de formation est un ancien de Qatar Gas, il est considéré comme un bon gestionnaire. On le dit proche des Frères musulmans. Il aura la lourde tâche de gérer un empire médiatique en pleine métamorphose.

Dans le groupe, Al-Jazeera Sport est une vitrine étincelante en pleine croissance, avec ses dix-huit chaînes sportives qui sont dans le périmètre de la

---

1. Dans le cadre d'Al-Jazeera Children, lancée en 2006, Lagardère International a signé un accord de conseil avec la Qatar Foundation. En interne, c'est la pagaille. Mahmoud Bouneb, le directeur de la chaîne, et sa femme son adjointe, ainsi que le contrôleur de gestion, ont eu des soucis avec leur tutelle qatarienne. Ils sont interdits de quitter le Qatar depuis septembre 2011.

2. Wadah Khanfar, le directeur général, a été remercié en septembre 2011 et remplacé par Cheikh Ahmad al-Thani.

Qatar Media Corporation mais qui jouissent d'une autonomie de gestion. Dans ce domaine, le Qatar mène une politique aussi ambitieuse qu'agressive. D'abord dans les pays arabes où des droits de retransmissions sportives ont été acquis pour des centaines de millions de dollars. C'est Nasser al-Khelaifi, le patron du PSG et président de la fédération qatarienne de tennis, qui depuis 2003 a développé la politique d'achat de droits pour Al-Jazeera.

Le Qatar a fait le choix d'articuler sa stratégie télévisuelle autour du football, l'un des sports les plus regardés au monde et très coté en Europe. Le Qatar a opté pour une nouvelle marque, BeIN Sport, afin de pénétrer certains marchés. En clair : Al-Jazeera reste positionnée sur le monde arabo-musulman et les pays en développement. BeIN Sport vise, elle, l'Europe et les États-Unis. La chaîne a choisi la France comme laboratoire de ses ambitions qui semblent insatiables[1]. Car derrière BeIN Sport, c'est en réalité toute une filière industrielle du sport qui se met en place progressivement.

Maîtriser le « sport business » de A à Z

Le sport, c'est une projection de puissance du Qatar. L'arrivée en force de l'émirat dans le monde sportif doit se lire en parallèle de sa diplo-

1. Le lancement de BeIN Sport a eu lieu le 1er juin 2012 à Paris au palais de Chaillot. Les barons du football français étaient présents : Noël Le Graët, patron de la FFF, Frédéric Thiriez, président de la Ligue ou encore Jean-Michel Aulas, président de l'OL.

matie. Pour décrypter la stratégie de Doha, il faut revenir à la source du miracle qatarien : le gaz. L'émir a mis en place une politique qui vise à contrôler tous les stades de l'industrie gazière : de l'extraction des champs gaziers, en passant par les trains de liquéfaction, jusqu'aux flottes de méthaniers et à la gestion des ports. Aucun maillon de la chaîne n'échappe à l'émirat. Le Qatar veut dupliquer, dans le domaine du sport, le modèle qui lui a si bien réussi pour le gaz.

Le sport doit aussi être compris comme une composante indissociable du projet de développement du Qatar. Il permet d'éduquer la jeunesse qatarienne et de consolider son positionnement sur l'échiquier mondial ainsi que sa notoriété[1]. Pour l'émir, la Coupe du monde de 2022 doit être un accélérateur de modernité et permettre de diversifier les revenus de l'économie qatarienne.

Pourtant, au départ, Cheikh Hamad n'était pas très chaud pour présenter une candidature à la FIFA. Ce sont les jeunes princes de la famille royale qui l'ont finalement convaincu. L'émir veut également profiter de cet événement planétaire pour donner les clés de l'État au prince héritier, car jadis lui aussi avait fait ses premiers pas dans les instances sportives de l'émirat. Tamim emprunte la même voie.

Au Qatar, l'homme clé du sport, c'est vraiment le prince héritier. Il cumule les fonctions de pré-

1. « Nous sommes persuadés que le sport est un des meilleurs moyens de faire parler en bien du Qatar dans le monde. (...) Et le sport nous aide dans notre stratégie globale vers l'extérieur. » (Interview de Cheikh Saud bin Abdul Rahman al-Thani, secrétaire général du Comité olympique qatarien, au journal *L'Équipe*, 19 décembre 2012.)

sident du Comité olympique qatarien (COQ), de président du Comité d'organisation de la Coupe du monde 2022 et a supervisé les candidatures du Qatar pour les Jeux olympiques de 2016 et 2020. Dans le domaine sportif, tout passe par lui et c'est lui, le décideur en dernier recours.

Au Qatar, le Comité olympique joue le rôle d'un ministère des Sports qui gère non seulement les fédérations, mais aussi les équipes nationales, les clubs, les événements et les candidatures. Le comité pour la Coupe du monde, lui, est une sorte de « *shadow cabinet* » composé d'hommes proches de Tamim. Il y a parmi eux Cheikh Saud bin Abdul Rahman al-Thani, secrétaire général du Comité olympique qatarien, dont le frère est le patron d'Al-Jazeera, et Hassan al-Thawadi, directeur général du Comité d'organisation de la Coupe du monde, sans oublier Nasser al-Khelaifi, également un rouage clé du système.

À l'instar de Tamim, son patron et ami, Nasser al-Khelaifi est un cumulard : président de la fédération de tennis, président du PSG (football et handball), directeur général d'Al-Jazeera Sport et de BeIN Sport, mais surtout président du fonds Qatar Sport Investment (QSI). Créé en 2005 par le prince Tamim, QSI est le bras financier du Qatar dans le domaine du sport. Son rôle est d'investir dans les activités de loisir et sportives. C'est lui qui a racheté le PSG.

Sur le papier, tout paraît simple, mais difficile de décortiquer l'ADN de QSI compte tenu de l'opacité des structures. QSI serait une joint-venture entre le Comité olympique et la Qatar Investment Authority (QIA), le fonds souverain de l'émirat. Comme le Comité olympique ne peut mener des activités commerciales, on a créé le

QSI qui reçoit des fonds de QIA… et le tour est joué ! Encore une fois, au Qatar, tout est imbriqué entre sport, télévision et politique…

La frontière entre QSI et Al-Jazeera Sport est également difficile à cerner dans la mesure où Nasser al-Khelaifi est le patron des deux entités. Mais il faut savoir qu'il ne prend aucune décision majeure sans le feu vert de son « boss », le prince Tamim, à qui il réfère en permanence.

— La dotation de QSI est l'un des secrets les mieux gardés, ajoute un spécialiste du secteur, mais il devrait dépasser les 5 ou 6 milliards de dollars depuis sa création en 2005, en incluant le rachat des droits sportifs détenus par le groupe audiovisuel saoudien ART, qui avait remporté les droits de retransmission de la Coupe du monde de 2010 en Afrique du Sud.

Évidemment, en France, la notoriété de Qatar Sport Investment est liée au rachat du PSG, qu'il possède à 100 %. Pour le Qatar, l'équipe parisienne n'est pas un grand club européen à l'image de Barcelone, de Manchester ou du Milan AC, mais c'est un ticket d'entrée très bon marché dans le monde du foot européen. Le rachat du PSG, sa gestion et le financement des ambitions du club en Europe est une goutte d'eau pour les Qataris. C'est un relais de croissance intéressant qui permet de se positionner et de mettre la main sur le centre de formation dans la perspective de la Coupe du monde 2022.

Le Qatar a dix ans pour former une équipe de football digne de ce nom pour sa coupe du monde. Pour cela, l'émirat, via l'académie sportive ASPIRE, a recruté José Riga, ex-entraîneur du Standard de Liège et ancien entraîneur adjoint de l'équipe nationale belge. Son rôle est de développer une méthode pour découvrir les jeunes talents de demain qui pourront ensuite être naturalisés et versés dans l'équipe nationale qatarienne. ASPIRE a créé un centre de formation à Dakar au Sénégal pour sélectionner de jeunes joueurs africains. Le projet s'appelle ASPIRE Football Dreams.

Il y a aussi une autre logique, humaine et financière.

Le rachat du PSG a défrayé la chronique mais qui sait que le Qatar a racheté un club de deuxième division belge appelé l'AS Eupen ? L'histoire semble anecdotique mais elle s'inscrit dans la stratégie qatarienne.

— Ce rachat n'est pas un hasard, explique un diplomate belge. Avec leurs académies de football à Doha et à Dakar, l'idée est d'aller sélectionner les meilleurs espoirs et de les lancer pour une carrière professionnelle en Europe. Quand on est propriétaire d'un club, c'est plus facile de placer ses jeunes dans sa propre équipe.

Dès lors, l'acquisition de l'AS Eupen pour une somme modeste prend tout son sens.

Pour la petite histoire, l'émir Hamad et ses fils ont acheté des propriétés dans cette région germanophone rattachée à la Belgique après la Première Guerre mondiale.

Sans oublier que le patron de Qatar Football Dreams est un Allemand originaire d'une ville située à quelques centaines de kilomètres d'Eupen. Et puis dans cette histoire belge, il ne faut pas oublier que les relations entre le royaume et le Qatar dans le domaine du football sont anciennes et au beau fixe. Depuis plusieurs années, les arbitres qatariens sont formés à Knokke-le-Zoute par le comité d'arbitrage de l'Association belge de football.

Le club de la ville Eupen va donc servir à introduire de jeunes talents africains et asiatiques dans le championnat belge de deuxième division et de les tester. Si au fil des matchs, ils montrent des qualités pour devenir de futurs champions, ils pourront être ensuite dirigés vers le PSG ou le club espagnol de Malaga, propriété d'un membre de la famille régnante, voire revendus à prix d'or à de grands clubs européens. Le retour sur investissement sera forcément gagnant.

Dans la chaîne du business sportif, le Qatar se devait de posséder un équipementier. Faute de pouvoir se payer Nike, Puma ou Adidas, les Qatariens ont jeté leur dévolu sur Burrda et l'ont racheté via QSI. Cette marque suisse périclitait. Une fois qu'elle a été reprise en main, l'objectif était de la faire grandir. Déjà, la marque enregistre de beaux succès puisqu'elle équipe dans le football l'OGC Nice ou le RC Toulon dans le Top 14 de rugby. Et puis Burrda possède un atout maître : c'est Laurent Platini, le fils du président de l'UEFA et ancienne star de l'équipe de France. Le fils Platini est en charge depuis Genève du développement européen de la marque suisse. Et Laurent Platini figure aussi dans l'organigramme du PSG !

On l'aura compris, le Qatar met en place une véritable filière industrielle sportive à tous les niveaux. Comme toujours, l'émirat est pressé. Et pour briller, il lui faut toujours plus d'événements. Actuellement, Doha accueille une trentaine de compétitions régionales et internationales. Les responsables du sport au Qatar veulent parvenir à cinquante par an, selon Cheikh Saud bin Abdul Rahman al-Thani, secrétaire général du Comité olympique du Qatar[1].

C'est un calendrier infernal et, aux dires de certains spécialistes, quasiment impossible à respecter, compte tenu des ressources humaines actuelles dans l'émirat.

— Avec les sportifs professionnels, ça peut avoir lieu n'importe quand, mais avec les sportifs amateurs, ça ne peut avoir lieu que le week-end, il faudrait donc réserver cinquante week-ends par an ! explique un expert.

Ici, le sport est pensé comme une industrie à l'anglo-saxonne avec l'idée que le Qatar devienne le « *hub* » régional des grandes compétitions. La bataille aujourd'hui fait rage entre l'émirat et les autres pétro-monarchies comme le Koweït, Bahreïn, les Émirats arabes unis, et même maintenant Oman qui veut se positionner sur les sports aquatiques.

Dans cette « guerre du sport », tout est bon pour se faire de la publicité. L'émir est réceptif à toutes les idées, comme celle du publicitaire Richard Attias d'organiser une sorte de « forum de Davos du sport » en décembre 2012, ou Doha GOALS pour *Gathering of All Leaders in Sport* (Rassemblement de tous les leaders du sport).

Mais à vouloir trop bien faire, le Qatar se prend les pieds dans le tapis. Les membres du Comité international olympique n'ont pas du tout apprécié que l'un des ateliers de travail planche sur le thème : « réinventer les Jeux olympiques ».

1. *The Peninsula*, 15 novembre 2012.

Comme si le Qatar, qui postule à l'organisation des JO, était le mieux placé pour cela… Les Doha GOALS ont brouillé l'image du Qatar, devenu un pays de poche à l'appétit d'ogre.

L'éducation : la chasse gardée de Cheikha Moza

Dans le rapport intitulé « Vision nationale 2030 » devenu l'alpha et l'oméga du diwan royal, le Qatar se projette dans l'après-gaz et pétrole. Dans ce plan ambitieux, qui a des airs de planification soviétique mais cuisinée à la sauce des consultants américains de la Rand Corporation, l'éducation occupe une place centrale. C'est même le cœur du projet de la famille royale.

L'idée défendue haut et fort par l'émir Hamad et Cheikha Moza, c'est de faire évoluer l'émirat vers une société du savoir et de la connaissance. Éduquer les générations présentes et futures pour leur donner les clés du monde de demain, et non pas seulement en faire des rentiers vivant confortablement sur leurs tas d'or et de pétrodollars. Devant ses visiteurs, Cheikha Moza se montre très remontée contre la corruption. Elle dit souvent : « Je ne veux pas que mes enfants soient comme les fils de Moubarak ! »

Dans cette vision royale, la Qatar Foundation[1] de Cheikha Moza, dont l'emblème est le sidra, l'arbre du désert de l'émirat, est l'institution

1. Le nom complet de la QF est *Qatar Foundation for Education, Science and Community Developpement*. Son site web : www.qf.com.qa

phare pour comprendre les ambitions du Qatar. Créée en décembre 1995, juste après la prise du pouvoir de l'émir Hamad, cette fondation à but non lucratif est financée par l'État sous la forme d'une dotation pluriannuelle.

Dans sa jeunesse, la cheikha, on l'a vu, a été influencée par le nasserisme et le nationalisme arabe, fer de lance de l'éducation de masse, non seulement pour les garçons mais aussi pour les filles. Sa fondation est pour elle une façon de jouer un rôle de premier plan dans une société tribale et ultra-conservatrice où les femmes sont reléguées au deuxième plan.

Au départ, la cible de la QF, c'étaient les jeunes filles qui n'avaient pas le droit d'aller étudier à l'étranger. Le pari est réussi puisque aujourd'hui celles-ci sont majoritaires sur le campus de la Qatar Foundation. Ce campus high tech et hors norme fait pâlir d'envie les plus grandes universités internationales. Il s'étend sur 2 500 hectares. Pour l'édifier, il a fallu exproprier certains propriétaires, comme l'ancien ministre du Pétrole Abdallah al-Attiyah. Sa construction a coûté entre 15 et 20 milliards de dollars ! Plus d'une cinquantaine d'entreprises et d'institutions sont présentes, faisant de la Qatar Foundation l'un des principaux pourvoyeurs d'emplois pour les Qatariens, qui touchent des salaires attractifs.

Tout s'est accéléré après le 11 septembre 2001. Les États-Unis ont alors diminué drastiquement le nombre des visas étudiants pour les ressortissants du Golfe. Si la jeunesse du Qatar ne peut plus étudier en Amérique, alors les universités américaines les plus prestigieuses viendront dans l'émirat à la Qatar Foundation ! On trouve sur le campus six universités américaines, notamment

Carnegie Mellon, Georgetown, ou encore Weill Cornell Medical College, etc.

La seule implantation française, c'est HEC. À l'origine, l'INSEAD avait été approché par la QF mais les négociations avaient traîné en longueur. Les Français avaient tiqué sur la totale équivalence des diplômes entre Paris et Doha qu'exigeaient les Qatariens. Au bout du compte, la direction de l'INSEAD a préféré s'installer en 2007 à Abu Dhabi, vexant Cheikha Moza. HEC a repris le flambeau et développe sa présence depuis 2010. Les autres tentatives d'implantations françaises sur le campus de la Qatar Foundation ont toutes échoué, qu'il s'agisse de l'école militaire de Saint-Cyr ou encore d'instituts dans le secteur de la médecine.

— Les Qatariens achètent à prix d'or des compétences étrangères, explique un professionnel de l'enseignement. À la Qatar Foundation, les Américains sont omniprésents. Sur le campus, il y a un nombre impressionnant de consultants anglosaxons et français d'origine maghrébine. On les presse comme des citrons pendant un ou deux ans, et puis ils repartent de leur plein gré ou on les licencie. Le turnover est très élevé.

Compte tenu des sommes investies et de la démesure du campus de la Qatar Foundation, les résultats semblent décevants. Le nombre d'étudiants ne dépasse pas les quatre mille, dont la plupart sont des étrangers, notamment des Arabes, des Africains et des Asiatiques. Les installations sont disproportionnées par rapport à l'activité estudiantine. La cheikha a donc décidé de muscler les autres activités, comme celle de la recherche dans les énergies renouvelables et la santé.

Les activités de Cheikha Moza à la tête de la Qatar Foundation irritent les cercles conservateurs. HBJ, le Premier ministre, n'a de cesse de contrecarrer ou de critiquer ses initiatives. Quand elle fait construire un centre de convention, il fait de même. HBJ aimerait bien voir disparaître le WISE. Depuis 2008, Cheikha Moza convoque le sommet WISE (*World Innovation Summit for Education*) qui réunit à l'automne plus de mille experts venus du monde entier.

À cette occasion, un prix doté de 500 000 dollars est remis à une personnalité ou une organisation qui développe des idées novatrices en matière d'éducation[1]. Une grand-messe où Cheikha Moza rayonne et accorde ses largesses. Elle est le centre de toutes les attentions.

Fine politique, elle sait aussi qu'elle ne sera pas toujours la première dame du Qatar. Elle fait donc tout pour pérenniser son œuvre. Hermétique à ses débuts aux partenariats commerciaux, la Qatar Foundation s'inscrit de plus en plus dans une logique de joint-ventures pour renforcer son indépendance financière à long terme. Son partenariat avec Vodafone est un bon exemple de cette nouvelle stratégie.

Les investissements de la Qatar Foundation dans le cadre de ces partenariats dans l'énergie solaire, les télécommunications, l'événementiel, etc., sont estimés à près de 2,7 milliards de dollars. Ils sont financés par le Qatar Foundation Endowment Fund, plutôt opaque, qui a des liens

1. Pour l'édition 2012, le prix WISE a été décerné à l'Indien Madhav Chavan, inventeur d'une méthode d'apprentissage de la lecture.

avec le fonds souverain. L'idée est d'élargir la surface financière de la Qatar Foundation.

En décembre 2011, la cheikha a décidé de changer la gouvernance au sein de la QF. Elle a fait entrer quatre de ses sept enfants au sein du conseil d'administration : Cheikha Hind qui travaille au diwan au côté de l'émir, Cheikha Mayassa, Mohamed mais surtout Tamim, le prince héritier. Le message aux conservateurs est limpide : on ne touche pas à la Qatar Foundation, sinon ce serait s'en prendre au successeur de l'émir Hamad !

Elle a fait aussi grimper les échelons à l'un de ses neveux, Cheikh Abdullah bin Ali al-Thani qui est le vice-président de la Qatar Foundation et le président du sommet WISE. Elle place ses proches aux postes clés. Quelle que soit la suite des événements, la Qatar Fondation continuera avec ou sans Cheikha Moza. Les financements sont assurés. Elle a même sécurisé 9 milliards de dollars dans le secteur de la santé grâce à un fonds d'État.

À Doha, on murmure que sa fille Cheikha Hind pourrait lui succéder un jour à la présidence de la Qatar Foundation. Mariée en 2010 au cheikh Saisal bin Thani al-Thani, Hind, directrice de cabinet de l'émir, possède sa propre compagnie d'investissement, dont le capital dépasse le milliard de dollars. Elle place cet argent surtout dans l'hôtellerie et l'industrie du luxe et de la mode. Comme Mayassa, elle fait partie de la relève dans la famille royale.

L'art, une affaire de famille

On l'aura compris, il existe une vraie « spécialisation » de chacun des membres de la famille régnante : HBJ, le Premier ministre, est en charge de la diplomatie et du business, Tamim, le prince héritier, a désormais la haute main sur la défense et le sport, Cheikha Moza s'est investie dans l'éducation et la santé.

Dans cette répartition des rôles bien définis, Cheikha Mayassa, elle, s'occupe du secteur « art et culture ». Elle préside les musées nationaux et supervise les principaux événements dans ce domaine. Mayassa est désormais au cœur d'une offensive culturelle singulière et foudroyante au sein du monde arabe.

Au début, l'émir Hamad, son père, l'avait testée dans un rôle politique. Finalement, il l'avait jugée plus utile dans le domaine culturel, préférant sa sœur Hind comme conseillère à ses côtés au diwan. C'est Jassem, son mari, le discret et cultivé ministre du Commerce, qui a initié Cheikha Mayassa à l'art contemporain. Depuis, elle raffole de Jeff Koons, de Damien Hirst ou de Richard Serra. Elle s'est offert pour plus de 70 millions de dollars un tableau de Rothko mis en vente par la famille Rockefeller. C'est elle qui a financé la production des œuvres du plasticien Takashi Murakami exposées au château de Versailles en 2010.

Cheikha Mayassa incarne une nouvelle génération de collectionneurs, mais il serait erroné de dire qu'avant elle il n'y avait rien en termes d'art et de musées au Qatar. C'est une histoire enracinée dans celle de la famille régnante. Contrairement à Abu Dhabi, au Qatar certains princes ont commencé par créer des collections et ensuite ont pensé à les exposer dans des musées. La toute première était une collection d'art moderne arabe montée par le cousin de l'émir, Cheikh Hassan bin Mohamed bin Ali al-Thani, qui est aujourd'hui le vice-président de la Qatar Museum Authority (QMA).

Ce féru d'histoire achetait de l'art moderne arabe, notamment beaucoup de peintres irakiens car c'est la meilleure école du Moyen-Orient. Appartenant à la branche des Bani Ali, il descend d'un clan cultivé et éduqué de la famille royale qui avait le pouvoir avant l'émir Khalifa. Dans les années 1990, Cheikh Hassan avait créé une résidence d'artistes dans l'une de ses propriétés à Doha. Dans l'Irak de Saddam Hussein frappé d'embargo et où tout manquait, les grands maîtres irakiens défilaient chez lui et pouvaient trouver tous les moyens matériels pour exercer leur art. Une sorte de villa Médicis au bord du Golfe.

Après le coup d'État de 1995, le nouvel émir émet le souhait de créer un musée d'art islamique. Cette mission revient à Cheikh Saud bin Mohamed bin Ali al-Thani, le frère cadet de Cheikh Hassan, à qui, en 1998, on avait confié une nouvelle structure, le *National Council for Culture, Art and Heritage* (NCCAH), en fait le ministère de la Culture. C'est lui qui va monter les grandes collections du Qatar.

Pour ses acquisitions, il recrute des conseillers et des marchands d'art, notamment britanniques comme Oliver Hoare, qui fut un temps l'amant de Lady Di. Cheikh Saud se met à acheter à tout va dans les ventes publiques et directement auprès de collectionneurs. Sa frénésie d'achat dépasse la feuille de route établie par l'émir pour la constitution du musée d'art islamique. Il achète pêle-mêle des prototypes de vélos et de voitures, des squelettes de dinosaures – embryon d'une future collection d'histoire naturelle –, des antiquités égyptiennes et gréco-romaines, des œufs de Fabergé, etc. Il devient l'un des plus grands collectionneurs au monde.

Mais sa passion va le perdre en 2005 (voir chapitre 3). Des plaintes commencent à revenir aux oreilles de l'émir. On accuse Cheikh Saud d'utiliser des fonds publics aussi bien pour accroître sa collection privée que pour enrichir la collection nationale. Il s'était fait beaucoup d'ennemis dans la famille régnante parce que son pouvoir était grandissant et qu'il manipulait des fonds importants. Cheikh Saud tombe en disgrâce. Il est placé en résidence surveillée pendant un temps. Aujourd'hui, il partage sa vie entre Londres et le Qatar.

Le musée d'art islamique, pour lequel il avait été mandaté, voit finalement le jour en 2008. Bâtiment somptueux dessiné par Pei, il trône sur une presqu'île artificielle au centre-ville de Doha. Ses vitrines d'exposition sont constituées d'achats effectués chez Sotheby's et Christie's à Londres, complétés par quelques grandes collections libanaise, iranienne et koweïtienne qui retracent les magnificences de la civilisation arabo-musulmane.

Entre-temps, en 2005, Cheikha Mayassa a été propulsée à la tête d'une nouvelle structure qui remplace le NCCAH trop lié au sulfureux Cheikh Saud mis à l'écart : la Qatar Museum Foundation

(QMA). Au début, la princesse n'est pas souvent là. Elle termine ses études à New York. Le tournant, c'est 2010. Cette année-là, elle prend vraiment en main les destinées de la QMA et débauche Edward Dolman, le patron de Christie's. Désormais c'est elle qui donne les grandes orientations, lesquelles vont dans le sens de ses goûts personnels.

— C'est là qu'on perçoit bien la personnalisation de la politique publique au Qatar, remarque un expert du secteur. Elle aurait aimé l'art européen du XIXe siècle, on aurait fait du dix-neuvième ! Elle adore l'art contemporain, donc, on achète les artistes du moment.

Cheikha Mayassa incarne la nouvelle génération et le monde actuel tandis que Cheikh Hassan, vice-président de la QMA, représente, lui, un univers artistique plus classique et arabe. Comme lui, Mayassa constitue sa propre collection. Mais on ne sait pas si elle achète pour elle ou pour la QMA. Un flou artistique entre la sphère privée et le domaine de l'État que l'on retrouve dans toutes les activités des membres de la famille régnante. Le célèbre tableau de Cézanne, *Les Joueurs de cartes*, a-t-il été acheté en son nom propre ou celui de la QMA ? Le mystère est bien gardé, tout comme le lieu où est entreposé le chef-d'œuvre.

Cette toile est le joyau des collections du Qatar. C'est l'œuvre la plus chère du monde acquise en vente publique pour 250 millions de dollars ! Cet achat répond en tout point aux deux principes chers à l'émir Hamad : « Rien que le meilleur » et « Je ne me fie qu'aux chefs-d'œuvre ». Avec sa force de frappe financière, le Qatar peut rafler les plus belles œuvres disponibles sur le marché en surenchérissant systématiquement[1]. 80 % de la collection Saint-Laurent sont ainsi passés aux mains du Qatar.

Avec l'irruption de l'émirat dans les salles de vente, les prix s'envolent. Pour contrôler les cours de l'art, l'émir Hamad a songé un temps racheter Christie's à François Pinault. L'affaire n'a pas été conclue. L'industriel et mécène n'a pas succombé aux sirènes qatariennes. Un moment, il a été aussi question que le Qatar entre au capital de PPR, le groupe de François Pinault, mais HBJ a, semble-t-il, bloqué l'affaire parce que l'initiative venait de Cheikha Moza qui voulait créer une « rue de la mode » à Doha.

Pour leurs achats d'œuvres d'art, les Qatariens passent par des courtiers comme le Français Philippe Ségalot à New York, qui a négocié de nombreuses transactions pour leur compte. Ils ne sont pas forcément les premiers acheteurs au monde – les Chinois sont sans doute devant – mais l'émirat est sans conteste un acteur de tout premier plan, en tout cas une partie de la famille régnante, car une autre partie du clan au pouvoir n'est pas du tout intéressée par le développement des musées et des activités culturelles. Au Qatar, le marché de l'art est minuscule comparé à ceux de Téhéran ou de Dubai, principales places du Moyen-Orient.

Alors pourquoi cette razzia pour décrocher les plus belles œuvres ? Elle s'inscrit dans une stratégie culturelle qui associe « logique de recon-

1. Selon une étude d'Artprice publiée septembre 2012, le Qatar achèterait de 40 à 45 % au-dessus de la cote établie.

naissance et dynamique de connaissance », prouvant l'ouverture au monde du Qatar[1].

— En acquérant pour une fortune *Les Joueurs de cartes* de Cézanne, le Qatar achetait sa *Joconde*. Pour attirer les touristes dans ses musées, il lui fallait un trophée prestigieux, explique une spécialiste du marché de l'art.

L'idée est de capter le flux des visiteurs entre l'Europe et l'Asie, et ainsi d'allonger la durée de leur séjour, pour que le Qatar ne soit pas une simple escale en transit au free-shop de l'aéroport de Doha.

— En termes de bruit médiatique, il vaut mieux acheter un Cézanne à 250 millions de dollars que dix tableaux à 25 millions ! analyse Alexandre Kazerouni, chercheur à Sciences-Po qui travaille sur le secteur de l'art et des musées dans le Golfe. L'art est important pour eux parce qu'il est important chez nous. Leurs musées donnent à voir une très bonne compréhension de nos sociétés européennes qu'ils connaissent beaucoup mieux que nous connaissons les sociétés du Golfe.

Dans ce jeu de miroirs déformants, l'élite qatarienne a bien compris que l'art représentait aux yeux des Occidentaux une source de prestige pas seulement culturel mais aussi social, politique et économique. Les Qatariens, toujours opportunistes, ont flairé qu'il fallait être présent sur ce secteur : ils achètent donc les codes de la civilisation occidentale.

Deux des plus grands capitaines d'industrie en France – François Pinault et Bernard Arnault –

1. « La culture : un nouveau chantier d'action », Djilali Benchabane, Revue *Moyen-Orient*, n° 16, octobre/décembre 2012.

ne sont-ils pas également de grands collectionneurs d'art et les hommes les plus influents du pays ? Les esprits chagrins diront des Qatariens qu'ils se comportent surtout comme des nouveaux riches désirant épater la galerie. Mais c'est aussi la preuve que la famille régnante connaît très bien le fonctionnement des sociétés occidentales et qu'elle a assimilé les codes de la mondialisation.

*
**

Médias et communication, sport, éducation, art et musées : longtemps les armes du « *soft power* » ont été concentrées dans les mains de l'Europe et des États-Unis, leur assurant une suprématie culturelle mondiale. Les pays du Sud n'étaient alors que des spectateurs passifs.

En une décennie, le Qatar et sa fortune colossale ont fait voler en éclats cette répartition asymétrique des rôles. C'est peut-être cela qui a surpris, et sans doute suscité jalousie et inquiétude sur le Vieux Continent, notamment en France : comment un pays lilliputien, sans passé prestigieux, a-t-il pu se payer des pans entiers de la culture occidentale en un temps record ?

On peut s'en réjouir au nom de l'interaction du savoir et de la culture entre les peuples, on peut le critiquer ou le railler, mais c'est désormais une réalité. La montée en puissance du Qatar sur tous les fronts du « *soft power* » est clairement le signe de la construction d'un monde multipolaire. Dans cette évolution historique, l'émirat se veut comme un laboratoire de la mondialisation en marche.

13

L'entrisme international

Qui paie ordonne ! Fort de ce principe, le Qatar s'introduit depuis une dizaine d'années dans les instances internationales et tisse sa toile. Objectif : faire entendre sa voix dans les affaires du monde et promouvoir ses intérêts. La fortune illimitée de l'émirat est son sésame pour se tailler une place dans la cours des grands. Le sport, nouvelle religion universelle, constitue l'une de ses rampes de lancement privilégiées pour la conquête du pouvoir.

Dans le domaine du sport

Le Qatar est aujourd'hui capable d'organiser n'importe quel événement sportif international, comme l'a prouvé le succès de sa candidature pour la Coupe du monde de football de 2022. Pour l'occasion, l'émirat n'avait pas lésiné sur les moyens et avait enrôlé dans sa campagne de promotion la star de la Coupe du monde 1998, Zinedine Zidane, pour la somme de 15 millions de dollars, chiffre révélé par la presse. Le Qatar peut se payer des étoiles mais le pouvoir politique au sein du mouvement olympique lui échappe encore. Tout est mis en œuvre pour l'acquérir, ou à défaut, l'influencer. Même si les débuts ont été difficiles.

Passionné de sport en général et mordu de football en particulier, le prince héritier Tamim n'a que vingt-deux ans quand il fait ses premiers pas devant le Comité international olympique en janvier 2002. Tout juste nommé président du Comité olympique du Qatar (COQ), il subit une séance de bizutage en règle de la part du Belge Jacques Rogge, le patron du Comité international olympique. La scène se passe à Salt Lake City, la ville qui accueille les JO d'hiver de 2002.

— Est-ce que c'est le Comité olympique belge ou celui du Qatar que je reçois ? s'interroge avec perfidie Jacques Rogge lors d'une réunion entre le CIO et le Comité olympique du Qatar (COQ).

Effectivement, dans la délégation de l'émirat, il n'y a que trois ou quatre Qatariens entourés d'une dizaine de conseillers belges ! Le prince Tamim est humilié en public. Le camouflet est cinglant.

À l'époque, personne ne prend au sérieux ces Bédouins du Golfe qui prétendent s'intéresser au sport et dont les représentants sont à peine majeurs. Au CIO, ils sont traités comme quantité négligeable. Il faut dire que l'émirat est une nation invisible au sein de la famille de l'olympisme. Aucune tradition sportive, pas de champion, pas de public : le grand vide sidéral !

Tellement vide qu'en 2000, pour les JO de Sydney, le Qatar avait carrément… acheté une partie de l'équipe bulgare d'haltérophilie pour constituer son équipe nationale. Au cours de la compétition, Angel Popov, devenu Saïd Saif Asaad, avait remporté une médaille de bronze. La fédération bulgare avait reçu un million de dollars pour autoriser ce tour de passe-passe[1]. L'une des premières missions du prince Tamim lorsqu'il prit en main les destinées du COQ fut de faire le ménage et tourner la page de cette affaire embarrassante.

Le déclic de la montée en puissance du Qatar dans l'univers du sport remonte aux Jeux asiatiques de 2006, organisés à Doha. Ce premier grand événement de taille internationale fut une revanche pour l'émirat et le point de départ d'une ascension fulgurante. En moins d'une décennie, il est devenu un acteur majeur sur la scène sportive. Pour peser dans le mouvement olympique, le prince Tamim a multiplié la création de fédérations sportives.

Aujourd'hui, le Qatar peut se vanter d'avoir vingt et une fédérations sur les vingt-huit en compétition lors des Jeux d'été[2]. Le message adressé au CIO est limpide : « Un jour viendra où nous serons légitimes et crédibles pour organiser les JO ! » Le Qatar a déjà mordu la poussière à deux reprises – pour les JO de 2016 et ceux de 2020 – mais l'émirat n'a pas abdiqué : il vise désormais 2024[3]. Dans sa marche vers la reconnaissance, le

1. En 2003, le Kenyan Stephen Cherono a été naturalisé qatarien quelques jours avant les championnats du monde d'athlétisme de Paris, qu'il remporta dans la catégorie du 3000 mètres steeple, et dont il est toujours le recordman mondial. Pour son changement de nationalité, Saif Saeed Shaheen, son nouveau patronyme arabe, a touché un million de dollars et une rente à vie de 1000 dollars par mois.

2. Il manque comme disciplines olympiques au Qatar : le badminton, le baseball, le canoë-kayak, le hockey sur gazon, le pentathlon moderne, le softball et le triathlon.

3. « Chaque candidature s'enrichit de la précédente »,

Comité olympique du Qatar avance avec un mot d'ordre qui en dit long sur ses ambitions : « Devenir une nation leader en rapprochant le monde grâce au sport », comme le proclame son site Internet. Rien de moins !

L'une des plus belles réussites de l'émirat, c'est la création de la fédération de gymnastique. Parti de zéro, le Qatar dispose aujourd'hui d'une équipe nationale mixte. Aux Jeux panarabes de 2011, elle a remporté treize médailles face aux grosses nations de la discipline que sont l'Égypte, l'Algérie et la Tunisie. La victoire n'est pas seulement sportive, elle est aussi politique et diplomatique.

Le fait peut paraître anodin, en réalité c'est une petite révolution. Le Qatar a réussi à conquérir la Fédération asiatique de gymnastique (AGU), dont le siège est désormais situé dans la « *Tornado Tower* » du centre d'affaires de Doha. Depuis sa création en 1964, l'AGU était la chasse gardée du Japon qui l'a présidée sans discontinuité. En 2006, c'est un coup de tonnerre dans le monde de la gymnastique : un Qatarien, Abdul Rahman al-Chatri, est élu à la tête de la fédération, et sera réélu en 2010 pour un nouveau mandat.

Depuis lors, les choses bougent dans la fédération : la gestion interne s'améliore, les championnats sont plus réguliers et, surtout, l'arrivée du Qatar a constitué un vrai moteur pour le développement de la gymnastique grâce à des moyens

---

affirme Cheikh Saud bin Abdul Rahman al-Thani, secrétaire général du Comité olympique du Qatar. (AFP, 15 novembre 2012.)

financiers conséquents. Installé solidement à la présidence de l'AGU, l'émirat occupe désormais une place de choix dans la gestion de ce sport au niveau mondial.

À juste titre, certains experts redoutent que le Qatar ne soit la tête de pont des pays musulmans conservateurs et qu'il modifie les règlements internationaux, à commencer par la tenue des gymnastes filles.

— La tradition dans ce sport, c'est le justeau-corps, sorte de maillot de bain échancré. Désormais, les jeunes femmes ont été autorisées à porter le short mais les bras sont couverts. Pourquoi ne pas autoriser ensuite le port du foulard, voire la séparation entre filles et garçons ? s'interroge perplexe un spécialiste sportif qui craint que l'exemple de la gymnastique ne fasse tache d'huile dans d'autres sports.

En réalité, deux visions s'affrontent dans les coulisses du mouvement olympique. Il y a ceux qui considèrent que le sport est universel et doit rester un lieu où la religion n'a pas sa place : le sport est vu comme un sanctuaire neutre. Et puis, il y a ceux qui estiment qu'il faut prendre en compte les évolutions du monde et la diversité des traditions culturelles et religieuses : le sport se veut alors un vecteur rassemblant les hommes et leurs différences. En ce début de XXIe siècle, des pays comme le Qatar ont pris conscience de leur nouvelle puissance et contestent l'ordre sportif établi par les Occidentaux. Ces pays sont, évidemment, partisans de la deuxième école.

Dans les enceintes internationales et régionales, le sport est le reflet des rapports de forces dans le monde et symbolise la carte du pouvoir entre nations. Dans toutes les élections du CIO, l'aspect géopolitique est évident. Lors de la dernière assemblée générale pour la zone Asie qui s'est tenue à Macao pour attribuer les Jeux asiatiques de 2019, deux villes étaient candidates : Hanoi pour le Vietnam et Surabaya pour l'Indonésie.

— Tous les pays arabes du Golfe, Qatar en tête, ont poussé en faveur d'Hanoi, parce que le Vietnam constitue une terre d'investissement pour eux, rapporte un participant à l'assemblée de Macao. Et finalement, c'est Hanoi qui a été élu. Le Qatar investit énormément au Vietnam où il rachète la production de riz.

Quand sport et business font bon ménage…

Parfois les pétromonarchies font bloc, comme à l'assemblée de Macao, mais très souvent elles se livrent à une compétition acharnée entre elles.

— Il ne peut y avoir qu'une puissance sportive dans le Golfe, tranche un expert sportif établi à Doha.

Ce qui est en jeu, c'est le leadership régional dans le sport. Or le Koweït a mis la main sur un levier essentiel du pouvoir sportif, par le biais de son représentant Cheikh Ahmad al-Fahad al-Sabah, qui préside les comités olympiques au niveau mondial, un poste stratégique au sein du CIO.

— Apparemment, les Koweïtiens sont lourdement intervenus pour que la candidature du Qatar ne soit pas retenue par le CIO pour les JO de 2020, poursuit notre expert.

Entre frères arabes du Golfe, on a l'art de se savonner la planche mutuellement…

Quand le Qatar a décroché l'organisation de la Coupe du monde 2022, les autres pétromonarchies ont fait grise mine. À commencer par Bahreïn, qui espérait que Doha lui laisserait quelques matchs de poule. Hors de question : les Qatariens ont décidé de ne rien partager du tout avec leur voisin. Tous les matchs de la compétition se dérouleront dans l'émirat.

Dans leur soif d'arriver au plus haut sommet et de truster les postes d'influence, les Qatariens se prennent parfois les pieds dans le tapis. L'affaire « MBH » – Mohamed bin Hammam, ex-président de la Confédération asiatique de football – a fait couler beaucoup d'encre. Un scandale qui a montré les dérives de la puissance financière de l'émirat, parfois prêt à tout pour arriver à ses fins. Y compris à franchir la ligne. En mai 2011, MBH a été accusé d'avoir acheté des voix avant l'élection présidentielle de la FIFA à laquelle il se présentait. Le Qatarien a toujours clamé son innocence mais il a été forcé de démissionner de toutes ses fonctions liées au football, la commission d'éthique de la FIFA ayant décidé de le radier à vie du monde du ballon rond. Un mouton noir qui fait tache dans l'image que veut projeter l'émirat[1].

1. Dans les coulisses de la FIFA, on dit que Mohamed bin Hammam était devenu trop puissant, les délégations africaines et asiatiques s'étaient ralliées à sa candidature. Le Qatar ayant déjà obtenu l'organisation de la Coupe du monde pour 2022, décrocher la présidence de la FIFA lui aurait conféré une puissance considérable sur le football mondial. Joseph Blatter, président de la FIFA, et Jérôme Valcke, son secrétaire général, ne l'auraient pas supporté et auraient tout fait pour barrer la route à MBH…

Dans la francophonie

Au-delà du sport, l'entrisme international du Qatar se développe dans des organisations plus politiques de tout genre. Son entrée dans le mouvement de la francophonie comme membre associé a fait aussi beaucoup jaser. La procédure habituelle veut qu'un nouveau pays passe d'abord par le statut de membre observateur. Avec le Qatar, tous les raccourcis sont possibles.

On sait que l'élite de l'émirat est francophile et parfois francophone. Le Qatar est actif dans la promotion de la langue française. Le lancement de Radio Oryx – une FM francophone –, l'enseignement du français rétabli dans les établissements publics qatariens depuis la rentrée 2012, ou encore la création du lycée Voltaire, un établissement franco-qatarien, incarnent cette volonté de renforcer la diffusion du français dans l'émirat.

Un participant au sommet de la francophonie de Kinshasa d'octobre 2012 remarque cependant :

— Il y a eu des négociations très serrées sur le Qatar. Mais les Qatariens ont fait un lobbying terriblement efficace auprès de différents pays, notamment africains[1].

Dans cette enceinte planétaire, les Qatariens n'avaient pas l'intention de laisser le champ libre aux pays du Maghreb, historiquement influents dans la francophonie. Grâce à leurs moyens financiers illimités, ils peuvent désormais se positionner en soutenant des pays en développement

---

1. « Francophonie : des “raisons de fond” justifient la présence du Qatar (Paris). » (AFP, 16 octobre 2012.)

d'autant plus réceptifs à la manne du Qatar que l'aide des pays occidentaux est en net recul.

— Pour l'instant, dans la francophonie, le Qatar ne finance rien, commente un spécialiste de l'éducation. Peut-être qu'après ils financeront, mais ça ne sera jamais anodin. Quand un État donne de l'argent, c'est en fonction de ses intérêts, ce qui est logique, tout le monde le fait. Avec le Qatar, il faut être vigilant.

À l'UNESCO

L'UNESCO aussi fait partie des organisations dans la ligne de mire de l'émirat. Éducation, sciences et culture sont des thématiques chères à Cheikha Moza. La Qatar Foundation, « sa » fondation, a noué un partenariat avec cette agence des Nations unies. Ambassadrice de bonne volonté de l'UNESCO pour l'éducation, elle a commencé à financer des programmes onusiens après la chute de Bagdad en 2003. Sensible aux souffrances du peuple irakien, Cheikha Moza a puisé dans sa cassette pour participer à la reconstruction du secteur de l'enseignement supérieur dans l'Irak post-Saddam Hussein. Elle a également donné de l'argent pour aider le système éducatif dans la bande de Gaza.

Après l'admission de la Palestine en tant que membre de l'UNESCO en octobre 2011, qui a entraîné le boycott financier des États-Unis et d'Israël, l'UNESCO a perdu un quart de son budget. Depuis, elle a le plus grand mal à boucler les fins de mois, y compris à payer ses fonctionnaires. Des programmes sont réduits ou supprimés. Appelée à la rescousse, Cheikha Moza a signé un chèque de 20 millions de dollars en 2012 pour compenser une partie du manque à gagner. Une vraie bouffée d'oxygène mais qui donne aussi au Qatar un vrai pouvoir d'influence. Et crée une forme de dépendance de l'UNESCO vis-à-vis de l'émirat.

Pourtant, entre lrina Bokova, la directrice générale de l'UNESCO, et Cheikha Moza, les relations sont courtoises mais sans plus. La femme de l'émir al-Thani préférait son prédécesseur, le Japonais Koïchiro Matsuura, avec qui elle est restée amie.

— Avec Irina Bokova, ça ne se passe pas si bien, rapporte un cadre de l'UNESCO. Il faudrait qu'elle arrête d'aller chez Cheikha Moza pour quémander des sous. Il faudrait au contraire lui demander conseil, écouter son avis, etc. Or, elle ne va la voir que pour se lamenter : « Je n'ai plus d'argent pour régler les salaires de mes fonctionnaires ! » Maintenant, chaque fois qu'lrina Bokova demande un rendez-vous avec Cheikha, elle doit attendre des mois avant que celle-ci dise oui ou non.

En 2012, Cheikha Moza a lancé un fonds de 260 millions de dollars pour l'éducation des enfants des rues dans les pays pauvres. L'UNESCO pensait pouvoir en bénéficier pour financer ses propres projets dans ce domaine. Erreur ! Le Qatar a imposé sa propre philosophie : « Vous nous proposez des projets, et nous vous les finançons au cas par cas ! » Le chèque du Qatar ne sera donc pas un chèque en blanc.

— Les Qatariens peuvent ainsi tout contrôler, explique un cadre de l'UNESCO. Ils sont même en train de nous dicter quels pays ils préfèrent aider, c'est-à-dire le Soudan, le Yémen, l'Inde, le Bangladesh, le Brésil, etc. Pourtant, l'UNESCO a établi une liste d'une vingtaine de pays prioritaires classés selon nos critères et nos statistiques. Les Qatariens veulent sélectionner des pays qui ne sont pas sur notre liste.

Toujours au sein de l'UNESCO, cette fois dans le domaine patrimonial, « leur désir de bien faire », diront leurs supporters, ou « leur volonté de tout acheter », dénonceront leurs opposants, les conduisent à des maladresses diplomatiques. Le Qatar finance un énorme programme d'archéologie et de préservation du patrimoine au Soudan. Doha a conclu avec Khartoum un accord de cinq ans pour la mise en valeur des sites préislamiques soudanais dans la vallée du Nil. Les Qatariens financent vingt-huit missions archéologiques sur des sites classés au patrimoine de l'UNESCO[1].

— Ils veulent construire un musée à Naqa, un grand site de l'époque de l'empire de Méroé, explique un responsable de l'UNESCO. Les Qatariens nous ont écrit pour nous expliquer leur projet et avoir notre avis. L'organisation leur a poliment répondu que c'était au gouvernement soudanais lui-même de nous adresser une demande en ce sens, pas au Qatar ! Et puis, on se demande pourquoi faire un musée sur ce site, alors qu'il y a tant d'autres priorités !

Pour s'affirmer et se forger une identité, le Qatar pousse aussi ses pions afin que son propre

1. Recevant à Doha en mars 2012 le président Omar el-Béchir, l'émir Hamad a annoncé qu'il allait investir 2 milliards de dollars au Soudan sous la forme de placements dans différents secteurs (mines, pétrole, agriculture, service, etc.).

patrimoine soit reconnu au niveau mondial. Il a lancé une intense campagne de lobbying pour faire inscrire sur la liste des sites classés par l'UNESCO la cité de Zoubara, un port sur le golfe Arabo-Persique qui était au XVIIIe siècle le plus prospère de l'émirat.

— Faire inscrire Zoubara sur le site du Patrimoine de l'humanité, c'est mettre une perle sur la couronne de l'émirat, analyse un expert de l'ICOMOS, l'organe consultatif de l'UNESCO pour le patrimoine culturel. Songez que l'Irak n'a que trois sites classés à l'UNESCO, ça laisse rêveur…

Pour mener la campagne en faveur de Zoubara, le Qatar a mis le paquet. L'émirat a tout simplement débauché à prix d'or un ancien numéro deux de l'UNESCO, le Brésilien Marcio Barbosa (voir chapitre 4). Sa mission était de compléter le dossier de candidature et surtout de le promouvoir auprès de l'UNESCO et des experts de l'ICOMOS, compte tenu de son carnet d'adresses et de sa connaissance intime de l'agence onusienne. Toute une équipe de Doha est venue spécialement à Paris au siège de l'organisation pour faire de la retape.

Mais le dossier était mal ficelé, « bâclé » dit-on même à l'UNESCO. Comme souvent, les Qatariens ont voulu aller trop vite. Ils voulaient surtout faire la nique à Bahreïn qui présentait aussi un site pour la liste du patrimoine, la cité historique d'Al-Mouharraq liée à la pêche aux perles. Vexés, les Qatariens ont expliqué que l'exploitation des perles, c'étaient eux et pas Bahreïn, et que le port de Zoubara avait une longue histoire dans ce domaine. Or les experts de l'ICOMOS n'ont jamais retrouvé la moindre trace d'activité humaine liée à l'exploitation des perles à Zoubara !

Résultat des courses : lors de la réunion annuelle de l'ICOMOS à Saint-Pétersbourg en juin 2012, le site d'Al-Mouharraq à Bahreïn a été classé au Patrimoine de l'humanité et le port de Zoubara a été recalé. Ce n'est que partie remise, car le site qatarien sera de nouveau présenté lors de prochaines sessions de l'ICOMOS.

— Le Qatar obtiendra gain de cause, car il y a un tel lobbying pour ce classement que c'est hallucinant ! reconnaît un cadre de l'UNESCO.

Dans sa volonté de peser sur les destinées de l'UNESCO, Cheikha Moza était même prête à soutenir Marcio Barbosa à l'élection du prochain directeur général, murmure-t-on dans les couloirs de l'organisation. L'idée est tombée à l'eau parce que le Brésilien ne disposait pas du soutien de la présidente de son pays, Dilma Rousseff. Il a donc renoncé malgré son patronage royal.

Reine de l'intrigue, Cheikha Moza caressait aussi le rêve de faire une entrée fracassante à l'ONU. Sa fonction honorifique d'ambassadrice de bonne volonté pour l'éducation à l'UNESCO lui paraissait un peu étriquée pour ses ambitions et son rang. Elle visait le poste d'envoyé spécial de l'ONU pour l'éducation. Elle a mené une intense bataille en coulisse. Finalement, elle a été coiffée sur la ligne par l'ancien Premier ministre britannique, Gordon Brown ! Une vraie déconvenue pour elle.

Ali bin Fetais al-Marri, le procureur général du Qatar, a eu plus de chance. Il a été nommé avocat spécial des Nations unies pour récupérer les biens et avoirs des régimes arabes renversés par les révolutions du printemps 2011. On touche là le cœur des contradictions ou de l'hypocrisie du Qatar. En quête de respectabilité, l'émirat veut endosser le costume du chevalier blanc pour les autres... mais pas chez lui ! Entre 2001 et 2010, plus de 56 milliards de dollars d'argent sale ont été blanchis par le Qatar, rapporte un organisme de surveillance basé à Washington, *The Global Financial Integrity* (GFI)[1].

Principal mafieux du régime de Ben Ali, Sakhr Materi, le gendre du président déchu, a été accueilli à bras ouverts par le Qatar juste après la révolution de Jasmin. Il s'est installé avec sa famille dans le nouveau quartier offshore de La Perle. On pouvait l'apercevoir déambulant devant les pontons de la marina ou attablé dans un restaurant chic. Pourtant, il était le principal paravent des affaires lucratives de Leila Trabelsi, l'épouse de Ben Ali.

Avec une pointe de mauvaise foi, Khaled el-Sayed, le rédacteur en chef du journal *The Peninsula*, justifie l'accueil de Sakhr Materi à Doha :

— Chez nous, il existe des traditions religieuses d'hospitalité...

Parfois, la religion a bon dos... Les autorités qatariennes décidant d'expulser Sakhr Materi à la fin 2012, tout en autorisant sa famille à rester sur place : voilà sans doute un cas intéressant à traiter pour le nouvel avocat de l'ONU, Ali bin Fetais al-Marri, chargé de traquer l'argent caché des anciens autocrates arabes.

---

1. Le classement de GFI a été publié sur le site *Arabian Business.Com*, qui place le Qatar en troisième position des pays du Golfe, après l'Arabie saoudite (210 milliards de dollars blanchis) et les Émirats arabes unis (107 milliards de dollars).

Le Qatar utilise l'ONU pour briller mais n'apprécie guère le multilatéralisme onusien. L'émirat adore organiser de grandes conférences internationales pour se faire mousser, des grand-messes où rien n'est trop beau pour épater ses hôtes. En revanche, les Qatariens rechignent à mettre la main au portefeuille pour financer les budgets annuels des agences spécialisées des Nations unies, à l'exception de l'UNESCO, comme on l'a vu précédemment.

En 2011, le Qatar a donné 100 000 dollars au Haut Commissariat pour les réfugiés (UNHCR), au titre de sa contribution régulière, se classant au 47e rang mondial des donateurs. Idem pour l'UNRWA, l'office d'aide aux réfugiés palestiniens : on aurait pu s'attendre à une plus grande générosité de l'émirat, qui se proclame le chantre de la Palestine. Le chèque du Qatar s'est élevé aussi à 100 000 dollars en 2011, soit au 63e rang mondial. Pire : en 2009 et 2007, l'émirat n'avait rien versé à l'UNRWA[1] !

— Les Qatariens vivent dans leur propre monde, analyse un fonctionnaire de l'ONU à Genève. Ils ne jouent pas le collectif. Ils n'ont pas l'approche et la culture des donateurs occidentaux du système onusien.

Concrètement, le Qatar ne veut pas diluer ses financements dans le grand pot commun des Nations unies. Il souhaite surtout gagner en visibilité internationale pour faire briller son étoile. Et ses moyens financiers lui permettent de

1. En revanche, la contribution exceptionnellement élevée du Qatar à Interpol – la police des polices mondiale –, 4 millions d'euros chaque année, suscite des interrogations…

s'affranchir des circuits traditionnels de l'ONU et d'opérer en solo sur le terrain.

Dans l'action humanitaire

Le Qatar adopte la même attitude dans le domaine de l'action humanitaire où il joue sa propre partition via le Croissant-Rouge qatarien (QRC). Fondé en 1978, cet organisme d'aide et d'assistance de l'émirat a une vocation internationale, mais ses interventions récentes se concentrent sur certains pays en particulier : Syrie, Gaza, Yémen, îles des Comores, Mali et Birmanie. S'il travaille volontiers en collaboration avec les Croissant-Rouge locaux, en revanche le QRC ne coordonne pas ses activités de terrain avec les autres acteurs humanitaires internationaux.

Grâce à sa propre logistique, il peut faire cavalier seul. Ses cadres de direction sont qatariens mais les médecins qui partent dans les pays en crise sont égyptiens, libanais ou syriens. Dans le Nord-Mali, où l'on a accusé le Qatar d'avoir des relations avec les groupes islamistes du Sahel[1], le QRC est installé à l'hôpital de Gao où il a déployé ses équipes et fourni des stocks de médicaments.

— Avec les Qatariens, les principes humanitaires universels d'apolitisme et de neutralité religieuse en prennent un coup, regrette-t-on au siège de Médecins sans frontières. On ne sait pas quel est vraiment leurs agenda. Ils occupent le terrain. Pour rallier Gao, les humanitaires qatariens sont passés directement via le Niger et ont

1. « Le Qatar entre deux feux », Madjid Zerrouky, *Libération*, 30 janvier 2013.

court-circuité Bamako. Ils arrivent avec beaucoup de moyens. Ils ont un côté « bling-bling ». Le risque, qui est réel, c'est de voir la population locale faire la différence entre les bons « humanitaires islamiques » et les « humanitaires des Croisés ».

La force du Croissant-Rouge qatarien, c'est qu'il investit aussi des terrains délaissés par les ONG occidentales. Il est très présent en Birmanie dans l'État du Rakhine où vivent les Rohingyas, cette minorité musulmane discriminée par le pouvoir central birman. C'est une cause emblématique pour les organisations humanitaires islamiques. Là encore, le QRC travaille dans son coin et ne se coordonne pas avec les autres ONG, tissant sa propre toile sur le terrain, au risque de se voir accusé de venir en aide aux seules populations musulmanes dans la détresse.

Au sein de la Ligue arabe

Depuis les révolutions arabes de 2011, le Qatar a saisi toutes les occasions pour étendre son influence et promouvoir ses options politiques. L'émirat a joué un rôle moteur décisif dans la guerre en Libye et dans l'exclusion de la Syrie de la Ligue arabe. Cet activisme débridé est de moins en moins supporté dans la plupart des chancelleries arabes, même si certaines ne le disent pas à haute voix.

— La Ligue a été kidnappée par le Qatar et une minorité agissante, n'hésite pas à affirmer un diplomate de l'organisation panarabe.

Depuis sa création en 1945, la Ligue arabe a longtemps été dominée par l'Égypte qui lui a donné plusieurs secrétaires généraux, notamment les trois derniers : Esmat Abdel Meguid, Amr Moussa et Nabil al-Arabi. Or, depuis la chute d'Hosni Moubarak, l'Égypte est entrée dans une zone de turbulences. Ce géant du monde arabe de 80 millions d'habitants croule sous le poids de la dette et de la crise financière. Qui est venu au secours du nouveau pouvoir islamiste menacé de banqueroute ? Le Qatar et son carnet de chèques ! Après avoir débloqué une aide d'urgence de 500 millions de dollars, Doha a promis une aide de 18 milliards de dollars, étalée sur les cinq années suivantes. Dans ces conditions, difficile pour les autorités égyptiennes de critiquer le Qatar et sa ligne politique. On ne mord pas la main du généreux mécène…

Résultat : dans les huis clos des réunions de la Ligue arabe, le rôle leader de l'Égypte semble appartenir à un passé lointain. Un ambassadeur arabe raconte :

— Je dis souvent aux diplomates égyptiens : on ne peut pas accepter que la Ligue arabe soit menée par le Qatar. Ils me répondent : oui, c'est vrai, vous avez raison, mais commencez par voter contre eux et on vous suivra ! Au moment des votes, il n'y a plus personne, les Égyptiens ne disent mot pour ne pas déplaire à Doha.

Opportunistes comme toujours, les Qatariens ont profité du vide politique et de l'absence de leadership dans le monde arabe pour s'emparer de la baguette du chef d'orchestre. Les grands pays sont paralysés ou occupés par leurs propres affaires intérieures : l'Égypte est engluée dans les soubresauts de sa révolution, la Syrie déchirée par la violence, l'Irak encore convalescent, l'Arabie Saoudite dirigée par des octogénaires et l'Algérie suspendue à la succession du président Bouteflika. L'occasion était trop belle pour ne pas la saisir !

Dans l'organisation panarabe, le Qatar dirige deux comités emblématiques : celui dédié à la crise syrienne et celui de l'Initiative de paix arabe[1]. Depuis le début des Printemps arabes, c'est le Qatar qui mène la danse. Alors que traditionnellement les réunions de la Ligue se tiennent au Caire, pas moins de vingt réunions ont eu lieu à Doha entre 2011-2012, témoignant ainsi de l'activisme frénétique qatarien[2].

Au moment de l'opération israélienne « Pilier de défense » contre Gaza, en décembre 2012, la Ligue arabe décide d'envoyer une délégation dans le territoire palestinien meurtri par les bombardements. Hamad Ben Jassem, le Premier ministre qatarien, propose alors que ce soit lui qui conduise la délégation au titre de sa présidence du Comité pour l'initiative de paix arabe.

Fureur de Qais al-Azzawi, le représentant permanent de l'Irak à la Ligue arabe :

— Je lui ai coupé la parole et je lui ai dit : « Écoutez, c'est l'Irak qui préside la session actuelle du sommet arabe, donc c'est à nous de conduire la délégation pour Gaza ! » Immédiatement, plusieurs pays dont le Koweït, Oman, les Émirats ont soutenu ma position. HBJ était

1. Au sommet de Beyrouth de 2002, les pays arabes ont formellement proposé à Israël une offre inédite : le retrait des territoires arabes occupés contre une normalisation complète des relations avec l'État hébreu.
2. Deux réunions du Conseil de la Ligue (niveau ministériel), huit du Comité pour l'initiative arabe de paix, neuf du comité sur la crise syrienne, et une du comité sur le Soudan.

furieux, surtout quand le représentant de Bahreïn lui a lancé : « Pourquoi le Qatar devrait-il toujours tout présider ? »

C'était la première fois qu'une opposition venue des pétro-monarchies du Golfe se dressait contre Doha.

Quand la délégation arabe est arrivée à Rafah, le point de passage dans la bande de Gaza, ils ont eu la surprise de découvrir des drapeaux turcs et qatariens flottant au vent.

— Le Qatar était convenu d'un rendez-vous avec Ahmet Davutoglu, le ministre turc des Affaires étrangères, poursuit Qais al-Azzawi. Pour moi, le message était clair : Doha et Ankara voulaient montrer que c'étaient eux les patrons. Après négociations, nous avons formé deux délégations, l'une arabe et l'autre turque, pour bien mettre les points sur les i. Les Qatariens n'étaient pas contents du tout !

Au sein de la Ligue, un axe anti-Qatar regroupe l'Algérie, l'Irak, la Mauritanie, parfois le Liban et le Soudan. Le secrétaire général, Nabil al-Arabi, et son adjoint l'Algérien Ahmed ben Hilli, ont la réputation de céder facilement aux sirènes de Doha. Pour la succession d'Amr Moussa en 2011, le Qatar avait d'ailleurs retiré son candidat au profit de Nabil al-Arabi.

— C'est un bon diplomate, cultivé, compétent, mais qui n'est pas de taille à tenir tête au Qatar, comme le faisait Amr Moussa vis-à-vis d'Hosni Moubarak, note un diplomate arabe.

Quant à son adjoint, Ahmed ben Hilli, il est toujours prêt à défendre les positions du Qatar. À tel point que dans une réunion à huis clos, il a reçu une volée de bois vert de la part du représentant algérien qui lui a lancé à la figure : « Tu n'es pas algérien ! Tu es un lâche ! »

L'argent du Qatar joue évidemment un rôle capital pour développer l'influence de Doha au sein de la Ligue arabe. En 2012, lors d'une réunion à Bagdad consacrée aux détenus palestiniens incarcérés dans les prisons israéliennes, les chefs de départements et des fonctionnaires de la Ligue arabe ont reçu quelques cadeaux symboliques en récompense de leur travail, notamment des iPad et des iPhone, de la part des autorités irakiennes, ce qu'on appelle en arabe une « ikramiyah », une forme de remerciement.

Mais quelle n'a pas été la surprise et la gêne du protocole irakien quand les membres du staff de la Ligue ont dit :

— C'est rien, ce que vous nous donnez ! D'habitude, quand c'est à Doha, on reçoit jusqu'à 10 000 dollars chacun et 50 000 dollars pour chaque chef de département, c'est le Qatar qui paie !

On comprend dès lors l'empressement de ces fonctionnaires de la Ligue arabe à multiplier les réunions à Doha !

Quant à l'Union internationale du gaz (UIG), si elle n'a pas la renommée de sa cousine l'OPEP qui regroupe les pays exportateurs de pétrole, elle est un lieu de pouvoir qui ne pouvait manquer d'attirer les convoitises du Qatar, acteur incontournable du secteur. Créée en 1931, l'UIG regroupe aujourd'hui quatre-vingt-deux pays, soient 95 % des activités gazières productrices ou consommatrices dans le monde. Sa mission est de promouvoir l'utilisation du gaz.

Tous les trois ans, un congrès mondial du gaz se tient dans la ville du président sortant et élit une nouvelle équipe dirigeante. Malgré une intense campagne de lobbying, le Qatar a enregistré deux défaites cinglantes. Pour la période 2012-2015, c'est la France qui a remporté la présidence. Le candidat qatarien était parti la fleur au fusil. Inexpérimenté dans l'industrie gazière et distribuant les cadeaux aux membres de l'UIG, il n'avait en fait qu'un seul argument à faire valoir : l'organisation d'un congrès gazier exceptionnel à Doha. Il a été éliminé au premier tour alors qu'il était pourtant soutenu par le géant américain Exxon.

Échaudé par cet échec, le Qatar est revenu à la charge en octobre 2011. Cette fois, avec un candidat crédible, Alaa Abu Jbara, l'homme des contrats gaziers de Qatar Gas. Nouvelle déconvenue : cette fois-ci, c'est un Américain qui est élu président de l'UIG pour la période 2015-2018.

— Mon interprétation de ces deux échecs, analyse un membre de l'UIG, c'est que le Qatar fait peur. Ils veulent trop de choses. Leur vexation a été forte. Pour le moment, je les sens mal présenter une troisième candidature pour la période 2018-2021. Une troisième défaite dans un domaine où ils sont légitimes, ça tournerait à l'humiliation.

*
**

L'entrisme forcené de l'émirat dans les cénacles internationaux agace de plus en plus. Le « tout sauf Qatar » est une musique qui monte un peu partout. Jalousie des uns, inquiétude des autres : l'émirat suscite autant la fascination que la répulsion. En ce sens, l'échec de Nasser al-Attiyah, la star sportive qatarienne, à l'élection de la commission des athlètes du CIO pendant l'été 2012, est très révélatrice de ce sentiment.

Premier pilote arabe à remporter le rallye Paris-Dakar en 2009, ce champion aux multiples talents a participé aux épreuves de skeet (tir au fusil) lors des derniers Jeux olympiques de Londres. Nasser al-Attiyah aurait dû être logiquement élu à la commission des athlètes du CIO dans la mesure où les mandats de deux sportifs arabes, le Marocain Hicham el-Guerrouj, et l'Égyptienne Rania Elwani, venaient à expiration. Or, Nasser al-Attiyah était le seul candidat en lice pour représenter la région arabe. Son élection devait être une formalité. Tout ne s'est pas passé comme prévu…

En coulisse, les délégations arabes lui ont assuré la main sur le cœur qu'elles voteraient évidemment pour lui. Résultat : arrivé bon dernier, Nasser al-Attiyah a obtenu le plus petit nombre de voix de tous les candidats ! Une douche froide pour la délégation qatarienne qui ne s'attendait pas à un tel flop.

— Les Arabes n'ont pas voté pour lui, assure un expert sportif. En privé, des commentaires peu élogieux me revenaient aux oreilles qui disaient en résumé : « Les Qatariens, ils commencent à nous emmerder ! »

Les Qatariens commencent eux aussi à être agacés par cette mode du « *Qatar bashing* ». Ils ne comprennent pas cette campagne de dénigrement, eux qui estiment être utiles à la communauté internationale. Ainsi, ce sont les organisateurs des JO de Londres qui les ont sollicités pour racheter les sept mille logements du village olympique et non l'inverse.

Au siège du Comité olympique qatarien à Doha, c'est un défilé permanent de représentants de fédérations sportives et de responsables de clubs. Les uns viennent chercher des subsides et des sponsors, les autres proposent parfois d'être carrément rachetés par le Qatar.

— Tout le monde veut bénéficier des largesses financières de l'émirat, mais ensuite on leur demande de rester chez eux à la maison ! résume l'expert sportif précité. Une posture que le Qatar supporte de moins en moins.

Conclusion

FAUT-IL AVOIR PEUR DU QATAR ?

Non. Mais la vigilance s'impose. Lorsque les représentants de l'émirat ont cherché à créer à la fin des années 2000 un équivalent musulman du « CRIJF » (Centre représentatif des institutions juives de France), la réaction de l'Élysée a été négative, et pourtant les relations étaient alors au beau fixe entre Doha et Paris.

Le Qatar inquiète même ses amis parce que rien ne semble lui résister. Il a les moyens de ses ambitions. Son insolente richesse lui permet de tout acheter au moment où les économies occidentales sont en crise. Le monde est pour lui un gigantesque supermarché où il fait ses courses. Mais sa propension à acheter les âmes est inquiétante dans la mesure où elle biaise les relations tant humaines qu'économiques.

Sa diplomatie n'est pas neutre et suscite de légitimes interrogations et craintes. Si, certes, l'émir parie sur les islamistes liés aux Frères musulmans, c'est plus par opportunisme que par adhésion réelle au projet de ces derniers. Mais sa population wahhabite aimerait le voir aider les plus radicaux, que ce soit aujourd'hui en Syrie ou hier en Libye. D'autre part, lorsque Cheikh

Hamad soutient que ces islamistes radicalisés pendant leurs années d'opposition aux despotes tunisien, égyptien ou libyen s'assagiront à l'épreuve du pouvoir, ses partenaires occidentaux sont en droit de douter de ses assurances.

Même si la démocratie n'existe pas au Qatar, l'émirat n'en est pas à une contradiction près et tient par-dessus tout à épouser le sens de l'Histoire. Mais celui-ci peut connaître des revirements. Un an et demi après la chute de Kadhafi, l'exemple libyen et ses métastases saháliennes en sont un premier exemple. Les méthodes de HBJ, et la propention du Qatar à multiplier les « agendas » pour être présents au règlement des crises, posent également problème.

Les pouvoirs français successifs sont conscients des limites de la médiation qatarienne. Mais « on ne peut pas leur déplaire ! ». Combien de fois avons-nous entendu de la bouche de nos interlocuteurs diplomates ou militaires cette remarque désabusée… Aux prises avec une conjoncture déprimée, la France mise sur les milliards de dollars du marché qatarien. Quant aux États-Unis, dans leur nouvelle approche du Moyen-Orient, le Qatar représente un très utile relais avec les pouvoirs islamistes nés des révolutions.

Le Qatar rachète-t-il la France ?

Non. Les investissements qatariens dans l'Hexagone sont bien moins importants que ceux des Émirats arabes unis, par exemple. Le Qatar, on l'a vu, investit plus en Grande-Bretagne qu'en France. Les relations entre Paris et Doha sont paradoxales. Les élites qatariennes adorent la

France, son histoire, ses monuments, sa culture. Les Français, eux, n'aiment pas leur côté « nouveau riche ». Les Anglais n'ont pas ces scrupules et considèrent le Qatar comme un investisseur lambda, « *business is business !* ». En France, on fantasme facilement sur ces émirs milliardaires. Comme si le Qatarien et son turban était devenu le bouc émissaire de l'islamophobie ambiante.

« Il faudra plutôt s'inquiéter quand le Qatar n'investira plus rien dans notre pays, nous disait un patron du CAC 40, cela signifiera que la France n'est plus intéressante et attractive... » Un bémol toutefois : rester vigilant quand le Qatar monte en puissance dans le capital de groupes stratégiques.

Le Qatar va-il s'assagir ?

Certainement. L'émir Hamad a probablement décidé de passer la main à son fils Tamim, d'ici quelques années. Tamim n'a pas le parcours de son père qui a dû conquérir et arracher le pouvoir. Lui va en hériter. Autant l'émir Hamad est un anticonformiste et un visionnaire, autant « Tamim n'a pas le feu sacré de son père », affirme un proche de la famille.

Le prince héritier semble parfaitement conscient des défis qui l'attendent et des excès de l'activisme de son père et du Premier ministre HBJ. Le premier de ces défis est de faire adhérer la société à un projet de développement qui ne lui correspond pas. Se voir attribuer la Coupe du monde 2022 n'était certainement pas le souhait d'une majorité de Qatariens. Ce sera le principal test pour Tamim. Et là, aucune erreur ne sera permise.

L'autre défi, c'est de disposer d'assez de ressources humaines pour mettre en musique tous ces projets de développement. Lorsque le Qatar a ouvert une ambassade en République Centrafricaine, l'émirat n'a eu qu'un jeune diplomate à y envoyer ! À cet égard, les réticences à accorder la nationalité aux milliers de Palestiniens, Égyptiens, Pakistanais et autres employés du miracle qatarien restent assez peu compréhensibles. Mais jamais à court d'idées, le Qatar nourrit désormais l'ambition de créer un immense centre de recherches, un think-tank purement arabe qui ferait émerger des intellectuels du Moyen-Orient, lui épargnant ainsi le recours aux centres américains comme le Brooking Institute. Ses missi dominici – Azmi Bishara en tête – écument déjà les capitales européennes, où certains diplomates arabes pourraient se laisser tenter par l'appât du gain !

La très forte intuition politique de l'émir a été sa meilleure alliée ces vingt dernières années. Mais quelle ligne politique son fils Tamim appelé à lui succéder mettra-t-il en œuvre ? Celle du « Qatar ami avec tout le monde » jusqu'en 2010 ? Ou celle du « Qatar en guerre » après l'engagement libyen ? « Si ta maison est en verre, ne lance pas de pierres », dit le proverbe arabe. Le Qatar devrait peut-être s'en souvenir.

Table des matières

Introduction 9
Les personnages clés du diwan royal 11

1. **Hamad al-Thani : le coup d'État de la modernité** 13

2. **Le trio magique du Qatar** 29
   Un émir despote mais éclairé, wahhabite mais moderne 31
   Moza, la nouvelle Joséphine 40
   HBJ, le Talleyrand de l'émir 46
   Tamim, un héritier prudent 56

3. **Un clan turbulent** 61
   Les coups d'État : une habitude ! 61
   Un conseil de famille pour arbitrer les conflits 64
   La succession de l'émir 66
   Derrière la famille régnante, une société à la traîne 71
   Nouvelles rumeurs de coup d'État 74
   L'émir veut passer le relais 76

4. **Les douze travaux de l'émir** 79
   La frénésie immobilière 82
   Katara : le village culturel 84

Des structures sportives gigantesques .. 86
Et demain… 91

5. Les Bédouins du troisième millénaire 97
Le poids des tribus 99
L'islam : l'autre ciment du Qatar 102
Une identité préservée 103
Des citoyens choyés par leur émir 105
Une jeunesse trop gâtée 109
Les femmes : le combat de Cheikha Moza 113

6. Les « fourmis » du miracle qatarien 119
Le carcan du sponsoring 121
Pour les travailleurs immigrés, des conditions de vie sordides 124
Expatriés occidentaux : quand le paradis devient purgatoire 129
Et si les ressources humaines venaient à manquer ? 134

7. La sécurité à tout prix 139
Tous passés au scanner ! 141
La sécurité alimentaire… et hydraulique ! 144
La sécurité extérieure : le talon d'Achille du Qatar 146

8. Ami avec tout le monde 161
Être ami avec tous pour ne pas avoir d'ennemi 165
La diplomatie du carnet de chèques 167
Les inconvénients du système 170

9. Le Qatar en guerre 175
En Libye : le baptême du feu 175
En Syrie : de l'amour à la haine 186

Une diplomatie de combat 194
L'appel aux armes 198
Un pari risqué 201

10. La French Qatari Connection 205
Une relation stratégique au-delà des alternances politiques 207
Le Qatar derrière la libération des infirmières bulgares 209
Banques, nucléaire et PSG 212
Rachida Dati s'entiche du Qatar… 215
Des ministres « perdent la tête » 220
Sarko se paie la tête de son ambassadeur 223
Les socialistes font la même chose sans le dire 225
Le fonds pour les banlieues… 230

11. Racheter le monde ? 235
Leurs cibles d'investissements 239
Banques 239
Industrie-Énergie 240
Immobilier 242
Matières premières 244
Télécommunications et médias 245
Les conditions d'investissement 249
De la théorie à la réalité 250

12. Les armes du « soft power » 259
La révolution Al-Jazeera : la fin d'une épopée ? 259
Maîtriser le « sport business » de A à Z . 267
L'éducation : la chasse gardée de Cheikha Moza 274
L'art, une affaire de famille 279

13. L'entrisme international 287
Dans le domaine du sport 287
Dans la francophonie 294
À l'UNESCO 295
Dans l'action humanitaire 302
Au sein de la Ligue arabe 303

Conclusion 311

10562

Composition
PCA à Rezé

Achevé d'imprimer en Slovaquie
par NOVOPRINT SLK
le 9 décembre 2013.

Dépôt légal décembre 2013.
EAN 9782290079898
L21EPLN001548N001

ÉDITIONS J'AI LU
87, quai Panhard-et-Levassor, 75013 Paris

Diffusion France et étranger : Flammarion